「生きる力」を育む
グローバル教育の実践

生徒の心に響く主体的・対話的で深い学び

石森広美

明石書店

はじめに——なぜグローバル教育なのか

　今、教育が大きく変わろうとしている。予測困難な時代の中で新たな知を創造していく力を育てるべく、より統合的で学際的、また課題解決型の探究的な学習が重視され、学び方にも変革を促そうとしている。2020年度に小学校から順次、新しい学習指導要領が導入され、高大接続を鍵概念として「大学入学共通テスト（新テスト）」がスタートする。また、持続可能な社会づくりの実現の重要性も随所で指摘され、国連が推進するSDGs（持続可能な開発目標）への関心が高まっている。2030年の社会そして未来の担い手を育てるために今、教育が果たす役割についても徐々に認知され、実践に工夫が施されてきている。このように、時代や社会のニーズに対応した資質・能力が求められるなか、今こそ、グローバル教育のノウハウが広く活かされるべき時だと考える。

　本書は、学校の先生方はもちろん、広く教育に関心のある方々に、グローバル社会で自分を輝かせながら人生を生きる児童・生徒の教育に役立つ具体的なイメージやアイディアを提供するとともに、グローバル教育への理解と普及を促すことを目的としている。
　私の目指すグローバル教育は、次の通りである。子どもたち一人ひとりが、相互依存性と多様性が高まるグローバル時代に生きる一員としての自覚と責任を持ち、より良い社会や未来の形成に主体的に関わる力（知識、スキル、姿勢、能力、資質、価値観等）を身につけられるようにすること。こうした学習を実現するため、教師が具体的な教育内容や方法を検討し、実践することである。

　「世界のことについて、未来を担う子どもたちと一緒に考えていきたかった」というのが、私が教師になった動機でもあった。高校時代に、開

発途上国から日本に研修に来ている方々と出会ったことや、また、学生時代、世界で貧しいながらも他人を思いやり、家族を大切にして、懸命に生きる人々に出会ってきた経験があったからである。そして、私は試行錯誤を繰り返しながら、グローバル教育を実践し続けてきた。その間、たくさんの素晴らしい出会いがあり、学びがあった。自らの人生を豊かにし、自分自身を人間的に成長させてくれる源であった。それは「職業」を越えた「ライフワーク」でもあり、「生き甲斐」にもつながっている。そして、これまでにわたってぶれることがなかった私の教育観は、グローバル教育によって開眼し、学び、成長していった生徒たちによって支えられてきた。

衣食住すべてにおけるグローバル化により、グローバル社会はすでに現実のものとなっている。また、多文化共生が叫ばれて久しいが、外国人労働者受け入れ拡大等もあり、これから多文化共生社会をいかにして実現するべきか、現実的な課題が差し迫っている。こうしたなか、学校教育におけるグローバル教育の重要性は以前にも増して高まっている。多文化共生社会の構成員であるという意識づけや、地球市民性を育む教育を学校でどう展開すべきかが問われてきている。さらに、21世紀は知識基盤社会（knowledge-based society）であると言われるように、知識や技能のグローバル化は急速に進行している。様々な課題に対処し、一人ひとりが豊かな人生を築いていくためには、従来の伝達された既存の知識を記憶し、その総量を増やしていくような学力のみでは不十分である。育てるべき学力はより多角的なものになり、予測不可能な事態に対処できる力をいかに養成していくかが問われる。こうした社会的要望に応える具体的な教育内容や方法を検討し、それを実践することは、教師に課せられた重要な責務である。グローバル教育の理念はこうした新たな方向性に合致し、現代的教育ニーズに応え得る要素を多分に有している。

グローバル教育は、古くて、新しい。そして、少しずつ変化している。「グローバル教育」という用語が日本で普及してきたのは、1990年代後半

である。その前から日本の学校では「国際理解教育」という用語が使用され、様々な形で取り組まれてきた。とりわけ、2002年に導入された「総合的な学習の時間」における教育活動として「国際理解」が例示されたことから、いっそう定着することとなった。2011年以降は「グローバル人材」育成に関する議論が活発になり、また2014年度から文部科学省がスーパーグローバルハイスクール（SGH）を指定したことなど、近年は「グローバル」教育が脚光を集めるようになっている。日本の国際理解にかかわる教育は、先進的な欧米の取り組みから影響を受けて発展し、また私自身も豊かな研究蓄積を持つ欧米の理論（Global EducationやGlobal Citizenshipなど）を参考にしてきたことから、本書では「グローバル教育」という用語を採用している。

　また、学習指導要領改訂に関して、アクティブ・ラーニングが話題にのぼったことは記憶に新しい。「能動的学習」と訳され、後に「主体的・対話的で深い学び」と表現されるようになるが[1]、簡潔に言えば、課題の発見と解決に向けて主体的に、協働的に学ぶ学習である。そして、学ぶことに興味や関心を持って粘り強く取り組み、子ども同士や教師と、あるいは地域の人々との対話や協働などを通じて自己の考えを広げ深め、習得・活用・探究という学びの過程の中で知識を関連づけて深く理解したり、問題を発見し、解決策を考えたり、考えを基に創造したりする力を養うことである。ここには、知識伝達型の教育に対する危機感が現れているとも理解できるが、こうした学習はグローバル教育の実践者からみれば、すでに40年以上前から実践されてきたことである。グローバル学習（global learning）はまさに、アクティブ・ラーニングそのものである。

　また、「深い学び」については、事象や問題について深く考え、個々の学びがつながり、関連し合いながら広く深い理解や思考につながっていくような学びであり、幅広く多角的な視野から総合的に考究する力や様々な解決策を模索できる力、深い認識が得られていると、学習者自身が実感できる学習であろう。グローバル教育には、そうした「深い学び」を創出す

る力がある。しかも、そこにはワクワク感が伴い、自己の成長が感じられるような学びである[2]。

　グローバル化がもたらす様々な現象は、学習者が生涯にわたってアクティブに学び続けられる力やものの見方を育む教育内容や方法、学び方を発展させてきた。新しい学習指導要領が呼び掛ける「主体的・対話的で深い学び」の具現化や、アクティブ・ラーニングの円滑な浸透と手法の開発には、グローバル教育の蓄積と成果が大いに役立つだろう。また、評価についての考え方も変容しており、試験で知識量を問うようなこれまでのスタイルとは異なる新たな方法が見出されている。グローバル教育には今、追い風が吹いており、その意義が再認識される時が来たといえる。

　「グローバル」「国際」とはいえ、自分とかけ離れた「外」のことや外国のことだけを学ぶのではなく、自分と関わりのある事柄であるという認識の下に、グローバルとローカルの往還やグローバルな中のローカル（地域）に着目した実践や、身近なテーマを発展させたり自らの生き方と関連づけたりして自己理解や学びを深め、つながりや当事者意識を重視した実践が奨励されている。学校教育においてグローバル教育は、公正で平和、そして持続可能な社会の実現を目指すための人間性や資質、また総合的な学力を育成する役割を担う。そして、多方面からグローバル教育を展開することは、進路選択の幅を広げるだけでなく、人生に有益な視点をもたらすことにもつながる。すなわち、多様なものの見方、グローバルで広い視野を得ることにより、人生観・世界観を広げ、他者や生命を思う豊かな心を持ち、自己の可能性を高めることができる。

　私は授業を通して高校生に、世界に目を向け、多様な世界観に出会い、視野を広げてほしいとメッセージを送り続ける。英語の学習については、「国際共通語」「国際補助言語」として英語を身につけることによって世界中の人々とつながり、心豊かな人生を歩んでほしい、さらには、自分の持てるものを活かして地球市民として社会に貢献してほしい、と常に願って実践にあたっている。外国に行く・行かない、海外で活躍する・しない、

という短絡的な構図ではなく、グローバル教育が育む様々な力は、日常生活においても大いに役立ち、自分の人生を豊かなものとし、良好な人間関係の構築やより良い社会・地域づくりにも活かされる。

　以上の思いから、本書では、学習者（生徒・卒業生）が発する素直な声や学びを紹介している。実践事例を通して、グローバル教育が秘めるパワー、面白さ、可能性の一端をご理解いただけたら、幸甚である。グローバル教育を実践している、あるいはこれから実践しようとする教師はもちろん、教育のあり方を模索する教師、そしてこれから教育にあたろうとしている学生のみなさんにも本書を手に取っていただき、これからの教育について一緒に考えることができたら、著書としてこの上ない喜びである。

《注・参考文献》
1　実際は併記されることが多い。
2　日本人間教育学会会長の梶田叡一氏は「深い学び」を「実感・納得・本音を大事にした学び」と端的に称している（日本人間教育学会編 (2017)『深い学びのために アクティブ・ラーニングの目指すもの』金子書房、p.8)。

「生きる力」を育むグローバル教育の実践
──生徒の心に響く主体的・対話的で深い学び

目　次

はじめに──なぜグローバル教育なのか・・・・・・・・・・・・・・・・・・・・・・・・3

第1章　生徒の学びの声──学習者の視点から・・・・・・・・・11
 1. 高校生はこんな学びを求めている・・・・・・・・・・・・・・・・・・・・・・・12
 2. 大学で学びたいことが見つかった──高校生の語りより・・・・・・26
 3. 奇跡の授業から学んだこと　佐々木 里菜・・・・・・・・・・・・・・・40
 4. グローバルシティズンシップ(GC)を通して成長したこと　平間 洸舗・・・42
 5. この目で捉えた世界の現状　菅野 沙弥・・・・・・・・・・・・・・・・・・44
 6. 自信を得た私　千葉 ほのか・・・・・・・・・・・・・・・・・・・・・・・・・・・・46
 7. 挑戦することの大切さを知った　村田 千真・・・・・・・・・・・・・・・48
 8. 自分の中の偏見に気づかせてくれた　工藤 朋香・・・・・・・・・・50
 9. 私の世界を変えたもの　大山 結有花・・・・・・・・・・・・・・・・・・・・52

第2章　実践編──教師の視点から・・・・・・・・・・・・・・・・・・・55
 1. グローバル教育はどんな学校でも実践できる・・・・・・・・・・・・・58
 2. 実践の方法と場所──多角的なアプローチ・・・・・・・・・・・・・・61
 3. 既存の教科内の実践例・・・・・・・・・・・・・・・・・・・・・・・・・・・・・・・72
 4. 新科目実践（学校設定科目）・・・・・・・・・・・・・・・・・・・・・・・・・106
 5. 総合的な学習の時間と探究的な学習・・・・・・・・・・・・・・・・・・119
 6. クラス経営・ホームルーム活動・・・・・・・・・・・・・・・・・・・・・・・144
 7. 生徒会活動・・・・・・・・・・・・・・・・・・・・・・・・・・・・・・・・・・・・・・152
 8. 部活動・クラブにおける実践・・・・・・・・・・・・・・・・・・・・・・・・163
 9. 海外研修旅行（修学旅行・スタディツアー・語学研修）・・・・・183
 10. 体験的な学習（フィールドワーク・地域や社会、校外での学習）・・・192
 11. 国際交流・国際理解行事・・・・・・・・・・・・・・・・・・・・・・・・・・・212
 12. 留学と留学生受け入れ──多様性を認め、寛容性を高める教育・・・235
 13. イベント・コンクールへの参加・・・・・・・・・・・・・・・・・・・・・・・244

14. 学校行事・学校全体での取り組み ……………………………… 251
15. 東日本大震災を経験して──震災をグローバル教育に活かす視点 …… 263
16. SDGsを中心軸にした授業実践 ………………………………… 278

〈卒業生コラム〉
❶グローバル教育の素晴らしさ "日常が違って見えた"
　　──生涯使える財産　山本 舞　　　　　　　　　　　　56
❷国際社会の平和を願って　平岡 静香　　　　　　　　　　69
❸教科を超えた指導　上原 洋　　　　　　　　　　　　　101
❹教育が教育を救う──チャンスは平等に　鴫原麻里奈　　103
❺180度、違って見えたこと　山城 拓磨　　　　　　　　115
❻新しい授業が開いた扉　竹内 花音菜　　　　　　　　　117
❼自分を大きく変えた授業──異文化との出会い　直江 綾佳　148
❽A Woman Who Has Affected My Life　小嶋 ゆみこ　　150
❾自分自身の疑問と向き合い、悩み、考える　加藤 遥　　156
❿世界を知ること、自分を知ること
　　──私の世界観を変えた授業　三浦 英里奈　　　　　160
⓫心に生きている、国際理解の学び　末永 むつみ　　　　178
⓬経験を通して広がった視野　相沢 咲希　　　　　　　　181
⓭自分を成長させてくれた場所　清水 桃奈　　　　　　　209
⓮わたしと、世界。　大井 彩花　　　　　　　　　　　　216
⓯その後の人生を形作る原体験となったグローバルな学び　山内 和　233
⓰新たな自分を開発して　平塚 奏流　　　　　　　　　　242
⓱過去の私からのメッセージ
　　──自分の殻に閉じこもっていた私が世界を知ってから　高橋 さおり　249
⓲ "Think Globally, Act Locally" を胸に　遠藤 桂視子　　260
⓳生き方が変わった──私の進路を決めた授業　今野 万梨花　273
⓴想いは伝わる　藤野 絵里香　　　　　　　　　　　　　275
㉑多様な経験と身近にいた「ロールモデル」　西貝 茂辰　288

第3章　私がグローバル教育を続ける理由 ……………… 291
1. だからやめられない、グローバル教育　阿部 和彦 ……… 292
2. つながりの中で生きる──豊かな人生を創造するために　冨永 昌子 …… 294

3．地球人として生きること　南澤 英夫 ･･････････････････ 298
　4．私がグローバル教育を続ける理由
　　　──誰からも奪われないもの　石森 広美 ･･････････････ 301
〈Tips of Global Education〉
　1　シンガポールの新たな知の創造を目指す"KI"　　　143
　2　海外で喜ばれるお土産　　　191
　3　民族衣装のぬくもり　　　248
　4　「国際化」と「グローバル化」　　　272
　5　ネパールの"雪男"とSDGs　　　287
　6　憧れのデイビッド・セルビーに会って　　　312
　7　地域に根差した国際協力ショップ　　　316
　8　グローバル人材とIBの学習者像　　　329

あとがき ･･ 305

付録 1　私が影響を受けた教育理論と実践 ･･････････････ 309
　1．ワールドスタディーズ ･････････････････････････････ 309
　2．パイクとセルビーのグローバル教育理論 ･･･････････ 310
　3．グローバルシティズンシップ教育 ･････････････････ 313

付録 2　国際理解に関する諸教育 ･･････････････････････ 317
　（1）グローバル教育 … 317　（2）国際理解教育 … 318　（3）開発教育 … 318
　（4）環境教育 … 319　（5）持続可能な開発のための教育 … 320
　（6）平和教育 … 320　（7）人権教育 … 321　（8）未来教育 … 321
　（9）多文化教育 … 322　（10）帰国子女教育・外国人子女教育 … 323
　（11）異文化コミュニケーション／異文化理解教育 … 323
　（12）シティズンシップ教育 … 324　（13）グローバルシティズンシップ教育 … 325
　（14）SDGs … 325　（15）アクティブ・ラーニング（主体的・対話的で深い学び）… 326
　（16）国際バカロレア（IB）… 327

付録 3　課題研究 & ESD カレンダー
　　　──ホールアースアプローチを目指して ･･････････ 330

付録 4　グローバル意識を高める 1～2 時間でできる授業例 ･･･ 333

第1章 生徒の学びの声
——学習者の視点から

通常、高校生は身近な関心事にあふれている。
学校、クラス、授業、勉強、部活動、
進路、友人、恋人、家族、ゲーム、
スマホ、テレビ、芸能、趣味…。

そうした身近な関心がグローバルなものに広がり、
グローバルとローカルを自分の中でつなげて
考えることができるようになるきっかけを得た生徒は、
「日常が変わる」。

「日常が変わった」…とは生徒のことばである。
「人生が180度変わった」と言った生徒も何人かいた。
グローバル学習を通して、
目の前にある日常の世界が違って見えたという。

では、高校生はグローバルな問題について、
何を考えているのだろう。
あるいは、何がきっかけでどんなことを
考えるようになったのだろう。
具体的な実践に沿って、
高校生のことばから
彼らの認識に迫ってみたい。

第1章　生徒の学びの声──学習者の視点から

1. 高校生はこんな学びを求めている

（1）「グローバルシティズンシップ（GC）」の授業からの生徒の学び

　「グローバルシティズンシップ（Global Citizenship、通称GC）」は、私が授業開発を担当した仙台東高校の学校設定科目である[1]。地球市民資質の育成を目的として2010年に開設されたGCは、生徒たちにとって初めての本格的なグローバル学習の場であった。

　グローバル教育の成果や生徒におよぼすインパクト等を調べるため、私は、2011年度のGC受講生徒を調査対象とし、翌2012年度に２度にわたるフォーカス・グループ・ディスカッション（以下、FGD）を実施した。学習が終了した翌年度に、学びの定着度を追跡した形になる。

　FGDとは、ある特定のテーマに関して少人数[2]のグループを対象にした座談会形式のインタビューである。その場面から、高校生の認識をより深く探ってみよう。まずは、第１回目のFGDを振り返る。なお、下記に示すトランスクリプトの最初の頭文字は、発言者のイニシャルを表し、発言内容の（　）は読みやすくするための補充箇所を表す。

第1回 フォーカス・グループ・ディスカッション（FGD）概要
日　時：2012年7月13日（金）16:10～17:40（90分）
場　所：学校 ホンキトークルーム
参加者：英語科3年（前年度GC選択者）有志7名
ファシリテーター：授業担当者　石森 広美

GCを受けた生徒による第１回FGD Part１

ものの見方・つなげる力

筆者：GCの授業が終わってから5か月近くが経過しましたが、今、何が残っていると思う？　もちろんフェアトレードを知った、とか、そういった知識面もあると思うのですが、その他にスキルとか考え方と

かも含めて、どうですか？　今、役立っていることとか。
MY：スーパーとか買い物に行っても、その商品がどこからきているのかとか考えるようになりました。これ、フェアトレードかな、とか。
（一同、「そうそう！」「私も！」と同感を示す）
CH：フェアトレードは探すようになりました。
MY：100円ショップとか行っても、つい探しちゃう。あるわけないのに。
（一同、笑う）

…（中略）…

MI：新聞のテレビ欄とか見ても、「国際…」って見ると、ビデオ撮っちゃう自分がいるんですよ（笑）。NHKで国際問題とかの番組をまとめて、自分でいろいろ調べたりします。
筆者：なんで、そのようになったと思う？
MI：GCとか異文化とかやって、（世界の問題に）興味がわくようになったし、あと、今までは日本の中での見方だったけど、今は他の海外からの見方も考えられるようになったと思います。国内の問題にも（興味が）広がってくる気がします。
TK：GCを通して、一番、視野が広がったと思います。何か問題があったら、それを自分の視点だけじゃなく、相手の視点からも考えられるようになったし、第三者の視点からも考えられるようになったかな、って。
筆者：いろいろなものの見方だよね。人は自分中心なものの見方をしがちだよね、それを別の視点からみる力はすごく大切。多角的な視点、多様なものの見方を育む、というのはGCの授業の大きな目的だった。
MR：GCの授業がなくて、異文化の授業を受けていたら、多分、言われたことだけを考えていた気がするんですよ。でも、GCをやってたから、問題を知った上で異文化を学んでいるからこそ、深く考えるようになったし、肯定的だけじゃなく否定も見れるようになった。別

の視点からも考えられるようになった。
HR：物事はつながってる、っていうのは何となくわかってたんですけど、でも、GC やって、具体的にどうやってつながっていくのかわかって、頭の中でどんどんつながっていって…。自分のこれまでや今、これからのこととかを世界のこととつなげて考えられるようになった。頭の中でウェビングができるし（笑）、国際人としての自覚のようなものが出てきた。
TK：ウェビングは使うよね。
WT：使える。
MR：頭の中でできるようになった。
HR：全部の問題が自分とつながってくる。いろいろなことが思い浮かぶ。GC 学んできたから、頭の中で考えたことをアウトプットできる。共感できる場所ができるようになったから、話が深まる。結構、（私たち）深い話するんですよ。

自分の中の変化、感動がもたらす変化

MY：私は、例えば児童労働とか奴隷とか、何か問題を学んでも、「遠い誰かのこと」とか「かわいそう」って思うだけじゃなくて、「自分に何ができるかな」って考えるようになって、今までは、客観的に、どっかの誰かさん、みたいに思っていたのが、GC やるようになって、携帯（を私たちが使うこと）とゴリラの消滅がつながっていたり、自分が生きていることで世界の誰かとつなげて考えられるようになった。例えば、ゴミ捨てるにしても、これが（地球の）裏側とかの環境破壊につながっていったり、自分に何ができるのかを考えて、小さいことでも始められるようになった。積極的に行動するようになった。

　　あと、GC 受けると、人間的に大きくなるじゃないですか。（一同、拍手）人生観が変わるっていうか、心が成長できる。
筆者：CH さんは？
CH：私、本を買うようになったんですよ。もともと私、本が好きじゃな

かったのに、GCやってから、もっと知りたいと思って、本を買って読むようになったんです。
ＴＫ：俺も、買った！
ＣＨ：よく、貧困の本を読むんですけど、GCやってから、その人の辛さとか、その人のことが思い浮かぶんですよ。GCやってなかったらただ「かわいそうだな」とか思うと思うんですよ、でもGCやって、あっちの人の立場とか考えられるようになりました。ちょうどパーム油のことを授業でやった時に買った本に、パーム油のことが出てたんですよ！「あ、出てる！」ってめっちゃ感動しました。あと、やっぱ、GC取って、（いろんな問題を）知ったから、広がった。取ってなかったら、こんなに考えが広がんなかったと思います。こういうの学べるからこそ、知っていかないと、行動にも移せないじゃないですか。もっと知りたい、って（地球規模の問題を）習ってからめっちゃ思ったんですよ。児童労働も紛争も…。例えば、みんなチョコとか好きだと思うんですけど、そういうのも何も考えないで「安い！」って言って買って、バレンタインとか楽しんでるじゃないですか。でも、カカオ作っている人はこれが何になるかもわからないで、楽しみもなく、働いてるわけじゃないですか、それで生きるか、生きられないか、ってそういうことが頭の中に浮かんでくるんですよ。なるべくフェアトレードの買おうと思っています。
筆者：「浮かんでくる」っていうのがキーワードだね。よく。共感的理解とか、想像力、って言うんだけど、それができているんだね。
ＣＨ：GCで（いろんな問題を）知れたから、（自分もこうして）たくさん意見も出るようになったんですよ。知れたから、意欲的になったし、やっぱ、知ることって大事。こういう授業ができる先進国の人たちが、知っていかないと、何もできない。
ＨＲ：うん。だって、（先進国の人間である）うちらのせいじゃんね。
ＭＹ：イギリスみたいに、フェアトレードをどんどん増やしていかないと。
ＨＲ：知らないとやりようがない。

CH：もっと動かないと、変わらない。
筆者：CHさんは「浮かぶ」って言ってくれたけど、それってすごく大事だよね。言葉で言われても、想像して、感情が動かないと、その人は何も変わらないから。想像した時に、一緒に痛みを感じたり、相手の立場で考える、っていうことは問題解決に向かうステップとしてとても大切なポイントだと思う。
HR：だって、CH、授業中泣いてたもんね。
CH：ちょっとだけ（笑）。いろんな気持ちが混ざっちゃって…。
MI：（パーム油プランテーションにより）（ボルネオ）象（が罠にかかって苦しんでいる映像）のときとかも。
MY：私も泣いた…。
HR：痛かった、あれは…。
CH：日本で起きないようなことが普通に起こってるから、なんかもう、驚きすぎる、っていうか。
筆者：そうだね…。他に、インパクトが強かったことは？
WT：100人村（ワークショップ）ですね。
CH：やったもんね、自分が役割になって。
MY：あと、お菓子配ったりとか[3]。
HR：私は、震災のこと。うちらからみたら、（日本より）ずっと貧しい国が、私たちのためにお金を送ってくれて、あんなにも支援してくれたことは本当に心に残った。

知る楽しみ、ワクワク感、達成感

WT：俺、実は「授業」っていうのがあんまり好きじゃないんですよ（笑）。でも、GCは知る楽しみがある。知りたい、って思えるんですよ。
TK：新しい発見がある、っていうか。
MR：今日は何のトピックについて話し合うんだろう、っていうワクワク感を持って授業に入れるから、内容も頭にすっと入っくる。
CH：考えなくても言葉に出てくる。

筆者：考えてるんだよ、それは。（一同、笑う）
ＣＨ：口に出すと、どんどん（自分の考えや意見が）出てくる。
ＨＲ：もう止まんないんだよ。
ＭＩ：私的には、やっぱり象なんですよ。自分たちが毎日食べたり使ったりしているパーム油がボルネオの象に影響するし、消滅につながっていて…それが一番ショックだったから、（校内英語）スピコン（スピーチコンテスト）でも題材にして発表したんですよ。みんなにも知って欲しいと思って。
ＴＫ：俺は、寿命（の格差）のこと。シエラレオネの34歳、っていうのを知った時は、やばかったですね。もし、自分の周りで紛争が起こって、明日自分が戦いに行ったら、とかずっと考えてて。児童労働のところでもやったけど、シエラレオネの子どもたちもそうなるのかな、って考えたら、衝撃的でした。34歳までしか生きられなかったら、俺も人生あと半分だな、って…。（授業の時17歳だったから）ちょうど半分なんですよ。残りの人生何しようかな、って考えて…。34歳っていったら、（日本では）やっと仕事が定着してきて、これから、っていう時だから…。

…（中略）…

筆者：他に授業について何かある？　内容とか、方法とか、あるいは評価も含めて。
ＷＴ：自分の意見を発表する場があって、それに対して、みんなが賛成とか反対とか意見を出し合って、あ、そういう意見もあるな、とかそういうのを知るのが楽しかった。
ＨＲ：自分たちが作る授業だった気がする。（一同、「そうそう」）
　　　自分たちの意見だし、主体が私たち。それがすごく楽しかった。
ＷＴ：他の授業は聞くだけだけど、GCは聞くもしゃべるも、見るも、全部ある。あと、いろいろ考えるから、脳みそフル回転（笑）。
ＨＲ：そう、頭疲れるよね。
ＭＹ：ほんとに疲れる（笑）。

MR：GCの授業は、一回の授業で、すごく達成感があるんですよ。
　　（一同、うなずく）
CH：そう、学んだぞ、っていう達成感がすごく大きくて。誰かに話したくなる。
　　（一同、「なるなる！」「わかる、それ！」）
HR：ここ（無関心な人々の反応）を変えないと、変わらないんだよ。
　　（一同、うなずく）
MR：ちょっとでもいいから、興味を持って欲しい。
CH：うちらの（年）上に言っても変わんないから、（年齢が）下（の人）に言って、変わっていけばいいと思う。下に言って、どんどん広がっていけばね。
MY：あとさ、逆に、知った時さ、知らなかった自分にショックだった時もあるよね。
MR：知らないままでいた方がよかった、っていうこともあるかもしれないけど、知ってよかった、という時の方が多い。「無知の知」っていうけど、本当にそうだと思った。
HR：まだ自分も知り足りないと思う。（一同、うなずく）
筆者：学ぶのを嫌がる子どもが増えている中で、学びたくてしょうがない、って気持ちになるのはすばらしい。
CH：なんか、（GCは）しなきゃいけない、っていうのがない。
HR：（自分で）したいんだよね。自分で書きたいから（ノートに）書いている。
MR：そうそう、自分がやりたいから、書く。
CH：他の教科は教科書を学ぶけど、GCは今（ある問題）を学ぶじゃないですか、だから一番近い、っていうか。
TK：生活に役に立つ。（一同、うなずく）
MY：身近な問題。
TK：普通の授業は、しゃべっちゃだめだもん、隣の人と。
　　（一同、「そうそう」）

WT：ただノートに写すだけ。
筆者：GCは意見言ってもらわないと授業が進まない（笑）。
MI：教科書がないじゃん、だから、それを作っていくっていうか、それが面白い。
TK：（教科書が）あるとつまんない。GCは自分たちでこうやってファイルして教科書を作っていくのが楽しい。
MR：そう。教科書があると、先が見えちゃう。でもGCは先が見えなくて楽しい。
WT：そう、ワクワク感。次、何やるのかな、って楽しみがある。

成長につながる、人生が変わった、生きる喜び

CH：あ、こんなにしゃべれるんだ、って（笑）。薄っぺらい会話じゃなくて、こんなに想像できて、こんな発想できて、相手の考えとかも受け入れられるようになった。
MY：それが異文化理解。
HR：違いを認めてくれるから。
MY：人それぞれだよね。
HR：そう、そうだよね！　それがわかるようになった、うちら。やっぱり、不満なこととかあるんですよ。毎日の生活で。
MY：でも、人それぞれだよね、って。
HR：そう、悪口とか言わなくなったよね。
筆者：それは、人間的な成長だよね。
HR：そうなんですよ！（一同、「そう！」といって拍手）
MR：自分と違う人がいて当たり前なんだから、って。
TK：他者を尊重する。
MY：そうそう。
MI：日常が変わった気がする。（一同、拍手）
HR：ほんと、そうだよね。（一同、同意）
HR：なんか、（意見の違いによる些細ないざこざで）イライラしてたこととか

放課後、和やかな雰囲気の中、活発な議論が交わされた（仙台東高校、2012年）

ちっぽけなことが馬鹿らしく思える。子どもっぽく思える。つまんないことで、って。
ＭＹ：わかる。人は人だから。
ＨＲ：国際理解的な価値観だけが広がったわけじゃなくて、人間的な成長。

…（中略）…

ＣＨ：（GCやるまでは）知らなかったもんね、うちらもね。普通に平凡に過ごしてたもんね。
ＴＫ：ほんとだよ。フェアトレードも何も知らなかった。
ＨＲ：なんか、当たり前っていうのが180度、変えられた。
ＴＫ：人生が180度変わった。
ＭＹ：でも、それ、ほんと。
ＣＨ：HRとかも、GCやって人間的に成長した、って言ってたけど、ほんと、GCやらなきゃ。やんなきゃ、変わんない。
ＨＲ：積極的になった。（一同、「そうだよね」）
　　　なんか…薄っぺらい話がなくなったから…。いろんなことが、楽しくてしょうがない。
ＭＹ：生きる喜びだよね！

　上記のディスカッションは、グローバル学習が高校生にもたらすインパクトと学びのプロセスを描き出している。
　そもそも、生徒たちは様々な考えや意見を持っているにもかかわらず、授業でそれを表現する場を十分に与えられていない。彼らは一方的な講義ではなく、自分で何かを考え、それに対して意見を交わし、共有し、互いに学び合う学習機会を求めている。それは、学習指導要領が強調する「言語活動」の充実や「思考力・表現力・判断力」の育成にもつながることで

ある。

　生徒たちの言葉からは、あらためてグローバル学習の持つ可能性と底力を確認することができる。

　こういう問題意識を持った若者が増え、大人になって社会形成に参加してくれれば、何かが変わるかもしれない。ここに、グローバル教育を続ける意味があるのだと感じる。どんなに小さくてもよい。教室にそうした種をまき続けることが大事であり、そのことで何かが変わる可能性を私は信じている。そして、その場に自分が関わっている間は、まいた種にしっかり水をあげる。種をまかなければ、花が咲くことはない。そして、水をあげなければ、大きく育たない。

（2）「国際理解」の授業を受けた生徒の学び

　仙台白百合学園高校3年生の選択必修科目「国際理解」。本書の協力者、阿部和彦氏が担当している[4]。この授業では、1年間グローバルな問題について、自分との関わりを考え、複雑な問題をひも解きながら学んでいく。

　私は阿部先生に共同研究を依頼し、2012年度の「国際理解」受講生徒の学びを1年間追跡した。グループインタビュー、前期末と年度末の自己評価表への記述等から集積された高校生の声の一部を紹介しよう。

世界の国々を身近に感じる・世界の出来事への関心が高まる

　グローバル教育の実践を重ねていくと、生徒たちから次第に次のような感想がわき上がる。

　"世界を身近に感じるようになった"

　"ニュースで出てくることが他人事とは思えなくなった"

　自分とは関係がない、と思っていた遠い世界の問題。それがある時を境に、ぐっと身近な存在になる。

　"地理だけだったら、暗記しても、すぐ忘れると思う。この科目でやった「コンゴ」は一生覚えていると思う"[5]

　「コンゴ民主共和国」はアフリカ中央部に位置する国。紛争が絶えず、

1998年から続く紛争で失われた命は10年間で540万人以上にのぼる。紛争に関連して引き起こされた飢餓や病気、貧困、奴隷、誘拐等、深刻な問題が山積している。一方、地下資源が豊かであり、世界有数の鉱産資源国である。

「国際理解」の授業で、自分たちの使用する携帯電話の部品の一部に使われる希少金属（レアメタル）がコンゴで採掘され、そのことから様々な問題が発生していることについて深めた学習は、生徒たちに大きなインパクトを与えていた。

時に高校生は、授業の感想に大人がはっとするような表現を用いることがある。

"世界を隣に持ってくるようなイメージが持てた"

"今まで何てことはないと思っていた問題が、自分の中でおおごとになった"

…私には思いつかない言い回しである。若者らしい力を放ついい表現だ。こうした感覚をもたらす授業が普及すれば、世界の問題が少しでも解決に向かうかもしれない。自分とは関係のないように思える事柄を、いかにして自分と関わりのある問題だと気づかせるか。それは常に授業の鍵となる。

グローバル学習は、頭と心、五感も働かせて学ぶものである。興味も持たず暗記したものとは異なり、一生懸命考えて、心が揺さぶられて学んだことはその後も忘れることはない。毎日の生活や進路、生き方につながる。生徒たちが「人生の学び」と形容する所以である。

深く考える・視野が広がる

"最初は原発なんてなくなっちゃえばいいのに、って思ったのに、他の人の意見とか聞いて、推進していかなければならない理由もわかったし、肯定も否定もわかるな、って思うし、（授業で学ぶ前と後では考え方が）全然違う。最初はマスコミが原発はいけないからなくそう、っていうことばかりいっていたから…。こういうのやると、自分の意見も広が

る、っていうか…"[6]

"何か、1つの話題を考える時、賛成にしても反対にしても、賛成なら反対側からきっとこう言われるから、じゃ、どうしよう、っていうのを考える。反対だからぜったい反対じゃなきゃいけない、っていう固定観念にとらわれることはなくなった"[7]

"視野が一気に広がり、世界で起きている問題と自分の生活について常に意識して考えられるようになった。日常生活について見直すこともできたし、そこから世界に目を向けられるようにもなった"[8]

グローバル学習を進めると、視野が広がる。様々な考えや意見をいろいろな角度から考える学習経験を積み重ねることにより、多様なものの見方を獲得する。問題を多面的に考える活動により、論理的な思考力や、違いを認め尊重しようとする姿勢も育つ。これらは柔軟な思考力、創造力に加え、新たな知を生み出すことを可能にする。

自己探求が深まる・生き方が変わる

　人格形成、人間的な成長…これは、教育基本法にある通り、教育の核たる目標である。人としてより良い方向に導き、生涯にわたって学習する基盤が培われるようにすることが教師の務めであるならば、グローバル教育は大きくその役割を果たすことができる。

　なぜならば、異なるものと出会ったり、多様な文化や考え方を理解し尊重しようとしたり、社会と自分との関わりを考えたり、社会をより良くするための方法を考え、自分の責任を果たそうとする姿勢を育むグローバル教育は、寛容の精神や人の心を育て、生涯学習力と自己教育力、また行動力を養うからである。

　"頭の中をぐるぐると駆け回るものをアウトプットできたのはこの授業が初めてだったと思います"

　"自分自身の成長につなげることができました"

　"思いやりの心が大きく育ったと思います"

　"自分でもできることが多々あると知り、基本を見直し、実行するよう

になりました"

"私は1年間この授業を受けたことによって、自分の生活を考え直すことができました。今まで何気なく使っていたものには裏があって、それを自分たちが使うことによって困っている人たちがいるということがわかり、授業を受ける前と後では気持ちに変化がありました"

"最初は「国際理解」が外国の文化を学ぶ授業だと思っていました。しかし、見えてきたのは日本の姿と自分の姿でした。自分らしさを知ることにより、自分にしか叶えることのできない夢を探そうと思えてきます"

「国際理解」の授業を受けた生徒は、このように自己探求を深め、学びを振り返っている[9]。自分の学習してきたことを振り返り、意味づけをすることにより、学びが根づく。自分と世界とのつながりを考える授業によって、生徒たちは自分探しをし、生き方を見つめていく。また、振り返りを重視するグローバル学習により、生徒たちにはリフレクション（省察・振り返り）能力も身についているようだ。

阿部先生が担当する仙台白百合学園高校の学校設定科目「国際理解」を受講している生徒の学びを1年間追跡した結果、私の担当してきた「グローバルシティズンシップ（GC）」で学んだ生徒の学びと、多くの共通点があることに驚かされた。設置教科や授業者は異なるものの[10]、授業のねらいや育てたい生徒像、そしてアプローチ等が近似しているからである。ここに、グローバル教育が持つパワーが表現されているような気がした。

《注・参考文献》
1 英語科2年生の選択科目（2単位）。
2 1グループあたり通常6人から12人程度であり、8〜10人の参加者が理想的な人数だとされている（Vaughn, S., Schumm, J.S., & Sinagub, J. M. (1996) *Focus group interviews in education and psychology.* London: Sage Publications. ヴォーン、S・シューム、J.S・シナグブ、J.著、井下理監訳 [1999]『グループ・インタビューの技法』慶應義塾大学出版会）。
3 富の分配の不平等を実感させるために、実際にお菓子を食料に見立てたワークショップをおこなった。
4 この学校設定科目の授業開発者であり、担当しているのは、本書の執筆協力者の阿部和彦氏である。

5 2011年10月4日に仙台白百合学園高校セミナー室にておこなったグループインタビューより。参加者は学校設定科目「国際理解」担当教師および受講生徒10名である。時間は放課後14：30〜15：20である。
6 同上。
7 同上。
8 自己アセスメントシートへの記述より（2012年1月24日実施）。
9 同上。
10 「国際理解」は地歴公民科、「グローバルシティズンシップ」（GC）は英語科である。

2. 大学で学びたいことが見つかった
──高校生の語りより

学びたいことが見つかり、それに向かって努力できる喜び

　2012年の初秋、英語科3年のクラス担任の先生が私にこのように話してくれた。

　「進路を迷っていた人たちが、次々と決まってきましたよ。目を輝かせて。先生のおかげです」

　グローバル教育は進路意識をも明確にすることがよくある。探究的な学習の積み重ねで知的好奇心が刺激されたり、もっと知りたい、学びたいという気持ちを引き起こしたり、あるいは少しでも問題解決に貢献したいという意欲をもたらすからだろうか。あるいは、学ぶ楽しさや知る大切さに気づくからだろうか。ひとつ言えることは、進学はしたいが、自分の学びたいことがわからない、大学で何を勉強したらいいかわからない、という生徒が少なからずおり、グローバル学習はそうした生徒たちに多くのヒントや示唆を与えているということである。このことについては、下記で示す第2回目のFGDから明らかになる。

　私の目的は、生徒を国際系の大学・学部に進学させることや、国際関係機関等で働かせることではない。私の願いは、生徒たちが本当に学びたいことを自ら見つけ、学ぶ喜びや充実感、そして主体性を持って、将来の夢に向かっていって欲しい、そしてそれがどのような道でも、グローバルな視点や多様なものの見方を活かして、より良い社会づくりに役立てて欲しい、というものである。

　以前、国際教育研究会の仲間と議論したことがある。この教育の目的って、「国際的な仕事や国際協力の仕事に就く人を増やすことなのか？」と。

　…いや、そうではないだろう、と話し合った。もちろん、国際関係や国際協力の道に進んでくれたなら、それはそれで喜ばしいことである。しかし、多方面の領域においてグローバルなものの見方や問題意識を持った人

が存在することにより、社会全体に影響を及ぼしていくことが可能になるのだと考える。そして、人材を輩出したい分野は、人文社会学系や語学分野だけではない。むしろ、理系、農業、医療、工業分野やそれを基軸とする幅広い民間企業にも必要である。このことは授業を受けた生徒がわかってくれている。

　ある日のGC（2011年）の授業後、英語科の生徒たちとGCについて語り合っていた時のことだ。「普通科の生徒たちにもこの授業、受けて欲しいよね」「普通科の人こそ、いろんな企業に就職するから、必要だよ」「商品開発とかに反映していって欲しいよね」…生徒たちはそう話していた。だからこそ、学んだことをいろいろな人と共有して欲しい。学びたいことや興味のあることが見つからず、進路がなかなか定まらない、あるいは特に目的意識がなく漫然と大学に行くケースはまだ多い。そして、それにより入学後に迷いが生じることもある。学びたいことをしっかり見つけ出し明確な目標を持って進学した生徒は、困難に遭遇しても強い意志で乗り越えていくだろう。

　以下では、グローバル教育によって育まれた力が、生徒の進路にどのような影響を及ぼしているのかについて、高校生の言葉から考えてみたい。

進路意識への影響

　第1回目のFGD（2012年7月13日実施）では、GCからの学びについて多面的に語られたが（Part1）、ディスカッションの後半にはその学びが学習や今後の人生にどのように活かされるかについて話が及び、夢へと広がっていった。第1回目のFGDのその場面からみてみよう（Part2）。なお、下記に示すトランスクリプトの最初の頭文字は、発言者のイニシャルを表し、発言内容の（　）は読みやすくするための補充箇所を表す。

GCを受けた生徒による第1回FGD Part2
筆者：GCが、高校卒業後の今後の人生にどう活かされていくと思いますか？

WT：大学で新しい人に出会ったときとか、話しても会話の中で否定されても、「あ、そういう考え方もあるんだ」って思える。人を見る目が変わったから、自分でも、人と出会った時、いろんな面からその人を見れる。
HR：それ、わかる。
筆者：対人関係だね、人間関係構築スキル。
WT：相手が外国人じゃなくても、日本人同士でも、活かされる。
HR：ほら、あったじゃない、国際関係はローカルなところから始まるって。
MR：地元でできなかったら、国際（レベル）ではできない、って。
HR：それ、ほんとだと思った。周りでできなくて、グローバルでできるわけない。グローバル、って言っても、ローカルなことがちゃんとできなきゃいけない、っていうのはすごく納得した。ここで普段の生活の中でちゃんとやらなきゃ、意味がない。結局、ローカルとグローバルは必ずつながってくるし。
MY：必ずつながる。
HR：ここで学んだことは、毎日の生活とか人との接し方とかすべてに活かされると思う。
筆者：ローカルとグローバルをつなぐ、っていうことは授業でも強調してきたところ。世界のいろいろな事例を引っ張ってきても、必ず自分のことを見つめ、最後は身近なところを考えていたと思う。自分の暮らしとか家族とかね。世界の問題と自分の生活をリンクさせる、っていう力をつけさせたかった。そうすれば、その人はグローバルに出ていっても、ローカルでも、素敵な人になれると思う。（一同、うなずく）
CH：だって、（自分と）つながってなかった時なかったよね。
TK：そうそう、必ずつながった。
CH：だからこそ、身近だったし。
筆者：学ぶのが楽しい、知ることが楽しいから学びたい、っていう生徒を育てたい。外圧的な力で勉強させるんじゃなくて。他の教科で学ん

だことをつなげていったり。
ＨＲ：地理とかすごかった。地理とか世界史は（GCと）つながってたよ。
ＴＫ：世界史そうだよね。
ＨＲ：だって、プランテーションとか。
ＣＨ：奴隷とか出てくるよね。
ＨＲ：地理や世界史でやったこともつながってくる。だってさ、フードマイレージとかバーチャルウォーターとかも、全部つながってくるよね。
筆者：地理とか世界史とかも、間接的に深まっていってるんだよね。
（一同、うなずく）
ＨＲ：理解力が高まった、っていうか。
筆者：覚えることも大切だけど、その途中で学ぶ喜びとか自分の世界が広がった、とかそういう仕掛けがないとね、ただ苦しいだけになっちゃうよね。（一同、うなずく）
ＭＹ：実は私、子どものころから教員になりたくて。GC学んでから、もっとこういう問題を知ってもらいたいな、と思って…GCを教えたいな、って。
ＴＫ：同じ！（GCやって）人生が180度変わった。
ＭＲ：小学校で英語が始まったから、それに国際関係をかぶせていけば、子どもたちに興味持ってもらえるかな、って思う。
ＨＲ：私、GCやってなかったら、就職（希望）だったから…。
筆者：こんなに学ぶ意欲があるから、絶対大学に行った方がいいと思っていたよ。
ＨＲ：行きたい、って思って、大学に変えた。
ＴＫ：俺も大学でやりたいことが見つかった。

このように、前年度のGCでの学びを、その後の学習の中でつなげたり、関連づけたりして有効活用していること、そして進路を熟考したり、大学で学びたいことを模索したり、あるいは大学入学後の新しい人間関係作りに活かされることを予見したり、将来の夢にも広がっていることがわかる。

受験勉強を乗り越える精神力に

　受験準備も本格化している第3学年の12月。これまでのグローバル学習がどのように活かされているかを探るため、第2回FGDを実施した。

　2回目のFGDは、皆が自分の進路に向かって努力を重ねている最中であるからこそ、進路が本音で真剣に語られる。話の内容は、1回目（7月）ほど話題が拡散せず、より進路や生き方に関連づけられていた。ファシリテーターである授業担当者の私が主に2つの問いを投げかけ、それに沿って自由に語り合ってもらった。

第2回 フォーカス・グループ・ディスカッション（FGD）概要
日　　時：2012年12月14日（金）16:10～17:40（90分）
場　　所：学校 ホンキトークルーム
参加者：高校3年 有志7名[1]
ファシリテーター：授業担当者　石森 広美

GCを受けた生徒による第2回FGD Part1

Q1：GCやグローバル学習が進路選択・意識にどのように影響を与えたか

MI：私、最初は大学は英語系にしようと思っていたんですよ。でも、GCで世界のいろんなことを学んでだんだん視野が広がってきて、今は、国際系に進みたいと思って。自分のやりたいことがはっきり見えたんですよ。

筆者：自分の学びたいことがわかったんだね。

KZ：俺も最初は、MIさんみたいに、英語だったんですよ。英語好きだったし、語学面をもっと伸ばしたいと思って、東高に入ったんですよ。でも、今は自分も語学だけじゃなくて、それを活かして国際協力とかそういう活動をしたいと思うようになりました。自分は普通科だから、先生と話したりこういう活動に参加しなければ、たぶんそのまま語学系の大学に行ってたと思います。

MN：私は科目選択を間違っちゃって、GC取らなかったんですけど…。…（中略）…でも3年生になって「異文化理解」の授業受けて、いろいろ考えるようになって、幅広い視野になって。こういうのがな

かったら、たぶん、普通の高校生がこんなに（世界のことを）知れることなかったと思うんですよ。

　私は最終的に、（家庭の事情で）行きたい大学じゃない大学に行くんですけど、それでも負けないで頑張ろう、できることをやっていこう、って思えるのは、たぶん「異文化理解」の授業で学んだからだと思います。そういう授業がないと、アクション起こそう、とか思わなかったと思うんですよ。

筆者：MNさんは、大学合格したその日に私のところに来て、「国際協力やりたいし、国際のこともっと勉強したいので、そういう団体紹介してください」って言ってたよね。その意欲はすごいと思った。

MY：国際協力に携わりたいって思ってたけど、ボランティアとか募金とかやったところで何も変わらない、とか思ってて…。でも、GCやって、いろんな国際関係の大会とか出させてもらって、「自分でもできるんだな」って思えて、熱意があれば何でもできるんだな、ってわかって。全国の大会で発表した時も、参加した高校生から「GCうらやましい」とか「そういう勉強したい」とか言われて、みんな興味持ってくれて、自分がやったことが相手に本当に伝わったんだな、って。発信する喜びがわかって、自分からでもほんとに発信できるし、自分が言ったことで少しでも世界に関心を持ってもらえるのかな、って思って。私もじかに国際協力とか学ぶ大学や学科じゃないけど、自分がやろうと思えば何でもできるんだな、っていう自信につながりました。

筆者：MYさんの言ってたことは、広い意味での進路だよね。進路、つまりキャリア。どこ大学の何学部に入学した、という狭い意味じゃなくて、もっと長いスパンで考える進路だよね。キャリア教育。どういう人生を歩みたいのか、っていう方向性が見えた。本当の意味での進路意識だね。

MY：そうです！

MR：私も最初は言語系に行きたいと思ってたんですよ。言語だったら、

（大学が）県内にもあるから、県内でいいや、って思ってたんですけど、GCの授業受けて、日本はすごい恵まれているからいろんなことが当たり前だと思っていて、でも、女性差別とか人権とか勉強して、自分も子どもで女だけどちゃんと人権が守られてて、同じ人間なのに、国が違うだけでこんなに差別されてるんだ、ってわかって、自分がその立場だったらどうなってたんだろう、とか思って。これをこのままとどめておくのが嫌だ、って思って、もっと学びたいと思って、狭いところじゃなくて広いところでもっと学びたいと思って、いろんな人にもまれながら、意見交換とかして、自分一人ではできないことも、国際協力とかに興味がある人が集まっているところに行けば、もっと自分も国際に関わっていけるかな、と思って。

ＤＳ：僕は、中学校の時から歴史が好きで、旅行関係で英語で外国の人に歴史を教えたいって思ってたんですよ。GCを学んでから、他国の視点で歴史を見ることを覚えたんですよ。平等に見たい、っていうか。例えば、領土問題だったら、今までだったら新聞とか読んでも、そのまま書かれてることだけを日本の視点で理解していたんですけど、相手の視点で考えると、確かにそういう面もあるかな、って思えるようになって。日本側の情報以外にももっと知りたい、って思うようになって。すごい、外交とかに興味あるんですよ。歴史の中の外交とか。その最前線を学べるメディア系とかジャーナリズム系に行きたいと思ってます。

筆者：何学科？

ＤＳ：国際関係学部の総合政策学科です。今までは、日本史の教科書だけ読んで、日本史の勉強だけしてればいいと思ってたんですよ。でも、平等に、外国の目線でも歴史を見たいな、もっと情報が欲しいな、って思うようになって。問題にも裏の面があるじゃないですか、今そういうのに興味があって。ジャーナリストは仕事をしながらそういうことをどんどん学べるから憧れます。

ＨＲ：私の学部は、直接国際協力ではなくて、どちらかというと異文化理

解・異文化交流なんですけど、高校で世界の問題とか学んだから、今度は（大学で）異文化交流のことを学んで、その両方を自分でミックスさせて、自分の学びを自分の力で発展させることができるかなって思っています。

筆者：HRさん、最初、就職希望だったよね。それが国立大合格、ダイナミックに進路が変わったけれど … そのプロセスを聞かせてくれますか？

HR：うちも親が「就職でいいんじゃないの？」って言ってて、「就職」ってことになったんですけど、GCの授業を受けて、知らないことが本当に怖いことだな、って思ったんですよ。今日の映画[2]でも言ってましたけど、「無関心の恥」とか。このまま就職して、自分だけの力で勉強していくっていっても限界があるし、ちゃんと学生として学び続けたいな、って思って、進路志望を変えました。

筆者：学びたいことが見えてきた、ってこと？

HR：はい。いろんなことに興味はあったんですけど、まず、世界で何が起こっているのかを現状として知らなければならないな、って思ったのと、その現状がある原因は何なのかな、って、歴史の問題だったり、他国との争いとか、現状を作り出したものが何なのか学びたいなって思いました。

CH：GCで世界のこと学んで、大学でもっと学びたいと思いました。私、世界史が好きなんですよ。先進国ではありえないようなことがいろいろ起きていることがわかって、世界史で、その（原因になっている）制度とか、植民地とかプランテーションとか、そういうのからつながっていくことも結構あって、今の問題が昔の歴史につながっていることがわかって、それから世界史が楽しくなったんですよ。

　あと、GCでいろんなこと知って、すごく辛くなったんですよ。残虐なこともあって。今日の映画も、終わったあとにことば出なくて、みんな無言になっちゃって。そのぐらい、いろいろ考えさせられるものだったんですよ。ああいうの見ないと、教えてもらわないと、やっぱ、わかんないじゃないですか。DVDもいろいろあるじゃないで

か、コメディとか。（普通の高校生は）ああいうのを自分で探してきて見ないじゃないですか。見ればわかることがたくさんあるのに。これから自分たちが学んで、少しでも力になれたら、って改めて思いました。

あと、GCでやったこととか家で親にたくさん話して、そうしたら、（そんなにその大学にいきたいなら）「あんた、行けば」って言ってくれたんですよ。そんなに自分のやりたいことを伝えられたのも、こういう授業があったからこそだと思います。

ここには、将来の夢や希望について生き生きと語る高校生の姿が活写されている。

「自分のやりたいことがはっきり見えた」…生徒はそう話す。やりたいことが見えれば、モチベーションが高まり、勉強にも身が入る。強制された勉強ではない。内発的な動機であり、自主的にやるようになる。ただなんとなく、「県内の近くの大学でいい」「みんなが行く大学でいい」と思っていた生徒が、真剣に自分の夢を考えて大学選びをする。そして、時に自分の意欲を言葉に乗せて、親を説得まですする。本当に勉強したいことがわかり、授業のディスカッションで自己表現力を鍛えてきた結果、きちんと説明できるようになるのである。

私が着任した当初は、英語科に在籍する生徒の多くは、「英語がうまくなりたい」という短絡的な考えしか持っていなかった。英語習得の先にあるものをイメージできない。英語がうまくなって何をしたいのか、という問いに答えられない。まだ視野が狭く、知識や経験が少ないためであり、ある意味自然なことかもしれない。だからこそ、グローバル学習によって視野を広げ、国際交流によって経験を豊かにすることが一層重要な意味を持つ。英語を使った先にあることにも、思いをめぐらせて欲しい。

GCを受けた生徒による第2回FGD Part2
Q2：GCやグローバル学習が受験勉強にどのように活かされているか
KZ：自分は地理が好きで、英語の授業とか先生の話とかでいろいろ国際

のことも勉強していくうちに、貧困には植民地時代の影響とか、地球温暖化とか熱帯雨林の伐採とかで砂漠化が進んでる、とかわかって、地理の勉強にすごく役立つんですよ。英語とか国際でやったことが地理の授業の中で結びついて、あ、これやったよな、とかもっとこれ勉強したいな、とか。他の教科でももっと知りたいなとか興味がわいたのは、国際情勢とかを知った良かった点なのかなって思います。

　世間では、国際理解とか異文化理解とか知られてない部分がいっぱいあると思うんですよ。世界の情勢についても、日本ではそれを専門的に学べるところがまだ少ないから、他の人に自分たちが学んだこととか世界のことを伝えていくのが、すごい大事なんだな、って教えてもらった。いろんな本を読んで、それぞれ自分の分野で医療とか農業とか、アーティストとか音楽とか、いろんな方面から国際協力ができるって思ったし、国際協力はボランティアだけじゃなくて、ちゃんとNGOとか仕事でプロとしてやって、お給料ももらえてやっていける、っていうのもあるから、いろんな形があると思うんですけど、いろんなところから他の人に発信して、もっともっと国際協力に関心を持ってもらうことが重要なんだな、って思いました。

筆者：そうですね、国際協力にはいろいろなアプローチがあるよね。農業、工業、医療の他にも、芸術面からのアプローチ、スポーツでもいい、いろんな形でできることだから、こういうことを学んだ人たちが将来いろんな分野に就職して、それぞれの場でたくさんの人に伝えて啓蒙活動してくれれば、知らなかった人も知るチャンスができるよね。理系の人も、もの作りに関わったり、原材料の調達とかの時にも、現地の労働者のことに配慮したり、環境のことを考えたり、いろんなことができる。

KZ：調べれば調べるほど、文系の範囲じゃおさまんなくて。もちろん、語学とか文化とかもあってこそなんですけど、そっから先は技術がないと進められなくて。建築とか農業とか工業とか統計とか、特殊な技術がないと、プロとしてやっていくのがすごく難しい。

HR：私も将来、自分がプロとして、国際協力を仕事として何かできるのかな、ってずっと考えてたんですけど、でも、例えばエンジニアの人たちって、必ずしもみんな英語が話せるわけじゃないし、もしかしたら、自分がその人たちと現地の人たちの橋渡しっていうのもあるのかな、って思います。

筆者：もちろん、あるよ。技術提供する人の支援をする、という形。国際協力って、必ずしも現地で現場で直接的に何かをやる人だけじゃなくて、国内で支える人もいるわけだからね。現地とのやり取りとか調整をしたり、人材を配置したり、事務処理もそう。特技を生かしてやれることがあると思います。

MN：私は語学系の学部なんですけど、面接試験の時に将来の夢を聞かれて、「世界で起こっている現状を知り、国際協力に携わりたい」って話したら、面接官にすごくびっくりされたんですよ。「なんで？」みたいに。そして、「感動した」って言われたんですよ。「あなたの夢は素晴らしい」って言われて。それが合否に関係したかは全然わかんないんですけど…。

　こういう国際の勉強してると、周りに優しくなれると思うんですよ。ちっちゃい痛みにも気づける人間になると思うんですよ。人間として成長できる。普通の科目の受験勉強も大事だけど、生きていく上で長いスパンで考えると、一番大事なのはこういう授業だと思います。

KZ：考え方の幅がすごく広くなります。

CH：視野は絶対広くなる。

MR：自分がこれ言われたら嫌だな、とかやられたら嫌だな、ってことはやらないようになったし、自分がどの立場になったら、って考えた時に、言うこととか行動をちゃんと深く考えるようになる。

DS：視点とかすごく変わったと思います。推薦入試で、時事ニュースのことを聞かれたんですよ。竹島のこととかも、日本側の主張だけじゃなく、韓国側の視点とか、専門家で意見が分かれるじゃないですか、そういうことに気づけた。

筆者：メディアリテラシーが身についたね。
ＤＳ：1つの方向からだけニュースを見るのがすごくおかしいと思った。自分ではそれがすごい大きいですね。
筆者：受験勉強でストレスたまって大変だと思うけど、学んだことがなにか力になったりした？
ＭＹ：GCを通して仲間もできたから、自分が苦しい、って思った時に励まし合えた。大学が国際協力に関係なくても、大学が違っても、熱意があればできるから、そういう仲間に出会えたことが…（涙）。
ＨＲ：今、なんかみんな言ってた仲間とか人間的なスキルとか、もちろんそれは自分の生活としてとても活かされているものだけど、本当に実際、受験勉強とか受験準備にも絶対役立っている、って私は断言できます。というよりも、私はGCのおかげで大学に合格できたと思っているので。多分、GC受けてなかったら、大学受かってないと思う。受かった時は、「受かっていいの？」って思って、全然信じられなくて、…（中略）…長いスパンで自分を振り返った時に、みんながやってない時に国際関係のことを一生懸命やってきたから、その積み重ねが、短期間の集中とかじゃなくて、長い期間の積み重ねが合格っていう結果に結びついたのかな、って今は思ってます。いろんなことを経験させていただいたし、その中で考え方とか、いろんなものを積み重ねてきて、それが結果として表れたってことは、ここで断言したいと思います。（一同、拍手）
筆者：ありがとう。知らず知らずの間に、積み重なっているんだよね。それが底力になっていろいろなものを支えているんだね。
ＭＩ：私はAO入試だから、GCとか異文化とか、そのものなんですよ。…（中略）…他の授業にも全部つながってると思うんですよ。あ、これGCで習ったな、とかそういうのがいっぱい出てきて。…（中略）…日常とかにも全部結びついてると思うので、本当にGCとか異文化とかの影響は大きいと思いました。
筆者：ＭＩさんはすごく成長して、1年生の時とは全然違う。

MI：あ、そうだ、1年生の時は、「勉強しなきゃ」「勉強しなきゃ」ってばっかり思ってて、勉強を強いられている感じがしたんですよ。でも、2年生でGCを習って、進路も変わって、地理の勉強もすごい楽しくなってきて、AOじゃなくても受験勉強にちゃんと生きてるな、って思います。

CH：普通のテレビだと国際のこと少ないんですけど、BSとかCSとかだとけっこうやってるんですよ。すごいそういうのを気にするようになりましたね。前よりすごい興味がわいて。本もすごい読むようになって。買いすぎて、読むのが追いつかなくなっちゃって（笑）。本読むようになって、国語とかも、じっくり読むようになりました。

MN：みんなの意見聞いてて、（グローバル学習は）語学も地理も歴史も、現代文とか、総学とか、あと道徳とかも、全部を並行して学べるんだな、って気がします。

　　　　　　　　　…（以下、省略）…

　時事問題やニュースへの関心を基盤に思考し、受験勉強が機械的なドリル演習や暗記作業ではなく、そのプロセスに意味づけしながら学習している様子が読み取れる。
　上記のディスカッションからわかるのは、生徒たちに、自分の学びを振り返るリフレクション能力が身についているという点である。自分に身についた種々のスキルが語られ、自己自身の成長を祝福している。メタ認知スキルの発達によって、生徒自身が自覚的に把握しているのである。
　1回目（7月）と比較し、特に2回目（12月）のFGDからは、授業での学びを土台として将来に向けてさらに発展させようとしている姿が確認された。この姿勢は、生涯学習へ通じるものである。大きく分けて、キーワードは3つ浮上した。

① 「明確な進路意識・方向性」
　12月のこの時期は大学受験準備の最中、あるいは推薦入試合格発表

直後であり、大学での学業や研究をイメージして、自分の高校での学びとつなげようとし、職業観についても触れられている。

② 「自信・意欲・積極性」

中には家庭の事情で希望の大学や学部に行くことを断念した生徒もいる。しかし、生涯学び続けることが可能であること、そして逆境にあっても自分がやりたいことを実行していく積極性や自信が身についたことを話している。

③ 「グローバル学習での学びが他教科での勉強に役立つ」

世界史、日本史、地理等、受験科目の勉強にもGCとのつながりを見出し、楽しく感じると話している。日本史では相手国等の立場から歴史を考えるようになったり、世界史ではGCで学んだ問題の歴史的背景について理解が深まったり、あるいはGCで学んだことと地理がつながってどんどん頭に入るようになったり、強制感からではなく主体的に勉強している感覚がもたらされている。また、知的好奇心の向上により本を読むようになったことで文章に親しみ、国語の教科書もじっくり読むようになったり、時事ニュースに関心を持ち小論文や面接に有効であること等、学びが多方面に派生し、活用されていることがわかった。

そして何より、各自が卒業後の自分をイメージし、将来の方向性を見つめ、自己実現を図ろうと意欲的であることが注目される。

学習を積み重ねることで、上記のような会話ができるようになる。私は、ここに登場した生徒たちから、何度、勇気と元気をもらったかわからない。私の生きる力になっていた、といっても過言ではない。本当に感謝している。

《注・参考文献》

1 メンバーは第1回フォーカス・グループ・ディスカッションと3名が異なる。その内2名はGCを選択していない。
2 「異文化理解」の授業で、映画『ホテル・ルワンダ』を扱い、予め用意したワークシートを用いて議論した。

3. 奇跡の授業から学んだこと

佐々木 里菜

「Global Citizenship（GC）」とは何か？　その問いかけから、私たちの最初の授業が始まりました。

地球に住んでいる全員のこと？　お互いのことを考えられる人？　というように、大まかな答えしか出ませんでした。その後、多様性を尊重し、世界の状況を把握し、世界を公平で持続可能なものへと導ける人こそが、「地球市民」であるとわかりました。

私たちの知らない世界の裏にはどんなことが起こっているのか。解決策として何があるのか。「可哀想、そんな国に生まれなくてよかった」と思うか、「出来ることを精一杯したい、助けたい」と思うかで、世界は180度変わるはずです。

世界には、貧困、人権、教育、児童労働、早婚、社会的性差（ジェンダー）といった問題が数多く存在していることは、隠すことの出来ない事実です。それらを解決するすべての起点となっているものは何でしょうか。それは、「教育」ではないかと思います。

しかし、どのように行動に移すべきか私は悩んでいました。そんな私に、1つのチャンスが舞い込んできたのです。

学校では初の試みとして、Global Weekというイベントが1週間かけておこなわれることになったのです。所属している英語海外文化部では、異文化や諸問題の紹介、昼休みには校内放送で世界の音楽とともに、国際問題を知らせました。学校全体としては、古本を回収し、募金に換え、世界の子どもたちのために役立てました。また、Global Week中に2つのキャンペーンに参加することを決めました。1つは、Stand up Take actionという貧困解決のために2006年から世界で取り組まれている活動です。世界の貧困人口を半減する、5歳未満の死亡率を3分の1にする等の8つの

目標(ミレニアム開発目標)が制定されていますが、それに関する宣言文を読み、それぞれが書いた目標を掲げて写真を撮って送るというものです。

　2つ目は国際ガールズデーにちなみ、女の子だからという理由で学校に行けなかったり、早婚させられてしまうという問題に対するアクションです。私たちの声をStand up Take actionと共に届けました。

　高校3年生になった今、思い通りにいかない現実と向き合い、自分に納得いかない場面にもたくさん直面します。そんな時でも、たとえ間違って回り道をしても良い、きっといつかは良い方向に向かう、友達から受け取ったメッセージ「GCが始まってから、より行動力が出てきて、生き生きしてきたね」と共に、そう信じて歩き続けます。石森先生に出会い、GCにも巡り合えたこと。感謝の気持ちでいっぱいです。私の挑戦は続きます。

佐々木 里菜　(ささき りな)
仙台市立折立中学校出身。仙台東高等学校英語科在籍。英語海外文化部副部長、生徒会役員。趣味は、旅行。外国人も住みやすい多文化社会の街づくりに携わることが夢。

(2014年6月現在)

4. グローバルシティズンシップ（GC）を通して成長したこと

平間 洸舗

　GCに出会って自分の価値観が大きく変化しました。1年前の自分と比べてみるとその差は明瞭であり、視野が自分の周りや日本から世界へ大きく広がったと思います。

　異文化や世界で今起こっている現状、日本と海外の関係等、日本に住んでいるとあまり意識しないようなことを授業で習いました。以前に比べると世界に対しての関心や興味が増し、世界を学ぶ意欲が高まりました。例えば、国際的なニュースにしっかり耳を傾けるように心がけるようになり、食品の生産地やフェアトレード商品のお菓子や衣料品等を確認するようになりました。

　授業で学んだことの中でも、特に印象に残った項目が2つあります。1つは「子ども」についてです。現在自分は病気もなく健康に過ごし、きちんと3食ご飯を食べて、当たり前のように学校に通っていますが、とても恵まれていることだと強く実感した瞬間でした。世界にはストリートチルドレンや児童労働を強いられている子どもたちがたくさん存在していて、安全に住む場所や満足な食事、十分な教育、自由がない子どもたちが多くいる事実や、コーヒーやチョコレート等自分の身近にある商品も、日本から遠く離れた国々で生きるために必死で働いて作ったものだったという紛れもない事実でした。

　2つ目は「女子教育」についてです。「男は外で仕事、女は家で家事」という習慣や伝統が今なおアジアやアフリカの発展途上国を中心に根強く残り、女子が教育も受けられず不当に差別されているところがたくさんあります。しかし、女子教育問題と真正面から戦っている一人の少女がいました。マララさんです。銃撃事件から3か月後、国連で演説をおこなったマ

4. グローバルシティズンシップ（GC）を通して成長したこと

ララさんの「1冊の本と1本のペンで世界が変わる」という言葉。この言葉は世界中の教育の受けられない女の子たちを勇気づけたと思います。

　GCを受ける前はなんとなく過ごしていた毎日でしたが、日本に住んでいてこうして平和に暮らしているけれど、必ずしもそうではない世界があることを知らされました。そして、今こうして過ごせるのは世界中の国々があって支えあっているからこそであり、見えないところで自分たちは世界中の人々とつながっているのだと意識するようになりました。ほかにも、国際交流・海外交流も経験し、日本の文化や良さを大事にする視点も学びました。世界について学ぶことは大切なことなんだとわかりました。

　GCを学んだことで、僕は将来世界に貢献できるような人材育成のきっかけを作りたいという目標を見つけました。

平間 洸舗　（ひらま こうすけ）
仙台市立袋原中学校出身。仙台東高校英語科在籍。卓球部部長。趣味は、音楽鑑賞。近い将来、もっと英語力をつけて、かつてのホストファミリー（オーストラリア）に再会し、成長した自分を見てもらいたい。料理や掃除が好き。食べ物は麺類と甘いものが好き。

（2014年9月現在）

5. この目で捉えた世界の現状

菅野 沙弥

　初めてGCの授業を受けたのは高校2年生の4月でした。最初の授業で、現在問題視されている「グローバルイシュー」をどのくらい知っているか、どんどん挙げていくという活動をしたのですが、私にはあまり思い浮かばず、その後に配布されたプリントに書いてある用語がほとんど知らないものばかりで、少し戸惑ったのを覚えています。真っ白な「無知」の状態から、1年かけて、私はどれだけ変わることができるのだろうと、淡い期待が胸の内にありました。

　初めて本格的なGCの授業に入った時の感動を、私は恐らく一生忘れないでしょう。最初のテーマは「地球市民（グローバルシティズン）とは何か」でした。話し合いの後、Oxfamの定義をプリントで確認し、自分は果たして地球市民である、といえるのか検証しました。今まで私の中で不明瞭だった「地球市民」という概念が、その時初めて意味を成して具体的に形づくられていったのです。これからこういう人間になろうという目標像、明確なイメージがわいてきて、その日は1日夜眠りにつくまで興奮が抑えられずにいました。その後も、GCの授業を受ける度に、自分の世界が変わっていくような気がしてならなかったです。

　授業では、貧困問題、人権、児童労働、フェアトレード、パーム油や環境破壊、多文化社会等、様々な問題を挙げて議論しました。最初はテーマが大きすぎて、あまり身近に感じられなかったのですが、児童労働のテーマに出会った頃から、認識が少しずつ変わっていきました。自分より幼い子どもが過酷な労働を強いられていることを知り、問題が前よりも身近に感じられて、いつしか本気で、理不尽なことに対する憤りや自分の無知さへの憎悪を胸の内に宿すようになっていました。いつからか私はGCの虜となり、この学習に引き込まれていったのです。授業を通して、地に足の

着かないままふらふらしていた私の将来は、大学に進学してグローバルイシューについて詳しく学び、立ち上がることができる人になるという目標で確定されました。GCの授業を受けていなかったら、何もやりたいことが見つからないまま卒業していたはずです。世界の現状など考えもしなかったでしょう。

　私の人生を大きく変えてくれたGC、そして石森先生。周りから反対されることを恐れて自分の意見の一片をも口にすることができなかった私が、今はどんな場面でも自分の意見を述べるようになりました。漂うように、目標を持たずに無意味な生活を繰り返していた私に、学ぶ楽しさと意味、何よりそれらを突き動かす目標に出会う機会を与えてくれました。新たな「私」として生まれ変わったかのように、今までとは違って前が開けてくるのです。視界が一回りも二回りも広くなったことを感じています。

菅野 沙弥　（かんの　さや）
仙台市立蒲町中学校出身。仙台東高校英語科在籍。国際交流委員長。茶道部所属。趣味は、絵画・読書。得意科目は、英語、古典、歴史（日本史・世界史）。歴史が好きなので、将来はヨーロッパを全部回ってみたい。

（2014年6月現在）

6. 自信を得た私

千葉 ほのか

　"グローバルシティズンシップ（GC）とは何か"から始まったこの１年。そして、"グローバルシティズンの一人として、自分に何ができるのか"を考え続けた１年だった。毎回のテーマは、私にとってどれも印象的だった。

　世界中の私たちの知らないところで様々な問題が起きていて、私たちもこの問題に関わる一員である。ただ地球上で生活をしているだけでは、本当の"グローバルシティズン"とは言えない。これらの問題について考え、行動に移せる人たちこそが、本当の"グローバルシティズン"だ。

　私は、中学校の時にいろいろな失敗が多くて、回りの目をとても気にするようになっていた。自信を失い、何か言われるくらいなら、何もしないほうがいいのではないか、と臆病になっていた。それが高校１年くらいまで続いていた。しかし、２年生のGCの授業で、私は自分に自信を持つことができるようになった。

　１年前の私は、何か自分の思いを伝える時、すごく緊張したし、何を話せばいいのかわからなくなったり、失敗を恐れてなかなか前へ進めなかったりしたけれど、今ではそんな気持ちは全然無い。GCの授業は、他の授業と違って発表の場やグループワークがとても多いからだと思う。たくさんの人の意見や先生の話を聞くことによって、自分の視野を広げることができた。授業を通して色々な人の良いところや自分の良いところを発見することができた。授業の活動で、お互いに成長したところを出し合っているとき、「前より積極的になったね」と仲間たちから言われ、とても嬉しかったし、自信につながった。これからは失敗を恐れずにもっと頑張っていこう、と前向きな気持ちを持つことができた。

　このGCで勉強したことを活かし、３分間の英語の寸劇コンテスト「ス

キット甲子園」に出ることになった。テーマは児童労働。そのメンバーに私が選ばれることになった。緊張しやすい私が、舞台の上で演じることになるなんて。きっと、以前とは違う「私」になっていたのかもしれない。今、振り返るとそう思う。

　それから自分は、もっと色々なことに、チャレンジしてみようと思うようになった。私にとって大きな自信にもなった。

　もともと私は英語が好きで海外文化にも興味があったが、GCの授業は、文化だけでなく様々な問題に着目し、「考える」。たくさんの知識を得ることはもちろんのことだが、周囲の人と協力することや、他の人の気持ちになって考えること等、素敵なことを教えてくれる。私の心にもたくさんのことが吸収されたし、世界のニュースを見て考えるようになり、変わったと思う。地球上のすべての人々の問題として考えながら生きるベースができたと感じる。

千葉 ほのか　（ちば ほのか）
仙台市立沖野中学校出身。仙台東高校英語科在籍。吹奏楽部所属。趣味は、楽器演奏と音楽鑑賞。部活で演奏しているときが自分にとって楽しい時間。海外の文化に興味があり、色々な国に行ってみたい。

（2014年6月現在）

7. 挑戦することの大切さを知った

村田 千真

　高校生になって、大きな変化のなかった日常生活に「フィリピン・ティーンエイジ・アンバサダー」としての活動は大きなアクセントとなりました。この研修は日常生活を変えるだけでなく、私の今後の生活にも大きく影響するポイントになったと思います。

　変わらないメンバー、変わらない校舎で始まった高校生活はあまりにも退屈でした。その原因のひとつに、勉強が「受験」を最終目標とする、知識を詰め込むだけの作業になっていたことがあげられると思います。私は何か変化を求めていました。

　しかし、行動も起こすことなく、ただ時間だけが過ぎていくばかりでした。海外研修等の募集の連絡を聞いても、変化を求めている自分とは裏腹に、挑戦を恐れる自分もいて、そのような機会からは遠ざかって生活していました。そのままの状態でいれば、フィリピン研修も避けていたと思います。しかし、石森先生は何度も教室に出向き、迷っている私に、研修に挑戦するように勧めました。

　派遣が決まり、事前研修では、フィリピンについて学習するのはもちろん、日本の文化についてもしっかりと確認しました。実際に現地に行ってみると、英語でコミュニケーションをとることは想像していたよりも簡単で、積極的に自分から話しかけるほどでした。異国の人と母国語でない言語を通して意見を交換できることに感動し、グローバル社会を身をもって感じることができました。自分にとっては「初」のことばかりで、見聞を広める大きなきっかけになりました。

　フィリピン研修という国際交流のきっかけをつかんだことは、学校生活の転機となりました。研修前後では自分は大きく変わりました。一番の変化は、恐れず挑戦することの大切さを知ったことです。これらの経験は今

後の活動での大きな自信です。もう私は「やる」か「やらない」かで迷うことはないと思います。実行したほうが絶対に自分の成長につながると気づいたからです。

　今後、グローバル化の進む社会で生きていく上で、失敗を恐れず様々なことに挑戦することはますます大切になっていくでしょう。日々の学校生活の中にもっと国際交流の機会があれば、誰でも身近にグローバルな意識を身につけることができ、転機となるでしょう。私は、学校でのグローバル教育がもっと増えていくことを望んでいます。

> **村田 千真**　（むらた かずま）
> 併設型中高一貫教育学校、仙台二華中学校から仙台二華高校に進学。男子バスケットボール部所属。将来は物理学の分野で世界に貢献したい。

（2014年9月現在）

8. 自分の中の偏見に気づかせてくれた

工藤 朋香

　高校に進学して初めて、世界で起きていることに目を向けるようになった。それまでは行ったことのない国に興味はなく、ニュース等で耳にすることはあっても、ほとんど聞き流していたように思う。

　そんな私が変わったきっかけは、高校に入学して2か月ほどたった5月のある日、「地球市民」という考えを知ったことである。

　地球温暖化の進行によって様々な場面で環境問題等が注目されていたので、私も初めは地球市民についても環境の面だけで考えていた。しかし、授業を受けるうちに、地球市民の幅はもっと広く、様々な場面で問題を理解するときに使える考えだとわかってきた。中でも、自分が一番「そうなりたい」と思った概念がある。「（文化等の違いから生まれる）偏見があると知り、自分の中の偏見を自覚し、それと戦い続けていこうとする人」というものだ。よく近所に住む外国人が大きな声で話していると、日本人がそうしているときよりもきつい視線を向けてしまうことがあった。自分にはわからない言葉を話し、見慣れない顔つきをしているだけで、そんな反応をとってしまっていたのだ。私のように、外国人にちょっと怖いと思ってしまう人は多いかもしれない。しかし、その一瞬の出来事だけで自分の認識を決めてしまっては、偏見に負けたのと同じことではないか。そう考えられるようになった時に、私の今まで生活してきた世界はほんの小さなものだったのだと気づかされた。

　偏見は外国人に対してだけでなく、日本人同士の間にもある。例えば、今まで話したことのない人の悪口を聞いた時、その人に他人の評価そのままのイメージを持ってしまうことはないだろうか。そんなことがないように私は心がけている。自分の中に自ら作った偏見に負けて、自分を小さな狭い世界に押し込めているように見えるその行動が、とても残念に思える

からだ。

　たくさんの人と話すことが、そのまま互いの理解につながらなくても、自分の中の偏見を乗り越えて問題と向き合う時に、大きな力になるはずだ。

> **工藤 朋香　（くどう ともか）**
> 仙台市南小泉中学校出身。仙台二華高校1年。ギター部。将来は看護師になるのが夢。誰よりも強くて優しい人になりたいと思う。

（2014年9月現在）

9. 私の世界を変えたもの

大山 結有花

　"SDGs"…石森先生から教わったこのことばとの出会いによって、私の世界は今までの何倍にも大きく広がったのです。
　私が所属する英語部では、英語コミュニケーション活動に加え、ユネスコスクールとしての活動や国際理解、国際協力などをおこなっています。部活動の中で、先生はSDGsを教えてくださり、みんなで興味のあるゴールを取り上げて、議論していきました。そのときに、"SDGs"ということばは私の中にインプットされましたが、その後、これほどまで私の世界を変えることになるとは、思っていませんでした。
　2019年の3月末、東京でおこなわれた4日間のSDGsフォーラムに、石森先生そして同じ英語部の2人の仲間とともに参加しました。SDGs (Sustainable Development Goals) とは、国連が提起する2030年までに達成を目指す持続可能な開発目標のことです。このフォーラムは、日本・中国・韓国3か国を代表する高校生が、SDGsに掲げられた世界の問題について、多文化、平和、ジェンダー、経済、環境など様々な角度から学び、議論するというものでした。
　それまでは、学校の「課題研究」の授業や英語部の活動を通じて、貧困や水問題、環境などの世界の問題について学ぶ機会は比較的多く、様々な知識を得ることはできていました。しかし、その知識をどのように生かせばいいのか、自分は世界のために何ができるのか、というところがはっきり見えず、実際にアクションを起こせずにいたことに、もどかしさを感じていました。また、英語力の自信の無さから、国際問題に関わったり、外国の方と意見交換したりする機会を避けてしまっている自分もいました。今の自分を変える、何か突破口を見出したい、そう強く思っていた時に出会ったのが、先生が紹介してくださったこのSDGsフォーラムだったのです。

フォーラムでの4日間はおそらく、今までの人生で最も刺激的なものでした。初めは、他の生徒の英語力や積極性に圧倒されるばかりで、自分の意見はほとんど出てきませんでした。しかし、この機会を活かしたい、もっと意見交換をしたい、外国の方とコミュニケーションをとりたいという意欲を確認し、気づけば、今までの英語でのコミュニケーションを避ける私は、もういませんでした。

こうして、多様な考えを持った学生との意見交換を経て、私たちはMy SDG、つまりSDGs達成に向けた学校ごとの1年間に及ぶアクションプランを作成しました。私たちの最終的な目標は、学生全員に持続可能な社会の担い手であるという当事者意識を持たせること。きっと、私のように、どうアクションを起こしていいかわからない人はたくさんいると思います。反面、国際問題そのものに関心のない人はおそらくもっと多くいるでしょう。そのような人たちを含めて全員に、当事者意識を持ってもらうにはどうすればいいのか。私たちは、議論を繰り返し、意見を出し合い、真剣に考えました。

現在、目標達成に向けて、石森先生や東北工業大学の山田一裕教授にご協力をいただきながら、地元の河川に生える葦（ヨシ）に注目し、環境問題の解決に向けて活動しています。活動のほとんどにおいて初めてだらけであり、日々計画・実践・反省の連続です。正直辛いと思う時もありますが、今までとは比較にならないほど、毎日が充実しています。

様々な経験を通して、私は自分自身に少し自信がつき、国際関係のイベントの役員や英語部の部長になることなどにも挑戦することができました。これから、多くの壁にぶつかることもあると思います。しかし、その度に逃げ出すことなくその壁と向き合い、乗り越え、その経験を自分の糧にしていきたいです。

大山 結有花（おおやま　ゆうか）
併設型中高一貫教育学校、宮城県仙台二華中学校から仙台二華高等学校へ進学、現在高校2学年在籍。英語部部長。部活動の中心となってから、毎日が充実していて、とても楽しい。将来は、医者か研究者になって、人々を救えるような研究がしたい。

（2019年5月現在）

第2章 実践編
——教師の視点から

何が生徒の人生を変えるかわからない！
だからこそ、心の灯となる
たくさんの"きっかけ"を作りたい。

高校でグローバル教育を受けた生徒が
卒業後に振り返った時に、
当時の学びがどう映るのか。
私は、学びの活用、持続性や発展性について
強い関心を抱いている。
グローバル教育がもたらした
視点や気づきが一過性のもので終わらず、
その後の人生に活かされて欲しいと
常に願いつつ実践してきた。

そもそも教育とは、即時的な成果ではなく
長期的な影響力を持って、
生徒をより良い方向に導くものである。
この意味で、卒業生のライフストーリーを
垣間見ることには、大きな意味がある。

第2章のコラムで紹介する生徒（卒業生）21名は
全員、何らかの形で高校時代に
グローバルな学習に取り組んでいた人々である。
19名は私の教え子であり、
2名は執筆協力者である阿部和彦氏の教え子である。
卒業生の語りから見えてくるものこそ、
教育者にとって重要なメッセージなのかもしれない。

グローバル教育の素晴らしさ
"日常が違って見えた"——生涯使える財産

山本 舞

　私は高校生活の3年間、グローバルシティズンシップという授業や中国語の授業、異文化理解の授業や英語海外文化部の部活動など、ほぼ全てにおいて石森先生にお世話になりました。今現在、大学ではグローバル・スタディーズ学科に所属し、国際問題、社会学、ジェンダー論、中国語、英語を主に学んでいます。まさに、高校時代に学んだことを大学で存分に生かし、発展させています。

　私は5歳から学んでいた英語を伸ばしたいと思い、仙台東高校の英語科に入学しましたが、2年生から始まったグローバルシティズンシップ、通称GCがきっかけで国際問題や地球的課題に深く関心を持つようになりました。GCは先生に与えられたテーマについて生徒一人ひとりが自ら考え、意見を出し合い、自分たちで授業や教科書を作り上げていくようなものです。国際問題に関する知識はもちろん、自分から意見を言うことで積極性、また他の意見も受け入れることで視野が広くなることなど、この授業からたくさんのものを得ました。また、常に世界の問題と自分のことを繋げて考えることができるようになりました。「日常が違って見えた」というのが、国際理解を学んで、一番の変化だったと思います。

　グローバルな視点や学習に対する姿勢や積極性、またいろいろなことに興味を持って調べたり、行動に移す姿勢は、このGCの授業で身につけた、一生使える財産だと、大学でも実感しています。今現在取り組んでいる卒業論文でも日本と海外の繋がりについてテーマにしています。

　私が高校の授業で一番考えさせられたテーマはパームオイルとそこで暮らす野生動物の関係についてです。日本ではお菓子や加工食品、洗剤など様々なところで使われているパームオイルが、生産地であるボルネオ島では自然環境に大きな被害をもたらしています。需要が高いパームオイルを効率よく生産するため、熱帯雨林を伐採してプランテーションを拡大し、そこに小動物が入ってこないようロープの罠を仕掛けます。特に被害が多いのは好奇心旺盛な小象で、鼻や足に食い込んだロープの罠のせいで壊死してしまうこともあります。私はこの事実を知り、私たち

の生活を豊かにしているものが裏側では大きな問題を引き起こしていることにショックを受けました。他にも強力な農薬による動物の皮膚病、川の汚染、人間の手荒れや呼吸器障害等の健康被害にまで及んでいることを知りました。この実態を多くの人に知ってもらおうと校内の英語弁論大会でテーマにし、スピーチしました。

また、私が所属していた英語海外文化部では、顧問の石森先生の提案で、文化祭でフェアトレードである民芸品を販売し、売り上げを募金に回すという活動をおこなってきました。そのときのNPO団体がアマニ・ヤ・アフリカという団体でしたが、それがきっかけで仙台地球フェスタでもアマニ・ヤ・アフリカのボランティアをすることができました。現在は、大学のNPO・NGOの授業を通して開発途上国やアフリカのことについて、アマニ・ヤ・アフリカの方からお話を伺いながら調べ、現在も交流させていただいております。こうして、学んだことがどんどん繋がって広がっていくのが、国際理解の魅力だと実感します。

高校の時からグローバルイシューを土台にして異文化理解もより詳しく、広い視野で学ぶことができ、中国語も大学でも学び続け、現在5年目を迎えました。飲食店でのアルバイトでも異文化理解や語学を活かすことができ、就職先でもそれらを活かせる業界中心に就職活動をおこなった結果、旅行会社から内々定をいただくことができました。振り返ると、高校時代に進路についてしっかり考え、グローバルな学びをさらに発展させたことで、とても充実した大学生活を送れたと感じています。

高校でグローバル教育に出会っていなければ、ただ英語を学んで終わりで、これだけ視野の広い活動に繋がらなかったと思います。日常が変わり、まさに生き方が変わったと思います。

これからの残りの学校生活でも社会人になってからも、今までの勉強を忘れずに日々人と接し、様々なことに積極的に取り組んでいきたいと思います。

〈平成28年度東北地区高等学校国際教育研究協議会（2016年7月1日）での発表原稿より。発表当時は大学4年生〉

山本　舞（やまもと まい）
1995年仙台生まれの仙台育ち。現在は、株式会社JTB勤務3年目。笑顔をモットーに仕事に励んでいる。好きなこと＆もの：旅行、ディズニー。好きなことばは「百聞は一見に如かず」。

（2019年5月現在）

1. グローバル教育はどんな学校でも実践できる

　グローバル教育はどんな学校でも実践できる——これは私の信念である。私は、これまで5つの県立高校に勤務し、初任校を含め、すべての学校でグローバル教育を実践してきた。必ずしもそれは「グローバル教育」という用語に固定されたものではなく、国際理解教育、国際教育、地球市民教育といってもよい。そうした教育に携わることは教師としてのアイデンティティであり、ライフワークとなってきた。

　学生時代から、「教師になったら、次世代を担う子どもたちに世界のことを教え、一緒に考えていく」と決めていた。グローバル教育に無縁だった学校にも自らが種をまき、呼びかけ、生徒の学びを広げてきた。周囲の先生方には、生徒たちの活躍や次第に生き生きと学び成長する姿によって、少しずつ自分の実践を認めていただいた。学校によって特徴や歩み、地域性、学力等、所与の条件が異なるため、実践は一様ではない。そして、グローバル教育や国際理解教育を担当する校務分掌や組織がない学校の場合、必ずしも円滑に展開できないこともある。むしろ、そのようなケースの方が圧倒的に多いのが現状だろう。国際理解の素地がある学校ではなく、そうではない環境において、パイオニアとしてゼロからスタートするには相当な苦難が伴う。

　例えば、私はこれまで、国際理解に関する研修会や行事等で、多くの先生方から、「今の学校では無理」「この学校では実践できない」というコメントを耳にした。学校によって抱えている課題が異なるため、実践の内容や度合いに差異が生じることは当然である。しかし、本当に「無理」だろうか。

　すべての教師には自分の担当授業がある。クラス担任であれば、ホームルーム活動もある。自らの裁量の範囲内で無理なく始められることがあるはずである。教科横断的なグローバル教育は全教科・科目と関連があり、

実践が可能である。

　実際に私は、当時指導が困難とされる学校に勤務したことがある。着任後初めての授業で高校3年生の教室に入った時、目の前に広がる光景に驚いた。生徒の大半は始業のチャイムが鳴ってしばらくしても教科書も出さず、歩き回っていたり、おしゃべりしたり、お弁当を広げて食べていたり、化粧品を並べてメイクをしていたりしたのだ。英語の必要性を感じることもなく、進学にも興味がなく、ましてや、世界の問題とか国際理解などと言っても、全く興味を示してもらえなかった。学校の優先事項は生徒指導。遅刻、早退、服装、頭髪、化粧、ピアス、スカート丈…。そのような状況だった。

　クラス担任として、もちろん生活指導もおこなった。しかし、私はグローバル教育をあきらめなかった。何もやらなければ何も変わらない。メッセージを投げかけ、きっかけを与え続ければ、必ず反応してくれる生徒が現れるはずだ。そう信じて、授業中、教科書の内容に絡めて世界の話をしたり、グローバルな視点を入れたりした。そして、学校全体には、国際理解に関する弁論大会や高校生国際研修会等の行事を紹介し、参加を呼び掛けた。各クラスに掲示してもらうポスターやちらしを作成し、職員打ち合わせで説明をした。すると、「うちの学校にはそんなものは必要ない」「そんなことしたって無駄だ」と揶揄された。国際理解に限らず、全体的に教職員に失望感やあきらめムードが漂っていたことを残念に思った。しかし、私はやめなかった。一人でも何かを感じて響く子がいればいい。そう思って続けた。すると、確実に変化が表れるようになった。英語が好きな生徒、国際関係に興味のある生徒が何人かおり、次第に私の周りに集まって来るようになったのである。

　それから、関心のある生徒のために、私は有志生徒を集めて放課後「国際理解講座」を週1回程度開くことにした。任意の勉強会であるにもかかわらず、毎回10人程度の生徒が参加してくれた。一生懸命に、時に涙を流しながら、世界の子どもたちの現状を学んだ。そして、週末に地元の留学生との交流会、地雷や在住外国人問題等を学ぶセミナーに生徒を連れて

行ったりした。「外」に出て、いろいろな人に会わせた。そうした積み重ねによって、生徒たちの世界が広がり、社会性も身につき、いっそう意欲的になっていった。また、ほとんど帰宅部と化していた英語部を立て直し、文化祭では異文化についての展示もおこなった。同様に校外の活動にどんどん参加させた。すると、地元新聞社が注目してくれ、活動が紙面に紹介されると、地域の方々も「がんばってるね」と声を掛けてくださるようになった。そうした活動を通して、生徒たちは自己肯定感と自信を獲得していったのである。

　生徒たちは様々な体験を重ねる中で、将来の夢や目標が見えてくる。その体験や認識の変化、国際理解に関する学習を通して得た自分の考えや将来の夢を、国際協力機構（以下、JICA）によるエッセイコンテストや国際理解に関する弁論大会で表現させた。県の高校生対象のフィリピンスタディツアーに参加する生徒も出た。徐々にコンクール等で入選する生徒が現れ、地元紙にも取り上げられると、同僚の先生方は驚くとともに、私の取り組みに少しずつ理解を示してくれるようになった。学習に意欲を持ち始め、様々な活動に熱心に取り組んだ生徒たちは、その実績を活かし次々と短期大学や四年制大学への推薦合格を決めた。新参者の私の新しい取り組みには風当たりも強かったが、一人の同僚が私に伝えてくれた次のことばは印象に残っている。「ダイヤモンドの原石をそのままにするところでした…」。

　この時の経験は、教育者としてその後の私の大きな自信につながった。打てば必ず響く生徒がいる。最初からあきらめたら、すべてが終わってしまう。だから、グローバル教育を実践できないことを、学校や状況のせいにして終わらせてはならない。放課後の生徒との語らいだって、視点の持っていき方でグローバル教育になり得る。何かできることは必ずある。

2. 実践の方法と場所——多角的なアプローチ

　グローバル教育をどこでどのように実践すればよいのか。これは、実践しようとする教師が最初に悩む点かもしれない。場の確保と内容や方法の確立は最重要事項である。

　現在のカリキュラムには、学校設定科目を除けば、グローバル教育や国際理解に関する専門科目は存在しない。したがって、各教科からの横断的な取り組み、各科目における発展的な学習や探究学習としての位置づけ、総合的な学習の時間、あるいは部活動や学校行事等の特別活動において実践することになる。

　グローバル教育の実践母体は学校のみならず、NPOやNGO、地域、社会等、一様ではない。実践の場を学校教育に限っても、教科教育、総合学習やプロジェクト型学習、特別活動、学校行事、あるいはそのいくつかの組み合わせ等、展開方法は様々である。本来、グローバル教育は教科横断的な要素を多分に含むことから、すべての教科や活動で取り組むことが可能であり、それらの有機的な連携による学校全体アプローチで実践することが望ましい[1]。それは、人格教育、道徳教育、価値教育等についても当てはまる[2]。

　しかし、実際には職場でなかなか共通認識を持ちにくい状況がある。グローバルな視野育成を図り、授業に地球的課題を取り入れていく方法は基本的に教師の裁量に委ねられ、統一はとれていない。そのため、各教師が臨機応変に、断片的におこなっていることが多い。学校として国際交流を実施しているケース以外には、総合的な学習の時間に部分的に取り入れたり、主に英語や社会（地歴公民）等の教科の隙間で実践したりするのが一般的である。

　現行教育システム下では、すでに教育課程に組み込まれている「総合的な学習の時間」の中にグローバルな学習を体系的に位置づけ、これを積極

的に活用するのが確実な方法であろう。また、既存の教科・科目の中にグローバルな視点を盛り込み、教師による問いかけや取り扱う題材の選定、プラスアルファの情報提供、学習形態や学びの手法の工夫等を考案しながら、地道に生徒のグローバルな見方や認識を高めていくことが求められる。「生きる力」という概念と関連づけると、教育活動の中に定位しやすくなるだろう。

　授業や総合的な学習の時間での実践が難しければ、学級活動やクラブ活動で取り入れればよいし、国際交流の行事で補ってもよい。行事等が設定できないのであれば、自分の授業の中で工夫して実践していけばよい。相互補完的に様々な実践を機能させていくことが有効である。広範な領域を包括するグローバル教育には、豊富な切り口があり、多様な場で多層的な実践が可能である。そして、グローバルな次元を教育活動に取り入れ、地域や自分との関わりをひも解き、探究的に自己や未来を見つめていくような学習活動は、グローバル時代に求められる総合的な学力形成に着実につながっていく。

　注意すべきは、異文化理解や国際交流が、フード（食べ物）、ファッション（[民族]衣裳）、フェスティバル（お祭り）のいわゆる異文化理解の"3F"に象徴されるような表層的な学習や体験だけに終始しないように工夫することである。教師側で学びが深まるような仕掛けを持っていることが大切である。

　ここで、学校現場における多角的なアプローチを提案したい。

　高校の実践は、主に（1）学校をベースにした学校全体アプローチ、ならびに（2）校外の教育活動（研修会やイベント、外部コンテスト等）を利用した活動に分けられる（図1）。

（1）学校全体アプローチ（whole - school approach）

　グローバル教育や国際理解教育のような価値を伴う教育を成功に導くためには、教職員の共通理解に基づく学校全体アプローチが重要となる。人格教育、またいじめや暴力の起こらない健全な学校作り等にも、学校全体アプローチは有効であるとされる。

2. 実践の方法と場所——多角的なアプローチ

図1　高校におけるグローバル教育の多角的アプローチ

　特に、学校文化や校風、教育目標は実践の下地となるものである。こうしたバックグラウンドを形成するには、共有された価値観が不可欠である。地球市民育成の視点や国際理解の理念が学校教育目標に反映されていれば、最も強力な推進力となる。例えば、次のような目標がある。

　「調和のとれた国際感覚を身につけ、世界の人々から信頼され、尊敬される人材の育成を目指す」（東京都公立高校）

　「社会のグローバル化に対応し、国際化、ICT化の進む日本社会、国際社会でリーダーとして活躍する人材を育成する」（神奈川県公立高校）

　「すべての人が幸せを共有し、心豊かに生きるために必要な『グローバルな視野』・『行動力』・『コミュニケーション力』・『奉仕の心』を、成長の段階に合わせて育成する」（宮城県私立高校）

　グローバルな目標や理念を掲げている学校は多くないであろうが、あらゆる教育活動を通じて多角的なアプローチによって実践を進めていくことにより、分断された1つの領域内だけではなく、他の機会にも生徒が国際理解を意識し、その学びの継続を手助けすることができる。

　具体的には、学校全体アプローチとして、授業、総合的な学習の時間、学級活動、クラブ活動、国際交流、等の実践の場が考えられる（図1）。グローバル教育や国際理解教育の学習領域は、文化理解、文化交流、多文化共生、相互依存、情報化、人権、環境、平和、開発、歴史認識、市民意識、参加・協力等、多岐にわたり、それぞれの学習領域は明確に区分できるものではなく相互浸透するものである。つまり、すべての教科・科目で

なんらかの取り組みが可能である。

　学習領域だけでなく、目標構造も含めれば、コミュニケーションやメディアリテラシー、問題解決能力といった技能目標、あるいは人権尊重、寛容・共感といった態度目標もあり、教師と生徒との関わり方、生徒同士の関わり方、教室での教師の問いかけ等も重要な実践を形成し、全教科で地球市民として必要な資質の育成を図ることができる。特別なカリキュラムがないことを嘆くよりも、教師がグローバルな視点を持ち続け、適時を捉えて、いつでもどこでも主体的に、無理なく継続していこうとする前向きな気持ちを持って日々の実践にあたることが重要ではないだろうか。

(2) 校外教育活動

　現在は、校外にもグローバル学習の場がある。校外教育活動の機会を利用することにより、普段の実践をより効果的なものにし、また学校では思うように実践が進まない教師にとっては、やる気のある生徒に貴重な学びの場を提供できる。

　各都道府県には、高等学校国際教育研究会（国際教育研究協議会）という教育委員会所管の高校教員の組織があり、生徒対象の国際研修会や国際理解に関する弁論大会等を企画・運営している。各県の上位組織には、各地域ブロックの研究会（研究協議会）が存在し、全国国際教育研究協議会もある。宮城県の場合、毎年県内の高校生を対象に7月に国際研修会を企画・運営しており、国際理解に関心を持つ高校生が一堂に会する。そこでは、意欲のある生徒が「生徒実行委員」として担当教師とともに企画段階から参加することができ、たくさんのことを学ぶことができる。また、一般市民向けにJICAや地域の国際交流協会やNGO等がおこなうセミナーや講座もしばしば開催される。こうした情報を提供し、関心のある生徒の学びの場を確保したい。

　生徒が学んだことや考えていることを発表したり、発信したりすることも貴重な研修となる。国際教育研究会主催行事の1つとして、日本語また英語による「国際理解に関する弁論大会」が開催される。また、JICAは中高

生対象の「国際協力エッセイコンテスト」を実施している。原稿を仕上げるまでに、自分の経験や学びを振り返り、さらに深く調べたり、自分の考えを統合させたり、原稿作成のプロセスも学習活動として大いに意義がある。

(3) 学習のスタイル・教授方法

　最近になってようやくアクティブ・ラーニングが脚光を浴びてきたが、学校教育の現場では、学年が進行するにつれ、生徒 (学習者) 中心から教師中心の形式に変わっていくことが多かった。

　幼稚園では園児が創造力をフルに活用して活動に参加し、新しいことをぐんぐん吸収している。小学校でも、特に低学年・中学年では話し合い等が多くなされ、発表会や意見交換会が積極的におこなわれる。「わかる人いますか？」という問いに、何人もの児童が手を挙げる。中学校から挙手は次第に少なくなり、高校ではほとんど消えていく。そして、教師主導型のいわゆるレクチャー (講義) 形式の授業が主流になる。教師が黒板に書いたことを、生徒は黙々とノートに写す。あるいは、教師の一方的な講義をただ受け身になってひたすら聞く。その間、興味を引きつける発問や生徒同士が意見を交換させる機会もほとんどない。「なるほど！」「面白い！」と感じたり、心が揺さぶられたりすることも少ない。これは、私が生徒たちからよく耳にした高校における大方の授業の実態であった。

　一方、グローバル教育の授業を受けた生徒は、声をそろえて、授業が面白いという。グローバル学習では、先生の話をただ聞いているだけ、ということはあり得ないからである。自分の意見をどんどん言わせ、出た意見を肯定的に受け止め、さらにそれをもとに教室に学びを拡大させていく。インタラクションの中から自然に気づきが生まれる。そして、生徒たちは一人ひとり

教える／学ぶ「方法」を少し変えてみるだけでも効果がある。写真はグループ活動で環境問題を考える英語の授業 (小牛田農林高校、2006年)

しっかりと活動に参加することが保証される。受け身ではなく、完全に能動的である。だから、面白くてたまらないのだ。

グローバル教育では、学習の方法を重視するところにも特徴がある。そして、学習のプロセスも同様に重視する。

生徒同士、あるいは生徒と教師が共に話し合う中で、現状や原因、問題背景や解決方法等を深く考えていくことが重要である。グローバル学習には思考力が求められる。様々な話し合いやワークの過程で、多様な価値観や自分と異なる意見に出会うことにより、多様性を認め、視野も広がる。話し合いを重ねることによって、交渉力、コミュニケーション力、表現力等のスキルも養われる。教室という限られた空間においても、ディスカッションやロールプレイ、ワークショップ等の手法を使えば、総合的なコミュニケーション能力も育まれる。

そしてなによりも、参加型学習は楽しい。たくさん相互のやり取りがあり、自分という存在がかけがえのないものとして扱われる。参加型学習をより意義のあるものにするには、アットホームで平和的な雰囲気、教師と生徒、生徒同士の信頼に基づく関わり合い等、学習をサポートする周辺的な要素も欠かせない。もちろん、教師にはファシリテーターとしてのスキルも求められる。これは、普段の生き方によって磨き、経験によってレベルアップしていくものである。授業では、学習者が自分と現実世界とのつながりに気づく中で、自分がより良い社会の創造に関わっているという主体性や自己有用感、楽しさを味わわせたい。参加型学習はそれを可能にする。以下に、私が考えるグローバル教育におけるファシリテーターとしての心得をまとめてみた。

ファシリテーターとしての心得
- 温かい雰囲気、平和的な空間の中で進める
- 教師は教え込む人ではなく、学びを引き出す人として振る舞う
- こちらの意図するものでなかったとしても、生徒の発言を全否定しない
- 基本的に、生徒の発言や気づきを褒める、肯定する

- どんな小さな発言でも着眼のいいものは拾って、全体で共有する
- 生徒の発言には必ずフィードバックする、その場でコメントする
- 「なるほど」「面白い視点だね」「いいところに気がついたね」等、活動中も肯定的なやりとりを積極的に交わす
- なるべく多くの人が発言できるよう配慮する
- 誰かが発言するときは、敬意をもってしっかり聞かせる
- 話し合うとき、聞くとき、発表するとき、等場面にメリハリをつけて展開する
- 授業のねらいに関わる重要な点が生徒の口から出たときは、タイミングを逸せずに適切に補足したり、説明を加えたり、全体への理解を促す

この方法の有効性は、学習者自身である生徒たちが証言している（各卒業生コラム参照）。

(4) 希望を持たせる

グローバルイシューについて学習していると、時にどうしようもないほど悲しい現実や問題にぶち当たることがある。ショックやるせなさに襲われたり、自己矛盾と向き合ったりすることもある。例えば、子ども兵士や児童労働、現代奴隷、差別……話が具体的であればあるほど、リアリティをもってその問題を捉えることができるが、同時に悲しみが去来する。

一方的に真実を伝えるだけでは、生徒は暗くなる。重すぎて、逆に「自分ではどうすることもできない」「もうどうしようもないんだ」と悲観させてしまいがちである。それでは前に進まない。ショックを与えることがこの教育の目的ではない。

広島県で国際理解に関する教育に長年取り組んできた友人で現在は臨床心理士である野中春樹氏は、「変化は可能だというメッセージを投げかける。授業の後で、希望や元気が出てくるようにすることが大事だ」と話す。また、本書協力者の阿部和彦氏も、「自分たちにもできることがある。もしかしたら、何か変えることができるかもしれない、と思わせることが

大切。無力感を与えて終わらせはいけない」と強調する。

　私もまったく同感である。"You can make a difference." 一人ひとりが社会にとって大切な存在であり、変化を生み出す力を持っていることを理解させたい。知ることからすべてが始まる。しかし、知って、知識を積み重ねてしまっておくだけでは、世界は変わらない。どんな小さなことでもいいから、自分のできることを探し、自分のライフスタイルを見つめ直したり、身近なことから行動できる生徒を育てたい。

　「知識だけを重ねても、変化にはつながらない」――前出の野中氏はそう述べる。心が揺さぶられる体験をすること。自分のことに置き換えて考えられるようにすることが大切だ。

　すなわち、頭―心―体をフル稼働させる。もっと知りたい、もっと考えたくなる学習。これこそが、生徒の生き方を変えるグローバル学習である。

　「日本に生まれてよかったね」…小学校で実践する友人によると、小学校ではこのような感想に陥りがちであるという。いかにして深く考えさせ、関心を持たせるか、を共によく議論する。日本人として誇りや愛国心を持たせることは大切である。しかし、実践の帰着点が「日本人でよかった」「日本に生まれてよかった」では、グローバル教育の目的にはそぐわない。そう結論することは、そうした問題に対して当事者意識を持たないまま、他人事として、自分とは関係のないものとして突き放すことになる。それでは地球市民は育たない。

　共感的理解と当事者意識をもって、一緒に考えようとする姿勢や気持ち。自分との関わりを積極的に見出し、社会の中で自己を役立てようと前向きになれる生徒を育てたいものである。

《注・参考文献》

1　Qualifications and Curriculum Authority (QCA) (2007) *The global dimension in action*. London: QCA.
2　Lickona, T. (2004) *Character matters: how to help our children develop good judgment, integrity, and other essential virtues*. New York: Simon & Schuster.〔リコーナ, T. 著、水野修次郎・望月文明訳 (2005)『「人格教育」のすべて――家庭・学校・地域社会ですすめる心の教育』麗澤大学出版会〕

国際社会の平和を願って

平岡 静香

運命的な出会い

「確かに、お年寄りは嫌っている。でも、静香は謝る必要はないのよ。あなたは何もしていないし、私だって何もされていないのだから」。韓流ブームを巻き起こすことになる"冬ソナ"が日本へ上陸する直前、韓国にいた私はこの言葉に出会いました。まだ高校2年生だった2003年、仙台の姉妹都市である韓国の光州広域市へ海外研修生として派遣され、その時にホストシスターであるチョ・ウンへに言われた言葉です。私は、日本での事前学習の中で、韓国の方から種々の未解決の問題に関して問われた時に、「アヤマルヒツヨウハナイ」と答えるように教えられていたのですが、韓国の方々に対して誠意に欠けるような気がして、後ろめたさを感じていました。韓国の学生と関わる時間が増すにつれて、彼女らに対する思いが強くなり、このわだかまりを払拭したく、私の方から「日本人のこと、韓国の人は嫌いなの？」と思わず質問をしてしまったのです。すると、冒頭で述べた言葉が返ってきたのでした。私と同世代の学生が、韓国で繰り返し受けたであろう反日教育を語るのではなく、両国の歴史と現在を冷静に捉え、自分の言葉で私と向き合ってくれた時、これこそが「真の国際交流だ」と確信しました。大人の世界では、目先の利益に捉われがちで、自他ともに素直に見つめ、受け入れ、表現することが難しくなっています。しかし、子どもたちの世界では、「真の国際交流」がおこなわれているのです。ともすると、偏った見方を植え付け、互いの壁を厚くしているのは大人なのかもしれません。

この体験について高校3年の時、「第38回国際理解に関する弁論大会兼第50回国際理解・国際協力のための高校生の主張コンクール（宮城県予選）」で発表し、宮城県知事賞を受賞、全国大会へ出場する機会をいただきました。当時、私は次のように締めくくっています。

「国際関係が激動する現在、若者が世の中に関心を示し、意見を持つことは平和への第一歩につながると思います。今後も、若者の間で活発に意見を交わし、大人への危険信号を発信していけることを心から願っています」

若者だからこそ自由な立場で生み出せる発想や抱ける思いがあると思います。若者に対する国際教育は教師の急務なのではないでしょうか。10年前の高校生当時を振り返っても、強く感じることです。この海外研修がウンへとの出

来事に酔いしれて終わってしまったわけではありません。私の胸に強く残ったのは、「確かに、お年寄りは嫌っている」という言葉でした。これは、無関心に通り過ぎてよいのではなく、そのような思いがある以上、まずはその問題と向き合う必要があると思ったからです。それは、責任の所在を探るためではなく、両国間が平和を構築していく上で避けては通れない道だと感じたからです。

明日もしたいと思う仕事

　大学時代は、無我夢中になって日韓の歴史調査にあたりました。史料を探しに都内の大学を駆け回りましたが、文字の史料だけでは当時の人々の声が聞こえてこないため、韓国の友人を頼りながら現地調査にあたることにしました。

　大学在学中は7回韓国を訪れ、「在朝日本人と朝鮮人―反日感情の形成―」と題して卒業論文を書き上げました。私が歴史学の研究を通して伝えたいことは、決して「責任の所在」ではありません。当然のことながら、歴史学とは物事の一面を見ているに過ぎないのです。

　大学4年生になり、母校で教育実習生としてお世話になることになりました。その時の担当指導教諭が阿部和彦先生でした。高校在学中は先生の授業を受けたことがなかったのですが、ホームステイの受け入れ等の国際交流の場面でお会いしたことはありました。

　実習当時、和彦先生の世界史や地理の授業には、2つの魅力があると思いました。1つは、生徒の興味をそそり、自ら知りたいと思うような「教材を提供」すること。もう1つは、「短い問いかけ」と「それに続く間」が、生徒自身に考えさせる機会を与えていることです。わずか45分の授業の中で、先生がお話しされたことを書き出したら、そんなに多くはないはずです。しかし、先生の「教材」と「問いかけ」から、教科書だけでは得られない新しい知識と視点を見出すことができるのです。和彦先生の授業の魅力は、教師自身が学び続ける姿勢と、それ自体が先生の生き方の中に反映されており、生徒はその姿に刺激を受け、自らの歩みさえも見つめ直しているところにあるのだと思います。

国際教育との出会い

　母校への奉職が決まり、教壇に立ってから3年が経とうとしていた2011年3月11日に東日本大震災に見舞われました。私の親戚は津波による大被害を受けた南三陸町に住んでいます。震災後、「何かしなくては…」と思いながらも、半年が経過しようとしていたある日、JICA東北教師海外研修で、「震災からの復興」をテーマに、スマトラ沖地震・津波の被害を被ったインドネシアのアチェへ派遣されるということを阿部和彦教頭先生から教えていただきました。教師の立場から復興にどのように関わっていけるのかを学びたいと思い、志願しました。

　当初、私の関心は、「震災からの復興」

のみに注がれていましたが、事前研修によって視野を広げていただきました。ある研修の際に教えられた「国際教育とは、国そのものを教えるのではなく、国を通して何かを伝えることだ」という言葉が強く印象に残っています（実は、後でメモを見返してみると、なんと、石森先生が研修の講師としてお話をしてくださっていたことがわかりました）。この言葉は、私のその後の国際教育の道標となりました。

　教師海外研修に参加して、それまで「韓国」という枠内で伝えようとしてきた思いが「何か」に気づきました。それは、「平和」です。この世に生を受けて生まれてきた人々に、人として幸せに生きてもらいたい。もし、それを妨げるものがあるとしたら、それは何か。その「何か」は日韓の歴史においてのみ存在することではありません。どの時代にもはびこっているものなのです。私の中にも存在します。日本に生まれて何不自由なく教育を受けていられることは、ただ幸運だったのではない。国際社会で生きる私たちは「つながり」の中で生きているのであり、決して自国だけで生きているのではない。東日本大震災が教えてくれたことではないでしょうか。

　JICA教師海外研修への参加を機に、高校生当時、国際理解弁論大会等でお世話になった宮城県高等学校国際教育研究会の先生方と再度つながり、今度は教員として温かく迎えていただくこととなりました。先生方の国際教育にかける情熱、生徒に心を尽くす姿から、多くのことを学ぶことができ、感謝の気持ちでいっぱいです。

　日本人は平和ボケしていると言われますが、このような平穏な日々を守るためにも、先人がどのような過程で平和を築き上げ、維持してきたのかを過去から学ぶべきだと思います。日本は戦後70年の節目の年を迎えます。唯一の被爆国日本が、これからも平和のメッセージを世界へ発信していくことを強く願っています。そのためにも、教育活動を通して、将来を担う若者に、国際平和、国際協力の重要性を訴え続けていきたいと思います。

　出会いとは実に不思議なものです。私が今ここに立っているのは、国際教育に携われた多くの方々のご尽力があったからでしょう。これからは、若者に対して、そのような機会を提供できる存在になっていきたいと願っています。

平岡 静香 （ひらおか しずか）

1985年生まれ、仙台市出身。仙台白百合学園中学・高等学校卒業。上智大学文学部史学科卒業と同時に母校に戻り、教員となる。主に高校日本史と宗教倫理を担当。趣味は新しい出会いを求め、国内外を旅すること。「ただいま」と言える人がいる限り、旅を続けたいと考えている。(写真右)

（2014年3月現在）

3. 既存の教科内の実践例

（1）全教科に取り入れることができる——各教科の実践のポイント

　生徒の地球市民資質（グローバルシティズンシップ）を育てるためには、生徒たちが日々、最も時間が割かれる普段の「授業」において、いかに工夫し、実践を積み重ねていくかが鍵となる。授業での何気ない話題提供、教師からの問題提起、考えさせる発問、生徒の意見交換、フィードバック等が、気づきを促し、世界への目を開かせる契機になる。

　新しい学習指導要領（平成30年告示)[1]においては、急速な社会変化のなかで一人ひとりが自己肯定感を育み、「持続可能な社会の創り手」となることができるようにすることが明記されるとともに、主権者教育、消費者教育、防災・安全教育などの充実が改訂の重要事項の1つに挙げられている。これは、広い意味でのシティズンシップ、グローバルシティズンシップ教育の性質を保有し、またSDGsにもつながるものである。

　高等学校学習指導要領の各教科・科目の目標や内容の取扱いを概観すると、例えば「持続可能なライフスタイルと環境」（家庭）のように、多くの教科・科目にわたって「持続可能」「多様性」「（ものの）見方・考え方」「問題の発見・解決」「グローバル化」等のキーワードが示されており、それらはすべてグローバル教育と接続するポイントである。「地球的課題の解決」に加え、「多様な習慣や価値観などをもっている人々と共存していくことの意義」（地理歴史）といった文言も着目される。また、「防災」「環境保全」等はグローバルな文脈に限らず、ローカルな文脈に根差して学習を進めてもそれはグローバル学習の一部となる。とりわけ、SDGsは先進国・途上国を分けずにすべての国々に適用されるうえ、その目標群は多岐にわたる社会問題であるため、どの教科・科目においても実践可能であり、有用な切り口を提示してくれる。今後はSDGsという枠組みを用いると、グローバル教育が実践しやすいだろう。

また、各教科・科目の目標と連動させた各授業における取り扱いを工夫することにより、実践は大きく前進し、有機的に機能する。

　英語の授業では、ことばの規則や文法構造を理解させることだけでなく、積極的にコミュニケーションを図ろうとする姿勢を育てることも重要な目標である。そのためには、異文化理解、異文化コミュニケーションのほか、題材として扱われているグローバルイシュー（地球的課題）や途上国の現状、国際情勢等のトピック内容の理解も不可欠要素であり、その点に重心を置いた展開もできる。異文化理解については、異なる文化を表層的に知るだけに留まらず、高校生レベルでは、文化摩擦や文化変容、多文化共生とその課題等も含めることができる。

　社会（地歴公民・政治経済）分野は、英語以上に国際理解と直接的に関わっている。南北格差、貿易の仕組み、テロや戦争の影響や背景、グローバリゼーションの功罪、民族、ジェンダー等の問題、人間の安全保障（戦争、難民と子ども、平和への取り組み等）、地域の国際的歴史認識やアジアの歴史認識、ODAやNGOの役割、外国人労働者問題、マジョリティとマイノリティ、現代奴隷制度等、社会科に関連する分野は多岐にわたる。むしろ、社会科で扱うほとんどすべての事項が国際理解と関係があると言っても過言ではない。知識の提供だけでなく、そこに教師側からの問題提起や国際的な時事ニュース、相互依存や共生の視点を組み入れ、生徒に思考させる工夫や異なる文化を相互に認め、共に生きようとする姿勢を意図的に盛り込んでいくと、授業は立体的になる。日本の政治経済を教える際にも、時事問題を積極的に取り上げ、社会正義、民主化の意義や民主主義社会の一員意識、選挙の意味等、諸外国との比較によってその特徴を理解させると、生徒の国際認識やシティズンシップは高まると考えられる。

　ある校長（国語）は、「国語は、国際理解から一番遠いかもしれない」と話していたが、そうではない。日本語の特徴やその背後にある日本文化、比較文化論の理解と考察のほか、日本人的発想をグローバルな視点から客観的に見る目を養い、文化的多様性と絡めることができれば、国語もグローバルな学習となる。また、言語活動等の素材としてグローバルイ

シューを活用できる。

　理科では、種々の環境問題、持続可能な開発、生物多様性、生態系や環境の保全等、グローバル教育の学習領域と大きく重なる。以前、同僚の理科教師が授業でアル・ゴアの『不都合な真実』を取り上げて地球温暖化のことを教えていたことがあり、生徒たちは関心を持ち、その後教室で担任である私と環境問題について議論したことがある。こうして、理科の授業がその後のホームルームやその他の教育の場面に波及し、生徒の問題意識が向上する。このような学校全体に広がる取り組みが重要である。

　家庭科では、まさに基本的人権に関わる衣・食・住を扱う。その際、世界の様々な状況に置かれた子どもたちや人々の事例を出して、生徒たちに考えるきっかけを提供できる。また、被服や調理（食文化）は異文化理解の宝庫であり、日本の事例の場合は日本人としての日本文化理解につながり、諸外国のものを取り入れれば、文化的多様性や宗教との関係、あるいは地理的風土との関係性理解にもつながる。また、環境に配慮した商品を買う等、消費行動から社会を変えていこうとするグリーンコンシューマーの育成にも寄与できる。家庭科は生活に直結する学習を扱うため、ライフスキル教育等、グローバルな視点を摂取する余地はいくらでもある。

　音楽では、歌、楽器、民族、生活等、民俗学・文化人類学との隣接領域であり、グローバルな教材にあふれている。大阪府の小学校教諭八代氏は、西洋音楽優位の立場から離れがたい今の音楽科に文化相対主義の視点を入れ、世界の様々な国、地域で演奏されている音楽を聴き、それぞれの文化背景や特徴について知る活動を通して、国際理解の教育を実践されている[2]。また、音楽を通した国際交流もできるだろう。

　美術も、絵画、彫刻、建築、デザイン工学等、文化が投影された作品を見る等、グローバルな視点や世界の美術を取り上げたり、グローバルなメッセージを芸術作品で表現したり、発信したりもできる[3]。ストリートチルドレンの子どもたちが描いた絵やメッセージ性の高い作品を鑑賞して意見交換しても面白い。国際交流壁画制作アートマイル[4]への参加等に発展させることもできる。

体育では、武道をグローバルな視点からひも解いてみたり、例えば東南アジアの球技セパタクローを体験してみたり、あるいは普段使うサッカーボールやバスケットボール等がどこでどのように作られているのかを考えさせることによって、児童労働や不正労働等に目を向けさせることもできる。ダンス分野では踊りと宗教儀礼の関係や歴史、民族的な伝承等、国際理解と絡めてその背景理解を深めることができる。さらに、芸術やスポーツには国境がないと言われるように、これらの領域には国際交流・国際協力の可能性が秘められており、そうした活動をしている著名なスポーツ選手を取り上げれば、生徒たちは興味を示すに違いない。芸術やスポーツを通じたつながりを実感できれば、国際交流はもっと身近なものと感じられるだろう。また、保健分野では感染症への対応や安全な水へのアクセス、途上国の妊産婦をめぐる問題等を取り上げれば、グローバルイシューへの意識の向上につながる。

　農業、工業、商業、水産等の実業系の教科も、グローバルな実践の無限の可能性がある。実業の専門知識を学んだ生徒こそ、技術を活かして将来国際貢献できる可能性が高いのではないだろうか。国際協力の見地からみれば、実業系の高校生たちのグローバルな視野を育成することは極めて重要である。専門知識や技術は、国境を越えて活用し得るものである。専門分野における国際交流や技術協力等、活躍のフィールドを拡大するだけでなく、諸外国の人々との協働プロジェクトの展開や、自らの技術を途上国の国づくり等に役立てることもできる。農業、工業、商業、水産等の技術を活かして途上国から来た日本国内の研修員に技術指導をしたり、あるいは海外で技術援助活動に従事したりしている日本人専門家や企業人の事例を紹介すれば、生徒たちは自分たちの専門領域に誇りを持ち、世界の人々の役に立ちたいと考えるかもしれない。将来設計において国際協力の視点をもたらすことができれば、実業系の高校生の夢は広がる。手に職や専門性があることにより、直接国際協力の現場で活躍する可能性が高まるからだ。

　東北地区内の高校を概観すると、例えば、岩手県立盛岡農業高等学校の環境科学科では、環境問題とその解決方法の模索について、生徒の関心を

高める実践やプロジェクト研究がおこなわれている[5]。最近では、青森県立名久井農業高等学校の生徒たちが取り組んだ課題研究"The New Green Revolution"が、2018年ストックホルム青少年水大賞・国際大会で準グランプリを受賞した[6]。これは「富栄養化する湖の水の浄化に植物を応用できないか」という発想から、食糧問題の解決まで射程に入れた農作物での実験に進化させた内容で、農業の専門知識を活かしてグローバルイシューの解決に挑戦しようとする好事例といえるだろう。また、農業高校らしい国際交流としては、青森県立三本木農業高校が全校田植え行事にアメリカ軍三沢基地内の高校生を招き、毎年田植え体験を通して交流活動をおこなっている[7]。

　工業分野では、山形県立東根工業高等学校の取り組みが話題となった。同校では、生徒たちが太陽光電池を手作りし、NGOと協力してモンゴルやバングラデシュでの設置や技術指導をおこなっている。工業高校の特質を活かした素晴らしい国際貢献であり、生徒の生き方に大きな影響を与えている[8]。商業と国際理解そして地域復興を融合させた事例としては、宮城県志津川高等学校情報ビジネス科の「南三陸モアイ化計画」が興味深い。チリ地震津波を契機とした友好と防災のシンボルとして設置されたモアイ像は、南三陸志津川の町民に親しまれてきた。このプロジェクトは生徒による「モアイを活用した町おこし」の提案から立ち上がり、モアイ関連の商品開発や制作・販売、防災意識の高揚や地域の魅力の発信等の総合的な社会貢献活動に加え、東日本大震災以降はチリ共和国との交流や国際理解が促進されるなど、その取り組みは注目に値する[9]。

　かつて、国際（理解）教育が農業高校中心におこなわれていた時代もあった[10]。しかし現在では、各県の内実や状況によって異なるものの、様々な国際関係のイベントへの実業高校からの生徒参加は少ない。専門的技術や技能を学ぶ生徒たちが高校時代に視野を広げ、グローバルな視点を持って自らの学習について深く考える機会があれば、学習意欲や将来設計が少し違ってくるのではないだろうか。

　全国国際教育研究大会で出会った情報科のある教師は、「自分は情報の

担当だから、何も実践できない」と言っていたので、次のようなことを話したことがある。「情報の先生だからこそ、できることがありますよ」と。現在のグローバル社会は、高度に情報化された社会でもある。メディアリテラシーや情報モラル、情報分析力等は、グローバル時代に必要不可欠なスキルとされている。これは、グローバル教育・国際理解教育の技能目標の1つでもある。マスメディアや情報格差等について取り上げても面白い。世界の情報にどのようにアクセスし、必要な情報を収集し、処理し、分析するのか。情報モラルやメディアリテラシーを含めつつそのスキルを育成することは重要な仕事であろう。

学習指導要領に掲げられている各教科・科目の目標には、国際理解やグローバル教育と重なる文言が必ずあるはずである。そうした目標と照合して、教科書をベースにした年間計画に沿って自然な形で実践すれば、多くの教師が懸念している進度の遅れや他の教師との足並み等の問題は解消される。また、授業展開の一工夫によって、各単元1、2時間の活動の時間を創出することは可能であり[11]、単元の小まとめとして探究的な発展学習やプロジェクトを実施することもできる。

識字や教育について学習した「世界一大きな授業」(教育協力NGOネットワーク)。NGOのキャンペーンもうまく活用するとよい(写真は仙台二華高校、2014年)

次に、グローバル教育や国際理解の授業実践として代表的な教科である英語科、地歴公民科の2つの具体的な実践事例を紹介しよう。

(2) 英語科における実践

①英語教育とグローバル教育

多くの人にとって、初めての外国語となる「英語」の授業は、世界へ目を向ける入り口である。したがって、英語学習とグローバル学習を連動さ

せ、人権・平和・環境等のグローバルイシューへの生徒の関心を高めるよう工夫することにより、地球市民意識を育てることが可能となる。

　また、英語科の目標は、英語によるコミュニケーション能力の育成である。これは会話力とは異なり、人と人とを結ぶ「コミュニケーション」能力である。言語と文化は分かちがたく結びついており、国際コミュニケーションの手段としての英語を学ぶにも異文化理解や世界の諸問題に関する理解は不可欠な基盤であることから、英語教師は少なからずグローバル教育に関わることになる。

　グローバル時代に生きる生徒たちには、表層的な英会話力だけではなく、世界の様々な問題について知り、多様な文化を尊重しグローバルな視野を身につけ、社会の様々な問題の解決に向けて行動できるようになって欲しい。実際、英語で相手と交流を図る際、天気や趣味、家族等身辺の話題だけを続けるわけではない。自分の地域や国、さらには国際的な問題について自らの考えを発信したり相互に意見交換したりできる力が必要となる。だからこそ、世界の人々と交流する際のベースとなる他者への関心や共感的理解、グローバルな諸問題についての豊かな教養と自らの考え等を備えた総合的なコミュニケーション能力を育みたい。

　言い換えれば、英語教育の目的を、「グローバルな視座で世界の人々と共生していくための、より良い世界（未来）を創造するための、地球市民としてのコミュニケーション能力を育むこと」[12]と捉え授業を構想することである。その際、自分の国や地域、文化、あるいは自己自身をしっかりと見つめ、自らの言葉で発信するという視点も必要となる。自分という内へのベクトル、異文化・グローバルイシューという外へのベクトル、その両者の接合がバランス良く追求されることが望ましい。

②Englishes──様々な英語に目を向け、多文化・多言語の視点を養う

　最近ではWorld Englishesとも言われ、いわゆるネイティブ以外の人々が話す多様な英語が注目されている。グローバル化が進展する状況においては、英語圏の人々よりもむしろ、非英語圏の人々と国際共通語としての

英語を介してコミュニケーションを図る機会の方が圧倒的に多い。世界の様々な英語に関心を寄せ、ノン・ネイティブの人々とつながる手段としての英語、すなわち国際補助言語としての英語の役割や重要性を強調すべきであろう。

また、文化的多様性の面から、「英語」またそれに付随する「英米文化」至上主義に陥ることなく、多言語・多文化尊重の視点を持つことも大切である。複数の言語を知れば、学習能力も豊かになり、それぞれの言語や文化の違いを認識し、受容し、相対化できる複眼的思考を身につけやすくなると言われている。非英語母語話者の外国語指導助手（以下、ALT）を用いた英語活動、あるいは多言語活動の導入も関心を集めている[13]。

ALTとのティームティーチングも効果的に活用

グローバル社会で必要なのは、単なる英語力ではなく、言語や文化、風習や価値観等が異なる多様な人々と、創造的かつ建設的に意見を交換し合い、理解、協調し合い、共に課題解決のために手を取り合うことのできる開かれた態度であり、相手への関心、そして真摯な姿勢でもある。それを、英語教育で意識して養うことができれば、英語教育はグローバル教育の一翼を担うことができるだろう。

③アクティブ・ラーニング型授業──常に自分の意見を求める（表現させる）

教師の一方的な話を受け身で聞くだけでは、思考力・判断力・表現力の養成にもならないうえ、退屈な時間となってしまうだろう。私は、コミュニケーション英語において、ペア／グループワーク、ディスカッション、スピーチ、プレゼンテーション、セルフ／ピアアセスメント等の技法を組み合わせ、読む・書く・話す・発表する等の活動に関与させるアクティブ・ラーニング型授業を展開している。学校の教室で仲間と学ぶ意味は、collaborative/cooperative learning、すなわち協同・協調学習である。こ

れにより生徒は思考を活性化させるとともに、他者の意見にふれて自らの考えを相対化したり、新たな気づきを得て考えや理解を深めたりできる。

　授業中に意見を求め、ペアや小グループで意見交換させることは頻繁におこなうが、その他に各レッスンのまとめとして、英語によるアウトプット（表現活動）を課している。レッスンの題材に関連して多様な考えを引き出すような英語の「問い」を与え（例えば、Discuss what you can do to save our environment. / What kind of effort do you think is necessary to reduce people in poverty? / What is a good citizen like? / How can we contribute to improving global literacy?）、それについて英語でエッセイを書かせ、授業で共有する。4～6人の小グループで発表し合った後、グループ代表者を選び、全体で発表したり、あるいは良い文章をプリントアウトして全員に配付したりしている。

　教科書でホロコーストについて扱われていた際は、その歴史的事実をおさえた上で、What should be done to remember and deal with holocaust and racial discrimination against humanity? といった問いを投げかけ、考えを深めることができた。問いについて考えを深めさせ、一定量の英語を書く練習を段階的に積み上げることで、表現力が確実に向上する。

④内容（グローバルイシュー）を重視した授業のすすめ

　英語コミュニケーション等の教材を扱う際、本文の内容やメッセージに着目し、それを深めることによってグローバルな授業を展開することができる。例えば、そうした考え方の基盤として、CBIやCLILが知られている。

　CBIとは、教科書にある題材を活用した内容中心の指導法（Content-Based Instruction）である。Brinton, Snow, Wescheによって1989年に提唱された「内容中心第二言語教授法（Content-Based Second Language Instruction）」は、コミュニケーション志向のアプローチであり、例えば、数学や社会等言語以外の教科を目標言語で教えるというものである。特にアメリカやカナダのイマージョンプログラムや外国人学生が専門教科を受講するプログラム、高校や大学での講座等で実施され関心を集めた。

このCBIを、トピックやテーマを重視して外国語学習を進める指導方法として広義に捉え、グローバルイシューに関連する意味のある内容を有した題材を扱うことの多い英語の授業に応用したところ、生徒の学習意欲が向上し、特に英語を苦手とする生徒にとって有効性が高いことが明らかになった[14]。

教科書のグローバルな題材を活用したウェビングも一つの方法

また、近年日本の英語教育界においても関心が集まっているCLILにも注目したい。CLIL（Content and Language Integrated Learning＝内容言語統合型学習）は、教科科目等の内容とことばを統合した学習であり、科目と語学の両方の習得を目指すものである。1995年に欧州評議会が打ち出した「母語＋2か国語」を原則とするヨーロッパ市民を目指して実践が広がった。

CLILはグローバル教育と共通する特徴を持ち、生徒中心であり、学習者の視点を変える教材を利用し、気づきを促すとともに、学びのプロセスが重要視される[15]。また、思考を重視するのがCLILの大きな特徴であり、他者と関わりながら深く思考し、知識を獲得して、言語スキルを応用して、発信する。このような英語の授業であれば、まさにグローバル社会が求めている人材育成に寄与する。

英語の教科書には、教育、貧困、女性の権利、環境問題、フェアトレード、戦争と平和、命等、多様で意味深い題材が扱われている。教科書の英文の背景となっているグローバルイシューや題材内容に関心を向けさせる、また身近な問題として捉えられるよう工夫することによって、普段の英語の授業が言語の学習のみならず、グローバルで総合的な学びの場に転換し得る。

⑤教科書に掲載されていた題材を利用し、深い理解を促す

教科書に「グラミン銀行」とその創設者であるユヌス氏についての題材

が掲載されていた時は、私自身がグラミン銀行の支援を受けたバングラデシュの農村を訪問し、女性たちの会合に参加した時の写真や、現地で入手した情報をもとに生徒にプレゼンテーションをおこなった。その後グループでグラミン銀行がもたらす社会的メリット等について話し合わせた。

　目の前の教師のリアルな報告により、教科書に書かれていることが生徒には身近に感じられ、現実味を帯びて見えてくる。グラミン銀行の授業はその好例であった(この意味でも、「教材研究」「教材収集」「自己研修」の役割を持つ海外旅行は自分にとって不可欠なものである)。

　地球の未来について書かれた題材を扱った時は、現在の問題が地球の未来にどのような影響を与えるのか、そしてどんな問題を引き起こすことが危惧されるのか、フォトランゲージの手法を活用しながら、グループで考えさせ、英語で発表させた[16]。

　Food loss や Food waste (食品ロス・食料廃棄) が教科書に取り上げられていた時は、まとめの活動において、Food loss や Food waste に関する英語で書かれた記事を読み、既習事項を活用し、そこに書かれている問題点を指摘し合うとともに、どのような解決策が考えられるか話し合わせた。その後、SDGsについての学習をおこない、目標12「つくる責任　つかう責任 (持続可能な消費と生産のパターンを確保する)」の中のターゲット項目に食料廃棄や食品ロスの減少が掲げられていることを紹介した。教科書で学んだ問題が生きた「本物」のニュースとなっていること、また世界で合意された目標になっていることを知り、現実味を増す。英語の授業を通じて世界の「今」を英語で学んでいるんだという意識が生まれ、英語学習がグローバルラーニングとリンクし、学習意欲の向上につながる。

　その他の事例としては、ネルソン・マンデラさんが教科書に出てきた際は、彼の著名なスピーチや名言を取り上げたり、映画「インビクタス」の一場面を活用して南アフリカの背景理解と英語表現を学んだりする活動も好評だった。

　補足資料の提示や発展活動等を工夫することにより、英語の授業をグローバル教育の一部にすることは十分に可能である。以下でさらに、具体

例を示していこう。

⑥内容を重視した英語コミュニケーションの展開事例

　教師の着眼点や切り口次第では、英語の教科書はグローバル教育の題材の宝庫となる。例えば、勤務校で使用しているEnglish Communicationの題材は、グローバルイシューを学ばせるのに最適な素材に満ちている。次頁に、題材内容に関連させたグローバル教育の視点を例示した（表1）。また、Lesson 3（表1）にしか明示しなかったが、すべての題材・イシューに複数のSDGsを絡めることが可能である。

　これほどグローバルで良質な素材に富む教科書を、単に新出単語や構文、文法を教えるだけの道具にするのはもったいない。内容中心の教授法により、生徒が国際的な教養と自分の考えを持てるように支援したい。また、問題の背景や内容について深く考えさせ、自分はどう考えるのか、自分の立場ならどうするか、等意見を求めることにより、思考力や判断力、また表現力の伸長も期待される。

　例えば、Lesson 1のA Village of One Hundred Peopleは、世界を100人の村に縮めてみたときに浮き彫りになる世界情勢や貧富の格差等を紹介している。主な言語材料は、to不定詞や形式主語のitの用法である。Lesson 1の内容を踏まえて、構文や文法の用法を含めながら言語活動をおこなう際、例えば、

　It is very important for every child to have a school education.
　To live without safe drinking water is impossible.
　It is necessary for us to have access to fresh water.

といった文章を書いたり読んだりさせることができるだろう。定着させたい言語材料を用いて、こうした意味のある内容について表現することにより教育的意義が深まり、また生徒の記憶にも残るものとなる。

　高校1年生の授業実践の中から、実例を見てみよう。教科書のテキストを用い、以下のような発問により、生徒のグローバルな意識の高揚を図った。

表1　英語コミュニケーションのグローバルな題材内容とグローバル教育の視点

レッスン	題材内容	グローバル教育の視点（例）
Lesson 1 A Village of One Hundred People	インターネットで広まった『もし地球が100人の村だったら』を改編した文章を読み、人類が直面する教育格差、富の偏在、環境破壊等について理解を深め、これらの問題にいかに対応すべきか考える。	人権、貧困、環境問題、格差等、基礎的なグローバルイシュー、日本との比較から自分たちの暮らしを客観的に見つめる。
Lesson 2 More Than Just a Piece of Cloth	風呂敷の由来や歴史を知り、風呂敷が相手への思いやりを伝えるものであることや、環境保護に役立つものであることを学び、日本文化についての理解を深める。	日本文化の素晴らしさ、環境問題、「もったいない」の精神、3R、ワンガリマータイさんの紹介。
Lesson 3 I Am Malala	パキスタンで「女性が教育を受ける権利」を訴え、イスラム武装勢力に銃撃されながらも屈せずに活動を続ける16歳の少女の実話から、社会を変えようと行動した十代の若者の勇気と行動力について学ぶと同時に、教育の重要性について考える。	教育の意義・大切さ（SDGs Goal 4）やジェンダー、女子差別（SDGs Goal 5）、不平等（SDGs Goal 10）について。識字や読み書き計算（初等教育）の重要性、宗教、平等、平和など。
Lesson 4 Borneo's Moment of Truth	ボルネオの自然保護のためには、地域の人々がよりよい生活を送るように改善しなければならない。環境破壊の問題を多角的に考え、理解を深める。	熱帯雨林の破壊、持続可能な開発、生物多様性、パームプランテーションと私たちの暮らしについて。
Lesson 5 Alex's Lemonade Stand	レモネードを売ったお金を医師に寄付することによって、病気に立ち向かった少女の実話をもとに、命の尊さ、人生の意味、ボランティアの大切さを考える。	レモネードスタンドという文化、医療、命、ボランティアの意義、協力、共感など。
Lesson 8 Water Crisis	水の惑星と呼ばれる地球が現在水不足の危機に瀕していることを知り、それを防ぐ方策および水不足解消のための科学技術について学ぶ。	世界の水問題、バーチャルウォーター、食、水に関連する人権、差別、貧困等の問題。
Lesson 9 Coffee and Fair Trade	コーヒーを中心にフェアトレードについて理解し、より公平・公正な貿易をおこなうにはどのような取り組みが必要なのかについて学ぶ。	フェア／アンフェア、不公正について。フェアトレードの定義、条件。一般貿易との相違点。児童労働。
Lesson 10 Life in a Jar	第二次大戦中、ナチスのユダヤ人虐殺から多くのユダヤ人の子どもたちを救ったポーランド人に関する実話から、命の尊さと歴史を学ぶ重要性について考える。	命の尊さ、人種差別、ホロコーストについて、平和、寛容等。負の世界遺産アウシュビッツの紹介。

出典：題材内容は「Genius English Communication I Revised 教授用指導資料、大修館書店、2017」より。「グローバル教育の視点（例）」は筆者作成。

3. 既存の教科内の実践例

テキスト：

Most children go to primary school, but not everyone can reach the last grade.

教師による発問（1）：

Why can't everyone reach the last grade? Why do you think they drop out?

テキスト：

Will you be surprised to hear that fifteen adults in my village cannot read or write?

教師による発問（2）：

If you cannot read, what difficulties would you face? Imagine what kind of troubles would happen（話し合わせて答えさせる）

教師による追加の発問（3）：

I know most of you want to go to college, right? In the village of 100 people, how many people have a college education?（話し合わせて答えさせる）

Only one has a college education. How about in Japan?

（話し合わせて答えさせた後、データ提示）

この活動では、発問して生徒に考えさせ、相互に意見交換させて全体で発表し、こちらからフィードバックを与えた。さらに、投げかけた問いに対する補足情報（世界の現状）を提供した。また、レッスンのまとめの活動では、下記の問いについての自分の意見を英語でまとめ、発表させて総括した。

Questions: What surprised you most about the story of Lesson1 ?
　　　　　　Why? What will you do about it?

実際の生徒の回答例：

I was surprised that three children in the village will not to live to see their fifth birthday because I thought children usually live without difficulties. I want to tell this problem to many people. If more people know this problem, we can volunteer for children. For example we can gather money to make good conditions for children to grow up in.

　この時からさらに数か月学習が進んだ秋の実践の中から、ボルネオ島における生物多様性の保持と開発、また現地の人々の貧困問題を扱った例を紹介しよう。

　Lesson 4のBorneo's Moment of Truthでは、本文を学習した後の総括として、実際に熱帯雨林がパームプランテーションに変わった様子を写真で示し、どのような問題が発生しているのかを考えさせた。また、パーム油が私たちの生活に不可欠なものであることを、私たちが普段利用する加工食品(レトルト食品、冷凍食品、スナック菓子、アイスクリーム、ふりかけ、パスタソース等)のパッケージの「植物油脂」「パーム油」等の表示や、石鹸や洗剤の表示を見ながら実感させた。日本は植物油の97％を輸入に頼り、使用量については、パーム油は菜種油に次ぐ(現在、世界で最も使用されている植物油はパーム油であり、そのうち85％がマレーシア、インドネシアで生産されている)。熱帯雨林とパームプランテーションの境界線が鮮明に確認できる航空写真には、衝撃を隠せない。一連の授業の最後に、生徒は次のように感想を記している(表2)。

　"Water Crisis"というレッスンは、水の惑星と呼ばれる地球が現在水不足の危機に瀕していることを知り、それを防ぐ方策および水不足解消のための科学技術について学ぶ内容である。そこには水不足に陥っている国が多くあることや日本が世界有数の水輸入国であること、またバーチャルウォーター(仮想水)についての記述がある。現在日本の食料自給率が39％であり、大部分を輸入に依存している。このことは、間接的に世界から水を大量に輸入していることを意味する。これを具体的に考えさせるねらいから、実際にカレーライス、牛丼、ハンバーグなど若者に人気のメニューの水使用量をグループで計算させる活動をおこなった。世界における水資源の枯渇や水質汚濁等が自分たちのライフスタイルにも関わっていたことに気づき、水問題に無縁だと思っていた生徒たちの認識が変わり、新たな気づきを得たようだった(表2参照)。

3．既存の教科内の実践例

表2　英語コミュニケーションの授業で、私はこう変わった

　今までは全くと言っていいほど、世界で起こっている問題に目を向けていなかった。自分には関係ない、と思って興味を持たないでいた。しかし、一年間英語の授業を受けて、私自身が「地球市民」となって世界で起こっている問題について考え、解決策を考えていかなければならないということを思い知らされた。（中略）特に、Lesson4 の熱帯雨林の破壊のことは印象的だった。英語の教科書には、ボルネオの熱帯雨林では1年に 8,000km² もの面積の森林が伐採されていると書かれていた。ボルネオの自然が失われるにつれ、生物の多様性も失われていく。先生は私たちに、熱帯雨林が減少していく様子を撮影した実際の写真を見せてくれ、本当に驚いた。（中略）日本はこの問題に大きくかかわっている。なぜなら、日本の木造建築やベニヤ板にはボルネオ島の木が多く使われ、またパームプランテーションで作られたパーム油を多く使用する様々なスナック菓子やインスタント食品、洗剤などを、たくさん使用しているからである。

　私は、このような問題についてもっと真剣に取り組まなければ、と感じるようになった。そして世界の問題に真剣に向き合いたい、と考えるようになった。また、普段の生活の中で自分ができることを考え、少しでも世界の役に立つようなことをしたいと思うようになった。まず私は、総合学習でおこなっている水問題の研究に積極的に取り組んでいる。すべてにおいて積極的に行動し、学ぶことが大切だ。少しでも世界の誰かの役に立てるように、たくさんのことに挑戦していきたい。

　　　　　　　（仙台二華高校1年　伊藤　ちさと）⇒岩手大学人文社会学部に進学

　英語を通して世界のことを学ぶ、という授業。先生の授業はほとんど英語だけでおこなわれ、英語を使っていくので、とても集中できます。また、授業の合間に教科書に書かれていることを、ご自身の豊富な経験を活かして深く教えてくださり、時には講演会まで開いて、私たちの知らない、世界で起きていることを教えてくださいます。また、常に世界に目を向けて行動されています。そんな先生を見て、私自身変わったことがいくつかあります。例えば、自分の食べるものや使うものと世界のつながりを考えてみたり、地球の資源を大切に使わなければという意識が生まれ、勉強の時に裏紙を使ってみたりしています。（中略）次は何を学べるのか、いつも楽しみにしています。

　私の価値観は少しずつ変わり、視野が広がったような気がします。なにより、積極的に、グローバルに物事をとらえられるようになりました。英語学習への

> モチベーションもあがっています。これからも英語と世界を積極的に学んでいきたいです。
> 　　　　　　（仙台二華高校1年　寺嶋　郁佳）⇒立教大学社会学部へ進学
>
> 　高校に入学した際、ただ英語が話せるようになりたい、という漠然とした目標しかありませんでした。しかし、私は国際交流を通して、英語でコミュニケーションをとることや、互いに文化を教え合い学び合う楽しさを実感しました。「試験のため」「入試のため」というのは、本当の目的にはならないことを改めて実感しました。
> 　それ以来、私は英語の授業にいっそう身が入るようになりました。石森先生の英語の授業では、普段の生活では意識しないような、世界で起きている問題を英語で読み、理解していくことで、自分がグローバルになっていくのがわかります。例えば、水問題について学ぶレッスンでは、牛丼一人前を作るのに、2000リットルもの水が使われているなんて、授業を受けなければ知らなかったことです。授業で取り上げられる事実に何度も衝撃を受けています。英語を通じて世界を学ぶことが、こんなに興味深いということを知りました。
> 　世界の様々な現状を学ぶことで世界に関心を持ち、自分がすべきことについても考えるようになりました。（中略）英語を学ぶ目的や方法などについても考えるようになり、また自分の狭い考え方を変えることもできました。そして何よりも、グローバルな視野を持つ楽しさ、重要さを学ぶことができたのは大きな収穫です。本当に感謝しています。自分のできることを考え、それを実行して、少しでも世界に貢献したいと思っています。
> 　　　　　　（仙台二華高校1年　佐藤　稜悟）⇒宇都宮大学国際関係学部に進学

　さらに、コーヒーを中心にフェアトレードを題材とした"Coffee and Fair Trade"というレッスンでは、「公正」という概念について考察させた後、児童労働等の問題やその解決方法の1つである「フェアトレード」という仕組みについて理解を深める活動を実施した。また、英語で書かれたフェアトレード認証の国際基準を配付し、それを訳させグループで解釈させながら理解を深めさせた。さらに、流通しているフェアトレード商品について調べさせ、実際に認証ラベルの付いた様々な商品を教室で手に取り、教室と社会をつないだ。教科書の英語から発展させ、関連領域につい

ての国際的な資料を読ませる活動は、生徒の知的関心を刺激する。

"Life in a Jar"というレッスンは、第二次大戦中ナチスのユダヤ人虐殺から多くのユダヤ人の子どもたちを救ったポーランド人に関する実話を扱い、命の尊さや歴史を学ぶ重要性、また人種差別や平和、寛容などを学ぶ最適な題材だった。ここでは授業の総括として、私が訪問したアウシュビッツ強制収容所の写真をもとに作成したスライドを見せ、人類の過去の過ちや歴史上の負の遺産について考えさせた。そして、ちょうど同時期に掲載されていた「アウシュビッツ解放から70年の日にホロコーストを生き延びた元収容者が献花を捧げる」という新聞記事（2015年1月28日朝日新聞）を読み、意見交換させた。

その都度英語で書かれた資料やタスク、独自のワークシートを用意し、生徒がただ情報を受け取るのではなく、主体的な活動を創出するようにした。教科書の本文をたどっていくだけでもある程度の情報は入手できるし、グローバルイシューについて考えるきっかけを得ることはできる。しかし、何かしらのビジュアルそしてリアルなツールが加わると、学びが大きく活性化することは間違いない。

グローバル教育は既存の価値観や固定されたものの見方に揺さぶりをかけ、新たな視点や思考、価値を生み出すきっかけとなる。教材が発するメッセージや内容に意識的に踏み込んでいくためには、英語教師は種々の社会問題や文化等についても研鑽を積み、知識を蓄えておかなければならない。そして、「英語が使える日本人」であると同時に、「地球市民」としても、常に生徒の模範（ロールモデル）となるべきであろう。

⑦本物に出会う、本物に触れる

関連したグッズ、モノも利用価値が高い。教科書に登場した国の実際のモノを教室に持参し、生徒に見せたり触らせたりする。それだけでも、教室の雰囲気は変わり、生徒の関心を引きつける。

例えば、あるレッスンでは日本の風呂敷の歴史や用途を紹介し、環境問題についても考えさせる内容があった。まとめの活動では、次のようなこ

英語の説明書きを読み、実際の風呂敷を使って実演(仙台二華高校、2014年)

とをおこなった。

まず、風呂敷を持参させ、グループに英語の説明文を配布、教科書で習った単語や表現を使いながら、実際にワインボトルやペットボトル、お菓子の箱等を包んでみた。

感想を英語で尋ねると、"I think it is fun." "I want to use furoshiki more." 等のコメントが聞かれた。

また、このレッスンの終盤では、次のような本文があった。

It might be interesting to research other culture from around the world because not only in Japan but also in many other countries including China, Korea, India, Iran, Turkey and Peru people use a piece of cloth to wrap and carry things.

1枚の布を使って包んだり物を運んだりする文化は、日本特有というわけではなく、他国にもみられるということを示している文である。ここでは、「異文化の中の共通性」について気づかせることができ、異文化理解の視点からみて興味深い。そこで私は、実際に南米アンデス地方で入手した1枚の大きな布を教室に持ち込み、広げて見せた。そして、"Which country do you think is this cloth from?" "Guess how they use this." と発問して話し合わせた。最後にこちらから回答をして、布を回して生徒たちに感触を味わわせた。

「命の授業」として深く心に刻まれた実践が、"Ahmed's Gift of Life" というレッスンの一環として実施したパレスチナ人による特別授業である。このレッスンは、イスラエル軍によって誤って殺害されてしまったパレスチナの息子の親が、憎しみの連鎖を断ち切るためにとった行動について紹介するものである。胸が締め付けられるような内容であったが、教科書を読んだだけでは、これを現実世界の問題として真剣に受け止められる生徒

がどれだけいただろうか。

　折しもこのレッスンを読み終える頃、宮城県に事務局を置く国際NPOから、パレスチナの現地スタッフであるアーベッドさんが来日し、2日間のみ仙台に滞在するという情報を得た。「世界の現実をリアルに知って欲しい」「この機を逸したら次はない」と思いNPOと交渉。その結果、その翌日過密スケジュールの合間に、彼に来校してもらえることになった。こんな幸運はないだろう。

　アーベッドさんの話はどれも衝撃的で、胸を打つものだった。ご自身が空爆でお兄さんと娘さんを亡くしたこと、もう一人の娘さんもたった9歳ですでに3度も戦争を体験していること……教科書で読んだ悲劇が目の前にいる人の口から語られた。その悲しみを乗り越えて日本の若者に力強い平和へのメッセージを送る姿には、心の底から感動した。またガザの厳しい状況、自由のない苦悩、いつ空爆が始まるかわからない不安と恐怖などが語られ、圧倒的な現実感をもって我々に迫った。生徒たちは熱心に耳を傾け、時に涙を浮かべながら、この世界の不条理に憤りを感じながら、深く感じ入っていた。「命の授業」がここに生まれた。

　その場で、彼に送るメッセージを書かせた。走り書きであり文法ミスもあるが、どの生徒も率直な思いを綴ってくれた（表3）。また、いつまでも残ってアーベッドさんと話そうとする生徒たちも複数いた。

　可能な限り、本物に触れる、本物に出会う。このことで、教科書に書かれていることが目の前の世界となり、実感がわき、理解が深まる。本物に

（左）緊急性をもって企画した特別授業（仙台二華高校、2015年）
（右）懸命に英語を使って思いを伝えようとする生徒と耳を傾けるアーベッドさん

表3　アーベッドさんへのメッセージ

> I want to work in a country which it's difficult for people to take medical care so, I would like Palestinian people to tell us what you want us to do.
> And, I want chance that I talk with Palestinian people and help them.
> I was very shocked that his daughter experience wars three times. My massage for Palestinian people is "You are not alone." I was young, and I can't do movement that change this state. But many Japanese people are playing for peace of Palestina, so, Palestinian people are not alone (not only me, but). I want they to know there are many people who thinking how to save them all over the world.

出会うと認識に変化が起こる。授業を通して世界の問題を知り身近に感じるとともに、もっと知りたいという意欲が高まる。さらには、地球市民意識が醸成され、社会における自らの役割を見出そうとする。

⑧タイムリーな時事をとらえ、現実にふれる

　タイムリーなニュースや学びを深める適時性をとらえ、授業に自然な形で組み入れることは、世界の動きや時事問題に関心を持たせる上で重要である。例えば、2014年マララ・ユスフザイさんがノーベル平和賞を受賞した後まもなく、授業で彼女の実際のスピーチを扱った。音声（肉声を録音したCDを活用）も入れるとなお効果的であり、World Englishesの観点からも有益である。現在は複数の教科書にマララさんの話が取り上げられており、教科書と連動しておこなうことができる。

　2016年にオバマ大統領が現職のアメリカ大統領として初めて被爆地広島を訪問した際は、即座に彼のスピーチを授業で扱った。スピーチをグループで全訳させた後、特に印象的だった言葉とその理由について、英語でレポート作成を課しグループで発表・共有し合った。これは、アクティブ・ラーニング型授業として機能した。表4は実際に生徒が書いた文章の一部である。

3．既存の教科内の実践例

表4　オバマ大統領広島スピーチ・レポート（印象に残った言葉と理由）抜粋

Report on President Obama's speech in Hiroshima
- "Someday the voices of the Hibakusha will no longer be with us to bear witness." Especially these words resonated in my heart. When I read the words, I felt fear. If there are people who can tell about the war in Hiroshima, people of the next generation will be able to know the danger of nuclear weapons. That fact means there won't be a repeat of the same tragedy.（中略）I realized that I have the big responsibility so I must study the past.
- The line I felt the most impressive was: "The scientific revolution that led to the splitting of an atom requires a moral revolution as well." I think science has been growing rapidly but the mind has not. That's why I agree with this sentence. In addition I am impressed with the expression "moral revolution".（後略）
- Mr. Obama said "We must have the courage to escape the logic of fear and pursue a world without them." Then, why does America still possess nuclear weapons? They should give it up. I cannot help wondering about it. However, if America gave nuclear weapons up, the balance of world peace might be broken, I think. This problem is very difficult for me and the people in the world.
- （前略）His speech is filled with messages for our generation. I think that we should know and learn not only about the status quo but also history. Mr. Obama said "we have a shared responsibility to look directly into the eye of history and ask what we must do differently to curb such suffering again." This expression can allow us to start thinking about global understanding.（中略）In addition, "we should listen to a silent cry."

⑨例文提示、ディベートやディスカッションのテーマとして

　教科書と離れても、コミュニケーション活動や発信活動の際にも、グローバルなテーマを意識的に取り上げることはできる。

　例えば、not A but B構文（AではなくてB）を教える際、私の好きなマザーテレサの言葉、「愛の反対は憎しみではな

グループでオバマ大統領の広島スピーチについて話し合う生徒たち（仙台二華高校、2016年）

く、無関心です」を例文として活用する。板書では、

I (　　) you ⇔ I (　　) you
I (love) you ⇔ I (　　) you
I (love) you ⇔ I (hate) you

のように単語を引き出しながら、みんなで英作文をしていく。最後にThe opposite of love is not hate but indifference.(愛の反対は憎しみではなく、無関心です)を導き出し、この言葉の持つ意味を考えさせた。

　これを授業で取り入れた時、生徒の関心を引きつけ、非常に有効であった。また、英語のディベートやディスカッションにおいても、テーマにこだわりを持つ。ある時、「異文化理解」(英語科専門科目)の授業で次のテーマを黒板に書き、議論させたことがある。

Do you think it is good for foreign travelers to give money to beggars/street children?
(あなたは、外国人旅行者が物乞いやストリートチルドレンにお金をあげることは良いことだと思いますか)

　継続的にグローバル教育を実践していたクラスだったので、生徒たちは真剣に考え、熱い意見をぶつけ合ったために、教室は騒然とした。私自身も、ストリートチルドレンに食べ物を取られたことや、物乞いの子どもに追いかけられたこと等、実際の体験とその時に感じたことを英語で語った。意見はYes派、No派の真っ二つに分かれ、議論は白熱した。「その子が一瞬でも喜んでくれるなら、あげたい」「まずは目の前の人助けが大事」「根本的な解決にならないから、社会のシステムを変えていくべき」「安易にあげるべきではない」……様々な意見が飛び交った。この授業は、生徒たちにとって最も印象に残る授業となったようだ(卒業生コラム④参照)。こういう体験が意味を持つのだと思う。

　生徒に異文化交流やグローバルイシューに直面する経験を持たせることは、最も効果的で何よりもインパクトをもたらす。しかし、日常的にそのような場を用意することができないのであれば、日々の授業が少しでも世界とつながる時間と空間でありたい。

「異文化理解」の授業の1コマ（写真は仙台東高校、2013年）。各レッスンでは、毎回担当生徒2名を割り当て、黒板やポスター等を自由に使わせながらプレゼンテーションをさせた後、英語で意見交換をした。授業者は生徒の発表を尊重しながら、全体のファシリテーションをする

　昨今、グローバル競争社会で生き抜くために英語が必要であるという論調が席巻している。しかし、こうした戦略的側面だけでなく、グローバルイシューへのまなざしと苦境に立つ人々への共感的理解や当事者意識を持ち、平和でより良い未来に向けて行動する際の一助としての英語の役割も忘れないようにしたい。

（3）地歴・公民科における実践例　　阿部 和彦

①世界史A、世界史Bにおける実践

■ねらい：単元ごとに、世界史と時事問題を結びつけた「テーマ史」を設定し、歴史を通してグローバルイシューを理解する。

　グローバル教育の学習内容の1つに、地球的課題の理解が挙げられる。現代社会には様々な問題が存在しているが、それらは、長い時間を経て複雑な歴史が絡み合い形成されてきた。グローバルな課題を理解するためには歴史的なアプローチは不可欠であり、歴史教育の意味もそこにある。

　「世界史A」や「世界史B」は、ともすれば「過去」の知識のみを教えることで終わってしまいがちだが、「現在」に結びつけることで歴史に対する理解が深まり、また歴史を知ることで、現在起こっていることを理解できる。過去と現在を結びつけるために有用なのは、「時事問題」を多く取り上げ、その原因を歴史的に掘り下げることである。

　表5は、単元終了ごとにおこなってきた「テーマ史」の一部である。「世

界史」は単に過去を学ぶ科目ではなく、現在の国際社会を理解するための科目でもあるといえよう。

表5 テーマと時事問題のポイント

取り上げるテーマと時事問題	時事問題を理解するための歴史的事項
日本の大陸進出と竹島問題、尖閣諸島問題	明治維新以降、日清戦争、日露戦争を経て日本が韓国・中国へ進出していく過程で、竹島を編入、台湾や尖閣諸島を領有していったことを理解する。また、これらの領土問題の背景には、日本に"侵略"された両国の反日感情があり、国際法上の問題を超えて解決を困難にしていることを理解する。
オバマ大統領誕生とアメリカ黒人解放史	アメリカ史を教える場合、移民してきた白人の歴史だけではなく、先住民や黒人奴隷を含めた総合的な視点が必要なことは言うまでもない。特に、黒人に対する人種差別については、黒人奴隷の流入、リンカーン大統領の奴隷解放宣言、キング牧師の公民権運動等の長い歴史を経て、今日の黒人大統領の誕生があることを理解する。
北朝鮮問題	北朝鮮の核開発や周辺国への挑発的態度はどこから来るのかについて理解するためには、日本の朝鮮支配に抵抗する過程で共産主義勢力が拡大していったこと、米ソの冷戦に影響される中で北朝鮮が誕生すること、冷戦終了後も、米・韓・日の包囲網の中で北朝鮮が孤立化していくこと等を学ぶ必要がある。
パレスチナ問題とユダヤ人の歴史	4回にわたる中東戦争や、近年のイスラエルによるガザ攻撃、イランやシリアに対する強硬姿勢等を理解するために、ディアスポラ（離散）以降のユダヤ人の歴史、反ユダヤ主義の歴史、シオニズム、ナチスのユダヤ人迫害等を学び、イスラエルの成立過程や国家としての特質を理解する。
列強の都合で引かれた国境と止まないアフリカの紛争	アフリカ17か国が独立した1960年の「アフリカの年」以降も、紛争が絶えない。これらの背景には、19世紀末のヨーロッパ列強によるアフリカ分割時に引かれた境界線がそのまま独立時の国境になり、紛争を誘発していること、独立後の勢力争いの一方に旧宗主国の影響が残り、それが内戦を激化させていること等があげられる。
福島原発事故と原子力の歴史	原子力を開発していく科学史や、その平和利用や武器利用の歴史を通して、原発問題や核兵器開発と廃絶の問題を学び、「ヒロシマ」「ナガサキ」と「フクシマ」という両者を経験した日本のとるべき方向性を考える。

②地歴・公民科での国際理解の実践

"アルミ缶"から見えてくる環境問題

■ねらい：便利で当たり前に利用しているアルミ缶や自動販売機。これらが地球環境にどのような影響を与えているかを知ることにより、"便利"

だけを追い求めることが慢性化してしまい、その影響を考えようともしない日本人の現実に気づく。

■対象教科：中学公民、高校政経、地理Ａ等
■授業展開：

1. １週間消費したアルミ缶、スチール缶、ペットボトルの量や、家の周辺にある自動販売機がおよそ何世帯に１台の割合であるかを調べ、発表。
2. 特にアルミ缶に焦点をあて、精製過程、リサイクルの現実を知る。
   ● プリント、地図帳により、ボーキサイトの輸入量、輸入先や仙台市の空き缶リサイクルのシステムを知る。
   ● 次の質問にクイズ形式で答えさせることによって、アルミ精製や自動販売機が消費する電力の大きさや、リサイクルの実態を知る。
   「自動販売機は何世帯に１台の割合であるか？」
   「一人あたりのアルミ缶の年間消費量は？」
   「自動販売機で冷やしたアルミ缶のコーラやビールをひと缶飲むのにどれぐらい電力を消費するか？（洗濯機を何日動かす電力に相当するか）」
   「アルミ缶が40％しかリサイクルされていない現実、では残りのアルミ缶の行方は？」
   「アルミ缶のリサイクルによってどのぐらいの電力が節約されるか？」
   「日本のアルミ缶消費量の増加に反比例して、日本のアルミニウム生産量が激減しているのはなぜか？」
3. 「日本のアルミ缶が、アマゾンの熱帯雨林を破壊している」という新聞記事を通して、
   ● 上の新聞記事の見出しを黒板に書き、その理由を考えさせ、発表。
   ● 実際の新聞記事を渡し、本当の理由を知る。
4. 課題作文テーマ『次の現実下で、はたしてリサイクルだけで問題の解決になるか？　本当の解決のために何をなすべきか？』

- アルミのほとんどを輸入に頼っている現実
- リサイクルで電気代を節約したとしても、日本のアルミ精製会社の利益になっているに過ぎない現実
- 自動販売機は相変わらず、増え続けている現実
- 熱帯雨林は破壊され続けている現実

(参考文献：里見実(1993)『地球はどこへ行く―ゴルフ場・再生紙・缶コーヒー・エビの授業』太郎次郎社)

もうひとつのアフリカ分割
―写真が伝えてくれるもの・フォトランゲージという手法―

■ねらい：通常、教科書に記述されているアフリカ分割は、ヨーロッパから見た視点が中心だが、何枚かの写真、絵図を通して、アフリカ側から見たアフリカ分割を知り、歴史を見るには多面的な視点が必要なことに気づかせる。

■対象科目：高校世界史A、世界史B

■授業展開：

1. 教科書に沿った通常の「帝国主義」「アフリカ分割」の授業
2. 教室を8つのグループに分け、1枚ずつ異なる写真・絵図を配る。「アフリカ分割、この時代を知るためのもうひとつの視点」というテーマで、各写真が何を表しているか、この時代を知るためにどのような視点が必要かをグループで話し合い、発表する。

   [写真・絵図のテーマ]
   - アフリカを股にかけるイギリスの帝国主義者、セシル・ローズ
   - アフリカ・ガボンのキリスト教伝道学校
   - 19世紀の西アフリカの城塞都市、カノ
   - アフリカのモスクと英国国教会大聖堂
   - アフリカ・エスニックグループの分布と、分割の境界線
   - フランス帝国主義への抵抗運動を展開したサモリ・トゥーレ軍
   - スーダンにおける反英運動、マフディーの乱

- ●アドゥアの戦い―エチオピア、イタリア軍を撃退

   各グループの発表を通して、アフリカにはヨーロッパの帝国主義進出以前にすでに帝国や都市国家が存在していたことや、帝国主義に対する抵抗運動があったことに気づく。
3. 「サモリ・トゥーレの乱」「マフディーの乱」「アドゥアの戦い」「マジ＝マジの乱」等、帝国主義に対するアフリカの抵抗運動を取り上げ、アフリカの主体的な歴史を学習、歴史を総合的に学習する必要性を認識する。

（参考文献：宇佐美久美子（1996）『アフリカ史の意味』山川出版社、宮本正興・松田素二（1997）『新書 アフリカ史』講談社等）

《注・参考文献》

1 文部科学省（2018）『高等学校学習指導要領』（平成30年7月告示）。
2 津軽三味線、モンゴルのホーミー、中国の二胡、ブルガリアの女声合唱、インドネシアのガムラン、西アジアのウード、スコットランドのバグパイプ、アメリカ合衆国のゴスペル、東アフリカのンゴマ、アンデス地方のフォルクローレ、トリニダードトバコのスティールドラムなどを取り上げている（日本国際理解教育学会第22回研究大会シンポジウム、2012年7月15日発表資料より）。
3 地元の国際交流協会と協働してアート（オブジェづくり）で地球環境問題についてのメッセージを発信した中学校の美術の実践事例も報告されている（文部科学省［2008］『国際理解教育実践事例集中学校・高等学校編』教育出版）。
4 ジャパンアートマイルによると、その活動は「日本人として自国の伝統文化に誇りを持ち、グローバルな視野をもって自ら考え行動し、世界の人々と協働して世界の調和と平和に貢献する次世代を育てること」を目指しているという（〈http://www.artmile.jp/〉2012年12月16日アクセス）。
5 第49回全国国際教育研究大会・高校生国際協力・理解研究発表会より（2012年8月23日JICA地球ひろばにて）。
6 全国国際教育研究協議会・青森県事務局長・高森満雄教諭（青森県立名久井農業高等学校）による情報提供（パーソナルコミュニケーション、2019年5月20日）。
7 同上。
8 庄子洋一教諭による情報提供および山形県立東根工業高等学校ものづくり委員会編集（2014）『世界を照らす僕たちの手作り太陽電池パネル――高校生が挑んだ国際協力の記録』（国際開発ジャーナル社）より。
9 宮城県高等学校国際教育研究大会における発表（宮城県志津川高等学校 佐々木宏明主幹教諭）より（2019年12月12日JICA東北センターにて）。なお、南三陸とチリとの交流の軌跡は、モアイプロジェクト実行委員会編（2013）『モアイの絆』（言視舎）で詳しく紹介されている。
10 高等学校の国際教育研究会の前身は農業を中心にした「海外移住研究会」であり、筆者が事務局長を務める宮城県高等学校国際教育研究会も、1960年の海外移住研究会発足に端を発する。

11 『グローバル時代の国際理解教育——実践と理論をつなぐ』(日本国際理解教育学会編、2010年、明石書店)には、既存の教科・科目で無理なく授業に国際理解を取り入れた授業実践事例および指導案が豊富に紹介されているので、参照されたい。
12 石森広美 (2008)「グローバル・イシューを意識した内容中心指導法による英語の授業の可能性」『国際理解教育』14、pp.82-103.
13 日本国際理解教育学会第24回研究大会では、シンポジウム「ことばの教育と国際理解教育」がおこなわれた (2014年6月14日 (土) 奈良教育大学)。また、学会紀要『国際理解教育』第16号の特集は、「ことばと国際理解教育」であり、ことばの教育の意義や多言語を導入した授業などが論じられている (『国際理解教育』16、2010年、明石書店)。
14 石森広美、前掲論文。
15 笹島茂 (編著) (2011)『CLIL 新しい授業の発想』三修社。
16 詳しくは、日本国際理解教育学会編 (2010)『グローバル時代の国際理解教育——実践と理論をつなぐ』明石書店、pp.106-109.

教科を超えた指導

上原 洋

　私は現在、地域に密着した小さな学習塾を運営している。今から約20年前の高校時代に抱いていた、学校の英語教師になるという夢とは少し違うものの、現在のこの仕事につながったのは、恩師の影響が強いと言える。

高校1年目の出会い

　出会いは、私が高校1年生、石森広美先生が新米教師の時であった。

　先生の授業は、これまで自分が受けてきた授業のように、ただの知識や文法といったものをダラダラとするものではなかった。英語という言語だけでなく、生徒にその背景にある社会や文化をつっこんで考えさせた。時に世界のニュースを取り上げることもあった。生徒に問いかけ、意見を聞くこともよくあった。先生の海外旅行の話を時に楽しそうに語ってくれたこともあった。教科書にある物語に関するエピソード、文化の背景や補足説明が充実していて、それはまるで何でもそろう「英語の百貨店」のように感じられた。私はいろいろな世界を知ることが楽しくて、毎日、毎日、英語の勉強に熱心に取り組むようになった。

　次第に英語という教科の背景にある様々なものに興味を持ち、本を読みあさったりしながら、好奇心を高めていった。そして、高校時代の夏休み、生まれて初めて海外に行くことにつながった。当時はまだ、高校生が海外に出向くのは今ほど一般的ではなかった。

文章を書いて
自分を見つめる面白さ

　私はその後も先生のところにしょっちゅう通って、放課後等に個別に指導を受けた。学習のアドバイスもたくさんしていただいた。特に忘れられないのが、英作文や日本語の作文・小論文の指導を本当にたくさんしていただいたことだ。

　作文を書くということは、ただ知識を並べることと異なり、センスやテクニックを要するものである。これらは、自分をいかに表現し、相手に伝えるかという思考力や表現力であり、その後の勉強や人生の土台となるものであった。文章を書くのはもともと好きであったが、根気強く添削していただき、アドバイスをいただくことで、た

だの「好き」であることから、「得意」なことへと変わった。自分の考えを筋道立てて整理し、自分を見つめることを学んだことは、その先につながる糧となったのは間違いない。

たくさんの回り道、そして現在

そうした活動を通して、高校卒業後の進路も様々な角度から考えることができた。

教育を専門として学ぶのか、英語を専門として学ぶのか。いろいろと考え、悩んだ。

結果としては、文化、英語、教育、保育と様々な分野を学ぶことになったが、その過程には、浪人や大学受験のやり直し等、いくつもの挫折があった。人よりも回り道をたくさんしたが、学ぶこともたくさんあり、現在の仕事にたどり着いたのである。

先生から教わったものは、英語を軸とした異文化の世界であり、多彩な人生であった。英語から社会につながるもの、または、社会から英語へつながる様々なものであった。現在、小学生から中学生に対して様々なアプローチで指導しているきっかけは、科目を超えた広い視野からの教育を受けたためであると実感している。

そして今、私は小さいながらも自分で作った学習塾を1人で運営している。まだまだ足元にも及ばないレベルではあるものの、未来ある子どもたちの育成に励む日々である。

上原 洋（うえはら ひろし）
1977年仙台市生まれ。宮城県泉松陵高校出身。大学等で学んだ後、現在は学習塾経営。好きなことは、ひとり旅（夜行列車、各駅停車、ローカル線）、商店街めぐり。2014年11月に第一子（長女）が誕生し、忙しいながらも幸せな日々を送る。

（2014年11月現在）

教育が教育を救う——チャンスは平等に

嶋原 麻里奈

中学2年生の時の担任の先生の言葉
　——夢が消えかかった私

　中学2年生の時、テレビでアフリカの青年を取材した放送を見た。彼は幼少期に内戦で目の前で母親を殺され、そのショックで目が不自由になり言葉を上手く使うことができなくなってしまった。取材最終日、彼は静かに泣き始め、何年かぶりに声を振り絞りこう言った。「お母さんに会いたい…」。

　その瞬間、「助けたい」と思った。考え出したら止まらないが、もっと知りたい、役に立ちたい、一緒に頑張りたい、そういう気持ちは変わらなかった。

　しかし中学3年生の進路相談の時、担任に「君が何かをしても世界は変わらない。君ひとりで何ができるの？」と言われた。その言葉は私の胸に突き刺さった。周りに同じような考えを持つ人もおらず、あきらめるべき夢なのだろうかと思い、少しずつ国際協力への関心が弱まり、そこから外れていってしまった。

高校2年で取り戻した
　あの時の「気持ち」

　しかし高校2年生になると、クラスの周りの友人らが国際協力について話し合っている様子を見かけるのが多くなった。石森先生が教えるGC（Global Citizenship）の授業を受けている人たちであった。私は惜しくもその授業を選択しなかったのだが、周りが途上国について話し合っている状況を見て、中学の頃の気持ちが徐々に蘇ってくるのを感じた。あの時から3年経って、忘れかけていた感情をようやく取り戻すことができたのだ。

泣くほど揺さぶられた
　「異文化理解」の授業

　高校3年で受けた石森先生が担当する「異文化理解」の授業では、異文化に対する自分の考えや視野が本当に広くなった。その国の当たり前が他国にとっては法を侵すこともあり、私たちの常識を覆すことばかりだった。知れば知るほど楽しくて面白くて、もっと知りたいことが多くなっていった。

　「異文化理解」の授業で一番印象に

残っているのは、教科書から離れて先生が私たちに問題を投げかけ、ストリートチルドレンについてクラスで話し合った時のことである。たくさんの問題が指摘され、様々な意見が出た。授業が終わっても私たちはディスカッションし続けた。考えきれずに、自分の無力さに泣き出す友人もいた。私も泣いてしまった。家に帰ってからも考え続けた。答えは見つからなかった。

知らないことが恥ずかしく感じるようになった。私たちには知る権利がある、義務があるからだ。

教育の大切さに気づく

私なりの経験を経て、世界の貧困や戦争、様々な問題の原因となっているのは教育の有無ではないだろうかと考えた。

高校の放課後の国際ゼミでジェンダーについて学んだ時にも、その解決には教育が深く関わっていた。

大学に入学してからも、自ら国際理解の機会を求めた。そして、JICA主催「ルワンダ人のマリールイズさんによる講演会」の企画に関わった。彼女から、実際に教育の有無によって生じた衝撃的な話を聞いた。自分が当たり前に受けてきた教育は、誰かにとってはどんなに願っても手に入れられなかったものだったのだ。

世界の7億8000万人は読み書きができないと言われている。それは、世界の10％の人にあてはまるということである。

私たちは9年間の義務教育を受けてきた。教育を義務づけられてきたのだ。当然のように高校へ進み、大学へと進学した。教育が教育を救うと知った今、義務の本当の意味がわかった気がする。そして、私は「アフリカの学校建設と教育指導に携わりたい」そう思うようになった。

カンボジアとの出逢い
——チャンスを平等に

大学に進学し、私はNPO法人IVYのユース組織IVY youthに入った。IVY youthは主にカンボジア算数教育支援と、国際理解や環境教育に関する活動をしている。

支援活動をしていた時、私がはっとさせられた言葉がある。支援先の小学校を選定している時だった。それは、

「チャンスを平等に」というIVYの方からの言葉だった。子どもたちのチャンスを平等に。思い入れや偏見等で決めることではない。状況、環境は不均等であるとしても、チャンスだけは平等にしなさい、ということだった。

私は、IVY youthカンボジアプロジェクト部門の副リーダーになった。「かわいそう」という気持ちで国際協力をするな、とたくさんの人に言われてきた。感情で動くな、考えて動け、と。このことをわかった上で、そういう気持ちがなければ活動はできない、とも考える。中学の時に感じた思いが、現在このように行動に表れている。今までたくさん泣いてきたし、何度も挫折し、傷ついた。しかし、すぐに立ち上がりまた真っ直ぐ歩けるのは、大きな原動力であるアフリカの青年の話が私の中にあるからだと信じている。

自分にこんなにも目標を与え、人生を前向きにしてくれた、グローバル教育に出会えて本当に良かった。

鴫原 麻里奈　（しぎはら まりな）
1994年生まれ、仙台市出身。宮城県仙台東高等学校英語科卒業。現在、東北学院大学文学部英文学科在籍。モットーは初志貫徹。趣味は映画鑑賞と世界のキャンドル集め。ラーメン屋さんを探すことが好き。

（2014年11月現在）

4. 新科目実践（学校設定科目）

（1）学校設定科目の設計と評価をめぐる教師の意識と問題点

　我が国では高等学校において、学校の特色や教育上の必要から学習指導要領にない教科や科目を学校独自に設置することができる[1]。学校現場の多忙化や管理体制の強化による事務仕事の増加等、グローバル教育をなかなか自由に実践できない状況にあっても、国際関係の学校設定科目であれば、授業担当者は継続的な実践が可能となる[2]。事実、私が全国の国際理解に携わる高校教師を対象に実施したアンケート調査によると、国際関係の学校設定科目を開講している学校の担当教師は、その科目こそが重要なグローバル教育の「実践の場」と捉えていることがわかった[3]。

　学校設定科目は形式上学校が設定主体者となるものの、実際には学校全体やチーム等でその開発に当たることは稀であり、担当者個人の主体的な設計や自律的な実践に負うところが大きい。教師にカリキュラムデザイン力があれば、地球市民に必要な資質や能力の育成を掲げた授業開発・運営が可能であるが、そうでない場合は困難が生ずる。教師の十分な準備や入念な情報収集、長期的な自己研鑽やスキルアップが要求される。

　これまでの調査の結果、多くの国際系の学校設定科目において、既定の教科書や既存のマニュアルが存在しない中で、担当者が苦心しながら独自に授業設計や教材作成・研究をおこない、実践していることがわかった。「設計はかなり流動的で担当者判断でおこなっているが、準備が大変である」というコメントに表されるように、授業準備と教材研究に膨大な時間とエネルギーが費やされる点は、グローバル教育実践者に共通の最大の悩みとなっている。

　また、評価に関しても、未開発部分が多く残されている。他教科では定期試験の成績が大きな比重を占めるにもかかわらず、グローバル教育の場合は定期試験を実施しない方法が主流となる。しかし、グローバル教育の

教育課程への定着と継続的実践には、明確な目標設定とそれに照準した適切な評価実施の検討は不可避である（詳細については、石森広美『グローバル教育の授業設計とアセスメント』[学事出版、2013年] を参考にされたい）。

(2) 学校設定科目の事例

　学校独自の科目として、どのような実践がおこなわれているのだろうか。ここで、私が2010〜2011年に実施した調査に基づき、5つの高校の学校設定科目の事例を紹介しよう。

　A校は学科としてグローバルコースを設置している。グローバルコース第2学年の必修科目として「国際協力」を開設し、グローバルコース（1クラス）の生徒全員が受講している。第1学年の必修科目「国際的人権」を土台とし、第2学年では、「国際協力」として、人権尊重や国際理解、国際支援を具体的な活動として実施する。「国際的人権」では、行事を中心に組み立て、体験的な学習を重視している。また、「国際協力」では、フェアトレード商品の販売活動をおこない、具体的な行動や活動を通して問題を考えられるように配慮されている。複数名の担当者がおり、主に地歴公民科の教師が中心となる。

　B校の「国際理解」は、第3学年の地歴公民科の選択必修科目として設定されており、例年40名前後が選択・受講する。この授業の特徴的な点は、ワークショップ等で問題を体験させ、実感させ、その後で知識を整理させる手法である。さらに問題解決法を模索するよう奨励し、生徒に自らの見解や姿勢をまとめさせることにある。小論文指導とも連動する手法である。事例に具体性を持たせながら、地球規模の問題を考えさせている。授業時数も同時展開の他の地歴公民科目と同等の週4時間が配当されている。

　C校の「異文化の世界」は、第3学年の地歴公民科の選択科目として設定されている。情報や通信に関連するスキルであるICTに力を入れ、現地（外国）と結ぶWeb交流授業やビデオカンファレンス、動画クリップを随時活用しながら異文化理解アプローチから問題に迫ると同時に、交流の

楽しさを体験させている。社会科の授業であっても、交流授業の媒体言語としてしばしば英語も取り入れる点が特徴的である。

　D校の「国際理解演習」は、商業高校の国際ビジネス科第2学年の必修科目（英語）として設定されている。地域理解や地域からの発信を重視しており、メディア学習と時事英語学習を通して、地元のことを英語で世界に発信できる力の養成を目指している。英語科の科目として設定されているが、国際ビジネス科の特色を示す科目として、商業科教師とのティームティーチングで授業が展開されている。プレゼンテーション方法や情報機器活用等の実践面の指導を商業科の教師が受け持つ点に独自性がある。

　E校は定時制であり、総合学科・単位制で多くの選択科目を設置している。「国際理解」の授業もその1つで、第1学年から第4学年まで繰り返し履修が可能である。選択者は毎年約20名で推移し、多様な生徒が混在している。異文化理解ゲーム、貿易ゲーム、ロールプレイやフォトランゲージ等、生徒同士が話し合える教材を多く取り入れ、意欲を引き出そうとしている。また企画に合わせて年2、3回、校外学習として「JICA地球ひろば」へ見学研修を実施している点が特徴的である。

　他にも注目すべきものとして、兵庫県のF高校では、「多文化共生」をテーマとした学校設定科目が設置されている例がある。担当教師自身が在日韓国人であり、その視点を生かして地域の多文化化や共生、在日韓国人のコミュニティに焦点を当てている点が特徴である。自らのバックグラウンドを活かし、より具体的な社会問題にリアルにアクセスすることを可能にしている例といえよう。

　このように、グローバル教育を軸とした学校設定科目の態様は様々である。基本的に、教師が明確なねらいと目標を持って授業設計し、それに沿って生徒が学び、成果を出せるよう支援し、その学びを適切に見取る（評価する）ことができていれば、多様な実践が認められてよい。

　学校設定科目の運用には教師の力量に依るところも大きく、授業設計や準備、評価等たいへんな面はある。その一方で、授業担当者は時間割の中で安定的に、生徒の継続的なグローバル学習を実現できる意義は大きい。

(3) 授業設計のポイント

　英語科におけるグローバル教育の授業として、私は前任校において学校設定科目「グローバルシチズンシップ (Global Citizenship, 以下GC)」を開発し、2010年度に開講、2013年度まで4年間担当した。

　GCの授業設計にあたっては、「知識・理解」「技能・スキル」「姿勢・態度」というグローバル教育の目標領域を支柱とし、重要テーマ（平和、人権、公正、多文化共生、貧困問題、環境問題、持続可能な開発等）をできる限り幅広く盛り込むようにした。英語で書かれたニュース、国際NGOの資料やグローバル教育実践に蓄積のある英国の教材等を利用して学習項目を組み立て、ワークシートを作成した。授業では、最初に情報（素材）を提供し[4]、探究を促すタスクを与え、毎時間グループ活動を取り入れ、全体で意見交換や発表をさせた。まさに、アクティブ・ラーニングそのものである。

　教え方・学び方は、授業の良否を左右する要因ともなる。GCでは教師がファシリテーターとなり、生徒の知識を拡充しつつ、鍵となる質問や適切なフィードバックを与え、話し合いを通して考えさせ気づかせる生徒参加型の授業を展開する。高等学校ではこのような学び方が少ないため、生徒たちは非常に関心を持ち、議論が授業後まで続くことも度々あった。その結果、生徒の意識が研ぎ澄まされていった。この点に関する具体的な内容、生徒の意識の変化や学び等については、本書でも詳述している通りである。

　では、国際関係の学校設定科目を創設する際、留意すべき点は何だろうか。

　具体的なグローバル教育の設計および実践の段階においては、その枠組み設定が不可欠となる。グローバル教育の目標は一般的に図2のような「知識・理解」「技能・スキル」「姿勢・態度・価値観」の3領域から構成される。したがってカ

図2　グローバル教育カリキュラムの目標構造

表6 2010年度グローバルシティズンシップ（GC）概要

概　　要
学習のねらい ①地球市民として視野を広げ、自覚と責任を高める。 ②地球市民に必要な知識・理解（社会的公正、多様性、相互依存性、持続可能な発展、平和・対立等）を深め、地球市民に必要なスキル（思考力、他者への敬意、交渉力等）・価値観と態度（セルフエスティーム、多様性の尊重、環境への配慮等）を身につける。 ③英語で地球的な課題について情報を得て、自分の意見を英語で発表するコミュニケーション力を身につける。
授業で身につけたい力 　思考力、ディスカッション力、コミュニケーション力、問題解決能力、チームワーク、多角的視野等
学習形態 ①講義（大切なポイントの説明） ②ゼミ形式（生徒同士の意見交換、ディスカッション、自らの意見をまとめ述べる、他者の考え方に触れる） ③参加型学習（アクティビティ・ワークショップ・グループ学習・ピアティーチング） ④プレゼンテーション（自らの意見や調べたことを発表・発信する）
学習のアドバイス ①積極的に授業に参加し、自ら考え、意見を述べること。 ②他者の意見に真剣に耳を傾け、それについてよく考え、自らの意見を整理すること。 ③地球市民として自分がどのようにあるべきか、常に振り返ること。
使用教材 　オリジナル教材（全員、A4サイズのクリアファイルを用意し、授業で配付された資料や自ら調べたこと等をポートフォリオする）
評価方法 　筆記試験、レポート、プレゼンテーション。授業で使用するワークシート、課題への取り組み、活動の様子、ディスカッションへの参加、ポートフォリオ等も総合して評価する。

単　元　名	学　習　内　容
Introduction ／ Social justice ／ Human rights ／ Diversity ／前期中間考査	グローバルイシューとは／格差について考える（『世界がもし100人の村だったら』等）／人権について・子どもの権利／多様性・多文化共生
Globalization and interdependence ／ Fair/Unfair ／ Value and respect for diversity ／ Gender ／前期期末考査	グローバリゼーションと相互依存（例：ケータイ電話をめぐる問題）／フェアトレード／多様性の尊重、異文化寛容、偏見に気づく／ジェンダー問題
Sustainable development ／ Environmental issues ／ Global issues（MDGs）／ Peace and conflict ／後期中間考査	持続可能な発展、持続可能な社会とは（例：ESD、パーム油の問題）／環境問題について考える（水問題、地球温暖化、絶滅危惧種等）／ミレニアム開発目標／対立から学ぶ、平和的解決方法
Self-initiated project ／ What is a global citizen?／後期期末考査	プロジェクト発表（課題研究）／ローカルとグローバルをつなぐ諸問題を掘り下げ、グローバルシティズンとして自らがすべきことについて考え、発信する。まとめ：グローバルシティズンとは？／自分の役割とは？

リキュラム開発もその点に配慮しておこなう必要がある。

　知識の獲得はグローバル教育の１つの要素に過ぎず、スキルの上達や自分自身の態度・価値の探究を伴うもの、あるいはそれらと統合されたものでなければならない[5]。授業設計においては、前述の３領域がバランスよく組み込まれていることが望ましい。

　次に具体的な作業手順についてみてみよう。

　まず、授業者が授業設計の際に最初にすべきことは、授業の目標を定めることである。すなわち、期待される成果の設定である。これは授業後におこなわれる評価項目や成果を測る指標としての役割も担う。

　下記の図で確認していただきたい。

　図３の「アセスメント（成果として何を示すか）」は、目標項目に沿った学びの証拠となる情報収集、評価活動である。ポートフォリオ、ワークシート、パフォーマンス、参加姿勢、発言等多岐にわたる。

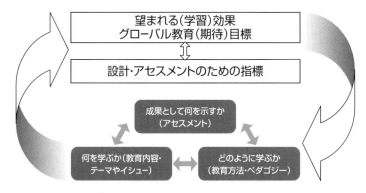

図３　授業デザインとアセスメントの三位一体モデル
出典：石森広美（2013）『グローバル教育の授業設計とアセスメント』学事出版、p.117

　また、授業の目標は、教育内容、教材等（何を学ぶか）を規定し、学習形態や活動、教授・学習方法（どのように学ぶか）を選択する際の指針として機能する。グローバル教育では、内容論のみならず、教える・学ぶ方法が学びに大きく影響を及ぼすため、授業の方法にも工夫が必要である。

　具体的なイメージは、生徒中心でプロセス重視であり、参加型である。

従来の授業（左側）と比較して、グローバル学習は次のような点（矢印の右側）に特徴がある（表7）。

表7　グローバル学習の特徴・ポイント

・教師中心	⇒ 生徒（学習者）中心
・講義形式	⇒ 生徒の参加型学習
・一斉授業	⇒ 生徒の協同学習
・教え込む	⇒ 生徒の気づきを促す
・知識を与える（知識重視）	⇒ 考えさせる（思考力重視）
・結果を重視	⇒ 思考の過程・学びのプロセスを重視
・「教える人」としての教師	⇒ 「ファシリテーター・コーディネーター」としての教師

教材を先に用意し、とりあえずやってみる、というスタイルを漫然と積み重ねても、何を目指した授業なのか学習者が把握しにくく、教える側にも学ぶ側にも混乱が生じる。「このような生徒を育てたい」「グローバル教育によってこのような資質を身につけて欲しい」と望まれる諸能力や目指すべき資質を具体的に描くことが、授業開発・設計の出発点となる。

阿部和彦氏は、自身が開発した「国際理解」（地歴公民科）という学校設定科目について、その目標を「地球規模の諸問題に自分も関わっていることに気づき、地球の一員としての責任意識を持って問題解決に向かう姿勢を養うこと」とし、ポイントを次のように紹介している（表8）。

表8　仙台白百合学園高校「国際理解」授業設計のポイント

「国際理解」の授業の内容・取り扱う素材	・時事問題を通して、人権・環境・平和等の地球的課題を知る ・身近な"モノ"や"食べ物"を通して、自分と世界のつながりを知り、世界の相互依存関係を考える
方法論	参加型学習、次の学習サイクルを意識 1 読む・見る・体験する ⇒ 気づき・問題意識 2 調べる・知識を整理する・図解する ⇒ 問題構造の理解、問題の発見 3 解決方法を考える・議論する ⇒ 問題解決方法の発見 4 発表する・書く ⇒ 伝達・共有 5 行動する ⇒ 解決の実現に向けて
評　価	多様な方法を取り入れ、知識の定着度だけでなく、問題の構造を知る力、資料読解力、批判力、問題解決能力等を総合的に評価する

育てたい生徒像を明確にし、授業で取り扱う内容や方法を吟味・工夫することにより、グローバルな諸課題を他人事とせず、問題解決の可能性に対する肯定的な意識を育てている。

ディスカッションで思考力を高める（GCの授業、2013年）　生徒主体の参加型学習でたくさんの気づきを得る（GCの授業、2013年）　生徒に図解させたり前に出て説明させたりする参加型の授業（仙台白百合学園高校「国際理解」、2014年）

(4) 課題

　国際関係の学校設定科目では、系統的にグローバルな問題を扱うことができ、断片的な実践を積み重ねるだけよりもはるかに教育効果がある。課題発見・解決能力の育成が叫ばれる現在、このような探究的な学習はますます推奨される。今後、高校のグローバル教育の1つの方向性として、学校設定科目の新設がもっと検討されてよいのではないだろうか。

　しかし、いくつか課題もある。まず、教師のカリキュラムデザイン力とアセスメントリテラシー、そして実践者育成の問題である。当該科目を設計し、カリキュラムとして持続的に位置づけられるためには、そうした資質を持った教師が養成されなければならない。また、担当者が替わっても理念や方法、内容等が継承される必要がある。教材やアイディア、技術の共有化を図るための努力が求められる。そして、すべての土台として、教師自身の情熱、意欲が不可欠であることは言うまでもない。

　次に、学習の継続を支援する体制作りの問題がある。生徒の学びが一過性のものに終わらないよう配慮したい。生徒の中に芽生えた問題意識や関心を、消滅させることなく持続・発展させるカリキュラムが求められる。

　学校設定科目担当者は多くの場合、校内で一人であり、その運営を「任される」ため、孤独になりがちである。授業の目標、意図される成果、それを確認するための評価等について複数の教師で意見交換する機会があるとよい。そして、アイディアを共有し学び合うために、全国のグローバル教育関係者と積極的につながることを勧めたい。

《注・参考文献》

1 文部科学省(2009)『高等学校学習指導要領解説総則編』35-36頁。学校設定科目の名称、目標、内容、単位数等については、その科目の属する教科の目標に基づき、各学校の定めるところによるものとされている。文部科学省(2000)「高等学校学習指導要領並びに中等教育学校及び併設型中学校・高等学校の教育課程の移行措置の解説」http://www.mext.go.jp/a_menu/shotou/ikkan/3/990601.htm (2011年7月1日アクセス)
2 学校設定科目の目標や内容は、「その科目の属する教科の目標に基づき」定めること(総則第2款の4)とされている。学校設定科目独自に目標と内容を有しつつ、その科目がどの教科の科目として設置されるのか「高等学校教育の目標及びその水準の維持等に十分配慮」しなければならない(総則第2款の5)。
3 石森広美(2013)「高等学校における国際教育実践に係わる教師の認識と実践上の課題」『東北教育学会』研究紀要第16号、1-14.
4 これまで、「子どもの権利条約」や「世界がもし100人の村だったら」、「ミレニアム開発目標」、フェアトレード、携帯電話の部品を形成するレアメタルを取り巻く問題や児童労働、パームプランテーション等のグローバルイシューに関する英文資料を提示した。
5 Pike, G., & Selby, D. (1988) *Global Teacher, Global Learner*. Sevenoaks: Hodder & Stoighton.〔パイク, G.・セルビー, D.著、中川喜代子監修、阿久澤麻理子訳(1997)『地球市民を育む学習』明石書店〕

180度、違って見えたこと

山城 拓磨

教師と学校への不信

中学生だった頃、明るく、友達もたくさんいる普通のサッカー少年だった自分は、人生で初めていじめを受けました。今考えてみると、ただのしょうもない小さな悪戯だったのかもしれません。いじめられている友達を助けると自分がいじめられる、いわゆる、いじめ回しです。

1週間は耐えることができました。でも、2週間目ついカッとなってしまい、その子たちを思い切り殴ってしまったのです。いじめというものは目に見えないものですが、相手に傷をつけてしまった瞬間から、暴力は誰の目にも見えるようになるのです。

後日、職員室に呼び出されました。すると、悪いのはすべて、自分ということになっているらしいのです。

「いや、おかしい。こっちはいじめられていたんだ」

自分は冷静に説明しましたが、先生は一向に聞く耳を持ってはくれませんでした。その時から自分の憧れであった「教師」のことを信用できなくなってしまったのです。そうして、少し心が荒れていってしまったのかもしれません。学校に行っては喧嘩をし、友達を殴り、自分の気に食わないことを周りから消すという作業が始まりました。気がつくと、周りが自分を見る目は、とても冷やかでした。

ラストスパートで受験に成功し、念願の公立高校に進学することができた自分は、今までの行為を反省し、新しく自分の夢を追いかけようと決心しました。幸い、友達にも部活仲間にもクラスメイトにも恵まれ、充実した高校生活をスタートさせることができました。でも、教師への不信感だけは、ある種のトラウマになってしまっていたようで、そう簡単に変えることはできませんでした。

震災と新たな授業の始まり

1年が過ぎようとしていた3月11日、東日本大震災が起こりました。家族、親戚はみんな無事だったのですが、何人もの友達が亡くなりました。学校が再開したのはとても遅れてのことです。

2年生になった自分たちは、必修科目のほかに、自分たちで学びたいもの

を選んで学習する選択科目を選ばなければなりません。その中でも、自分が一番心惹かれた授業があります。

授業の名前は「GC（Global Citizenship）」です。日本語に直すと、「地球市民性」となるのですが、何のことだかさっぱりわかりません。この授業の担当の先生こそが石森先生、高校で自分の「教師不信」を払拭してくれた先生でした。

最初はそれほど興味がわかず、ボケーっとしていた自分ですが、あるとき転機が訪れます。それが、子ども兵士や紛争といったテーマを学んだ時です。授業を受けていくうちに、想像力のようなものが育っていきました。自分より小さな、弟のような子どもたちが銃を持って戦うことはあってはならない、と感じました。また、子ども兵が多く存在するシエラレオネでは「平均寿命が34歳」であると知り、「自分はもう、人生の半分が終わってしまったのか」と考えたりもしました。普段は想像もしないことを想像し、世界の問題を知ることで、自分の視野がどんどん広がっていくことが楽しくて仕方がありませんでした。

これまでの授業や勉強とはまったく違っていました。決められた答えはないのです。自分の考えに基づいて意見を述べ、仲間とシェアし、発表する。今どきの高校の授業には珍しい「参加型」で自分たちが中心となる授業であったために、どんどん興味が出てきました。授業では、自分もリラックスして、たくさん意見を言っていました。

そうして、2年生の自分は世界を広げ、どんどん前向きになっていった気がします。授業では先生がよく自分をほめてくれました。ちょっとでも発言すると、「なるほどね！」「おもしろいね！」「よく気づいたね！」「成長したね」と言ってくれるのです。自分に少しずつ自信がついていくのを感じました。

2年生限定の科目ではありましたが、この授業を通し、今まで見えていなかった大事なものが見えたような気がしました。この授業をとって学習したことにより、人生が180度変わったといっても過言ではないほどの影響を受けたのです。いえ、間違いなく180度変わったのです。

山城 拓磨（やましろ たくま）
仙台市出身、仙台東高校英語科卒業。現在は、関東地方で一人暮らし。趣味はサッカー。料理が得意。

（2013年11月現在）

新しい授業が開いた扉

竹内 花音菜

　私は今、大学の映像演劇学科に通いながら、「人間に生まれたのなら、人間らしく生きたい」をテーマに舞踏作品を作っています。

　仙台白百合学園の学生時代、特に影響を受けた授業があります。それが「国際理解」の授業です。

教科書を超えた世界への扉

　「国際理解」という授業は、教科書の枠組みを超えた世界の「いま」を、1つの資料に執着しない授業展開で、テーマごと、基本的な予備知識をさらに膨らませた文献や映像資料、見たこともないようなグッズや教材等も使い、毎回バラエティに富んでいました。自分の住む国がどんな文化や技術を持っていて、どのように世界と関わっているのかを知ることができ、当たり前だと思っていた毎日の中に世界とのつながりを感じることができるようになりました。

　さらに、世界中の人がもっと幸せになるために、自分は何ができるんだろうと考えるきっかけにもなりました。

どんな意見も真剣に受け止める

　意見交換やディベートを通して、自分では思いつかない考え方や発想に触れることができるのも、この授業の魅力だと思います。原発に関する授業では、日本と同じく原発に頼る国、原発と自然エネルギーのどちらかを選べる国、原発は使わずバイオマスエネルギー等の再生可能エネルギーを推進する国等の予備知識をもとに、賛成・反対に分かれてディベートをしました。ちょうど福島第一原発の事故直後だったので、盛り上がり、それぞれの意見に説得力がありました。「原発を船に乗せて危険になったら地下深くのシェルターに突っ込む」等の斬新な意見もありましたが、「無理に決まっている」ではなく「可能にするためには何が足りないか？」「デメリットは？」と掘り下げて考えるように先生が促してくださったのを覚えています。すぐに「くだらない」などと意見を切り捨てるのではなく、良い面と悪い面を考えておき、話し合うことで、より良い意見を生み出す力が身につくのだと思います。また、あり得ないと思っていたやり方が実は可能で既に実践されていることもあったので、どんな発想にも可能性があるんだなと知ることができました。

新しい習慣

　常にいろんなことに疑問を持ち、自分で

考えるだけでなく他の人の意見を聞くようになったのは、自分にとってとても実りのある習慣となっています。知識欲は溢れていても、知らないことが余りにも多すぎて、どこから手をつけて良いのかわからず、つまらない毎日を過ごしていると感じる学生は多いと思います。この授業を通して、教科書に載っていない現代社会の生の情報に触れ、問題解決に向けたリアルな意見交換をすることによって、自分も社会の一部であることを知りました。誰かがやる、という他人事ではなく、自ら行動を起こすことが大切なのだと学ぶことができました。一般的な授業で学んだことを両親や友人に話しても、ただの報告になってしまいがちですが、「国際理解」の授業で話し合ったことは、いつ話題に出しても新しい意見が次々に出てくるのが面白かったです。

大学生になると、研究している教授や社会で活躍する方々と話す機会が増えます。常に自分の意見と新しい発見が求められますが、自分は他の学生に比べてその点の力が強いなという実感を得ています。意見が違ってもすぐに反発するのではなく、一度距離を置いて確認するためにはどうしたらいいのか…と2歩、3歩先まで考えて意見を出し合うことができます。この力は、自分を大きく見せるためではなく、自分が大きく成長するために必要だと思っています。

生き方につながるもの

どんな職業であれ、常に社会と密接に関わっている「私たち」は、その社会についてあまりに無知であると思います。メディアに流されるのではなく、客観的に社会を見ることを学ぶ機会がもっと増えれば良いと思います。

私は「国際理解」の授業を通して、多くのことを学びました。ただ知識を増やす授業ではなく、深く考える力と、人生につながる価値観を身につけることができました。このような授業が、広く一般的になってくれたら嬉しいです。自分を表現する場は人それぞれです。私は芸術の道を選びましたが、学びを生かす場はいろいろあると思います。人の心に訴えかける作品を作ることは、私にとって生き甲斐だと思っています。観客を一瞬引き寄せることは簡単ですが、その人の生き方に新しい概念や視点を加えてもらえるような作品を作りたいと思っています。

竹内 花音菜 （たけうち かおな）
1993年生まれ。仙台白百合学園中学校・高等学校出身。現在、多摩美術大学造形表現学部映像演劇学科。演劇を通して何かを表現することが好き。

（2014年5月現在）

5. 総合的な学習の時間と探究的な学習

(1)「総合的な学習の時間」と探究的な学習

「総合的な学習の時間」（以下、総合学習）は、「変化の激しい社会に対応して、自ら課題を見つけ、自ら学び、自ら考え、主体的に判断し、よりよく問題を解決する資質や能力を育てることをねらいとすることから、思考力・判断力・表現力等が求められる「知識基盤社会」の時代において、ますます重要な役割を果たすもの」[1]であるとされる。

総合学習の開設は、グローバル教育や国際理解教育の実践者に歓迎された。2002年の学習指導要領の改訂によって、「生きる力」と連動して総合学習が導入され、福祉、情報、環境教育に並んで「国際理解」がその柱の1つに例示されたことを機に、徐々に学校現場に浸透するようになった。

一方、こうした教育が効果的に進行していないという声も実践者の中から多くあがった。その理由の1つは、実際には総合学習の主要テーマに、「国際理解」があまり積極的に取り上げられていないことである[2]。中学校や高校では主に学校行事や進路指導の時間として利用されるとの報告が多く聞かれた[3]。

上記のことから、カリキュラムとして正式に位置づけられている総合学習をいかに活用するかが、グローバル教育や国際理解教育を進める1つの鍵となる。

学校全体で系統的な取り組みがなされれば、より教育的効果が高い。例えば、秋田市立秋田商業高等学校の「ビジネス実践」での取り組みは興味深いものである。同校では、総合的な学習の時間を活用して実施する学習活動を「ビジネス実践」と呼び、ビジネス関連の活動を体験する商業系総合体験学習を展開している。学校全体を総合商社に見立て、全校生徒、職員が各部・各班に分かれて商品の企画・開発・市場調査・仕入れ・販売・会計処理等の体験学習をする。その組織の中に「国際協力課」もしくは

「ユネスコスクール班」が設置され貧困の連鎖や世界の飢餓状況について解説したパネルを作成したり、フェアトレード商品を仕入れて販売したり、学習活動に加えてボランティア活動等を積極的に展開したりしている。こうした活動を通して生徒の国際的な教養や地球市民意識が高まり、小さなことでも自分にできる協力をおこなう意欲が育ったという[4]。このような学校の特質を活かした実践は機能的であり、生徒の専門分野の学習意欲も相乗的に高まるものと思われる。

　他方、探究的な学習が重視されてきたことによって、各学校が研究テーマを設定し、年間を通して系統的に学習するケースも増加している。2002年に、理科・数学教育を重点的におこなうスーパーサイエンススクール(SSH)指定事業が開始されて以降その傾向が強くなり、さらには2014年にスーパーグローバルハイスクール(SGH)事業が導入された際には、「課題研究」が重点的取り組みの1つとして明示されたことにより、その指定校のほとんどにおいて「総合的な学習の時間」に課題研究に取り組む実践がみられた。SGHにおける課題研究の実践の蓄積が、グローバル教育のGood Practice(良い実践)として広く共有されることを期待したい。

　私の勤務する仙台二華高等学校もSGH指定校として、5年間(2014〜2018年度)にわたり「世界の水問題解決への取組」[5]を学校の研究テーマとして系統的な課題研究がおこなわれ、指定終了後も継続されている[6]。

　2020年度から始まる学習指導要領では、「生きる力」の継承とともにその具体化と「主体的・対話的で深い学び」の実現に向けて、全体を通して探究が重視される。そして、高等学校においては「総合的な学習の時間」が「総合的な探究の時間」に変わる。知識基盤社会においては、生徒が探究的に学ぶ場となる「総合的な学習の時間」の存在意義は、依然大きいものであろう。これまで一般的には、「総合的な学習の時間」には、分断的に様々な取り組みがおこなわれてきた経緯があるが、グローバル教育の展開の場として探究的な要素を入れ、系統的にこの時間をうまく活用し、課題発見・解決能力、論理的思考力、コミュニケーション能力等の資質・能力の向上を目指したいものである。

ここでは、すぐにでも計画に取り入れ、応用可能な4つの実践例（外国人講師を招いての座談会・パネルディスカッション、国際ゼミ、模擬国連、ケース・メソッド）を紹介したい。それに引き続いて、阿部和彦氏の地域を踏まえた実践例を紹介する。

(2) 事例Ⅰ 外国人講師を招いての座談会・パネルディスカッション

　多文化共生の視点から、また地域の関係機関との連携の面からも、地域の人材を活用し、県内在住の外国人を学校に招いて国際理解に関する講座を企画することは有意義である。実際に自分たちの目の前に複数の国々の方がいて、居住地域での暮らしについて語りかけられることによる説得力は大きく、多文化共生について考えるきっかけとなる。

　地域のリソースとして、多文化共生を推進し、県民・市民主体の国際交流の活発化を目指して活動をおこなう財団法人が提供するプログラムは利用価値が高い。宮城県の場合は宮城県国際化協会、仙台市の場合は仙台観光国際協会が外国人講師の派遣プログラムを実施している。例えば、宮城県国際化協会の場合、アジア、ヨーロッパ、ラテンアメリカ諸国、アフリカ等、40か国約80名が講師登録をしている。国際交流員、留学生やその家族、日本人の配偶者等、在住理由や在住期間、出身地も様々である。講師のみなさんは母国を知って欲しいという熱意にあふれ、日本の学生のことも知りたい、という意欲的な方々ばかりである。また、日本語も流暢なので、基本的に言葉の心配もいらない。

　お勧めしたいのは、出身大陸や性別等が異なる3名に来校いただき、パネルディスカッション・座談会形式の講座を実施する形態である。一方的になりがちなレクチャーではなく、多様な文化や価値観に触れながら講師の生き方に迫りつつ話を進めることによって、生徒の自文化省察を図ったり、キャリア教育に結びつけたりすることができる。ここに、学校側から司会をする教師（ファシリテーター役）、パネリストとしての教師代表1名、パネリストとしての生徒代表1～2名を登壇させれば、より深みが増し、

面白い。そうすることにより、講師が自分たちに向かって一方的に語るのではなく、講師と自分たち側の代表が話し合うことにより、観客である生徒に一体感や連帯感、参加意識が生まれる。

　私はこれまで勤務した学校でパネルディスカッション・座談会を提案・企画し、何度もファシリテーターを務めた。ファシリテーションの成否は、座談会の成否を握る。外国人講師との巧みなキャッチボールが求められる。まず私は、名前、現在の職業（学生の場合、どの大学で何を勉強しているか）、日本在住歴、趣味等を講師の母国語で話してもらうことからスタートする。そこで、生徒は未知の言葉が次々に聞こえてきてざわめき、好奇心いっぱいの表情を浮かべている。ファシリテーターは「今のは何語でしょうかね…？」などと言って雰囲気を盛り上げる。そして、一通り講師の母語による挨拶が終わると、「では、今、何て言ったのか、同じことを日本語で話してもらいましょう」と言って、マイクを渡す。すると、生徒は「日本語話せるの？」「日本語うまい！」などと反応を示しながら、驚いて聞く（多様な英語に触れさせる意味で、途中に英語を挟むのも良いだろう）。次に、「先程は何語で話していましたか？」と講師に質問しながら、講師の出身国について自然に少しずつ触れていくようにする。そして、日本に来た経緯や現在のお仕事等について、自己紹介で言及された点を膨らませながら、進行していく。もちろん、ファシリテーターを務める教師は、もし講師の出身国についてよく知らなかったならば、事前に地図で場所を確認し、気候や宗教、言語等の基本的な予備知識は用意しておきたい。

県内在住外国人講師を複数招いての座談会（左写真：宮城県小牛田農林高校、2006年、右写真：仙台東高校、2013年）

ここで留意したいのは、単なる「お国紹介」にならないよう、企画側が狙いを明確にし、あらかじめテーマを設定し、それに沿う質問（キー・クエスチョン）を用意しておくことである。できれば、事前に講師に企画の趣旨を伝えるか打ち合わせをしておくとよい。外国人講師は小学校での国際理解授業において「国旗紹介」「料理」「ことば」「首都」「気候」「人口」等、地理学習に近い内容でおこなっている場合が多く、こちらから何も伝えないと同じような展開に陥ることがある。もちろん、その国の基礎的な情報を伝達し、一定の知識を持たせることも大切である。しかし、それらはインターネットや資料集でも知り得る情報である。せっかく生身の人間が来てくれるのだから、その人からしか聞くことのできないライフストーリーを中心に展開するようにしたい。そうすることにより、生き方教育やキャリア教育へと発展し、より深みのある教育プログラムとなる。

　また、小・中・高校では児童・生徒の発達段階も大きく異なる。外国人講師は教育のプロではない。年齢に応じたテーマの設定や内容等は、教師側が考えるべきであり、講師に丸投げすべきではない。人口や面積等の数値は、聞いてもすぐ忘れる。しかし、その人の体験に基づく意見や思い等は、印象に残る。そして、生徒たちが何かを考えたり、自らを振り返ったりする機会になる。方向性を見定めれば、これは異文化理解、国際理解に加え、進路指導やキャリアガイダンスとしても機能するのである。

　表9は、1コマの授業でおこなう場合のプラン例である。2コマ連続の時間を確保できるならば、次のような展開が可能である。1時間目を学年全体で複数の外国人講師によるパネルディスカッションを実施する（プログラム例の通り）。2時間目は各クラスに外国人講師1名ずつを投入し、教室でクラス交流会を展開する方法である（次頁写真参照）。広い講義室や体育館等で離れた場所に講師が座っていた光景とは異なり、自分たちの教室に外国人講師が入り、至近距離でコミュニケーションをとることができる。講師からじっくり話を聞いてもよいし、講師の国の文化紹介や体験、例えば、音楽や踊り、民族衣装着用等の参加型のアクティビティをおこなってもよい。その場合、プログラムの流れを事前に講師に伝え、何か文

表9　外国人講師派遣事業を活用したプログラム例

総合的な学習の時間「国際交流会」〈仙台在住外国人講師を囲んで〉
プログラム計画（50分） ＊ねらい：異文化理解を深めるとともに、講師のライフストーリーや体験を通して、自国文化や自己を客観的に見つめる視点を養う。 ＊形　態：県在住外国人講師3名、ファシリテーター1名の4人によって進行。さらに、生徒代表や教師代表を1、2名加えてもよい。 **プログラム案 流れ** 　　5分　ファシリテーターによる趣旨説明とアイスブレイキング 　　　　　外国人講師によるそれぞれの母語での簡単な自己紹介（雰囲気作り） 　　　　　⇒ 同じ内容を日本語でしてもらう（英語を加えてもよい） 　　10分　文化紹介 　　　　　それぞれのお国の面白い文化、祭り、風習等を簡単にプレゼンテーションしてもらう（○・×クイズ形式、体験等、生徒が参加できる形が望ましい） 　　30分　座談会（進行役：ファシリテーター） 　　　　　テーマ（例）：good 日本 & bad 日本 　　　　　質　問（例）： 　　　　　・日本（宮城）に来た経緯、現在の活動、来たときの印象、最初のカルチャーショック 　　　　　・日本（宮城）のどんなところが好き（良い）、どんなところが嫌い（悪い）と思うか？ 　　　　　・日本（宮城）と出身の国（地域）を比較して、大きく違う点・似ている点（文化、人付き合い、考え方、振る舞い、生活様式、志向、食べ物等） 　　5分　まとめ・質疑応答 　　　　　グローバル社会で生きる高校生への一言メッセージ・アドバイス 　　　　　教室に戻り、振り返りシート記入（シートは事前に配付しておく） **注意点**・表面的な異文化学習（単なる「お国紹介」やめずらしいグッズ紹介）に終わらないようにする 　　　　・内面的な問題や自己の省察につながるよう配慮する

化紹介できるもの（食べ物、衣装、楽器、写真、音楽CD、クイズ等）を用意し、持参していただくとよい。

　私が以前実施した時、ブラジル出身の講師は、サンバの衣装セットとCDを持参してくださり、サンバの音楽をかけながら、サンバの踊り講座を実施した。男子は恥ずかしそうにしていたものの、女子はノリノリで講師と一緒に輪になって踊った。また、インドネシア出身の講師は、民

自分のクラスに外国人講師が来るとより身近に感じられる（小牛田農林高校、2005年）

族楽器アンクルンを複数持参してくださった。これは、インドネシアの竹製の打楽器で、長さの異なる竹筒を振ると音を出す素朴な楽器である。ハンドベルのように何人かで分担して音階を形成する。クラス交流会では簡単な奏法を学び、クラスで練習し、最後には合奏までたどりついた。素朴で美しい竹の音色が教室いっぱいに響き、盛り上がった。ガーナ出身の講師は、教育システムの違いを詳しく説明してくれたり、日系ブラジル人講師は、なぜ自分が日本人の顔をしているのか歴史やルーツを詳しく語ってくれたりした。また、担任の働きかけにより、生徒からの出し物（日本の駄菓子紹介、武道デモンストレーション、若者文化クイズ等）を企画したクラスもある。生徒たちは体育館から教室にマットを持ちこみ、柔道着を着て柔道の技を披露したり、駄菓子の試食会を催したりして外国人講師に日本体験をしてもらっていた。これも面白いアイディアである。

(3) 事例Ⅱ「国際ゼミ」
①宮城県小牛田農林高等学校での「国際ゼミ」[7]

　かつて5年間勤務した宮城県小牛田農林高校には、農業技術科と総合学科がある。総合学科の生徒は、「産業社会と人間」や「総合学習」において国際理解に取り組む活動を数時間組み込むようにした。中でも、事例Ⅰで紹介した県内在住の外国人の方を招いた座談会と交流会は生徒に好評であった。

　第3学年の総合学習では、様々な分野から生徒が興味・関心のある分野を選択し、研究する。この「課題研究」は週2時間設定されており、全体ガイダンスや全体発表会等を除けば、基本的に分野別に分かれておこなう。例えば、「情報」「環境」「福祉」「社会」「国語」「英語・国際」分野等がある。私は「英語・国際」[8]分野を担当した。2～3名の生徒で小グループを形成し、それぞれ世界の学校、児童労働、国際ボランティア等のテーマを設定し、調べていく。しかし、調べ学習と称して生徒を放置すべきではない。基礎知識やものの考え方を獲得させるため、夏期休業に入るまでの約3か月は「国際ゼミ」を実施することにしていた。ここで、グローバ

ルイシューについてのワークショップをしたり、データから読み取る世界について考えさせたりした。そして、研究課題設定まで丁寧なアドバイスをおこない、その後も随時、指導助言をしながら生徒の探究学習を支援していった。

国際ゼミの一端を紹介しよう。

ある時は、「貧困の輪」と呼ばれるワー

3年総合学習「英語・国際分野」の国際理解ゼミの様子（小牛田農林高校にて）

クショップをおこなった。貧困はすべてのグローバルイシューに関わる問題である。上の写真は貧困に関わるカードを、グループで話し合いながら原因→結果の順に並べ、その背景や解決方法について自分の意見を発表している様子である。

また、ある時はジェンダーについて考えた。ジェンダーとは、社会的・文化的に意味づけされた性別のことを言う。貧困や奴隷、不公正、識字率等の問題にはジェンダーが深く関わっていることから、グローバル教育においても課題の1つとして扱われている。ちょうど教育実習生が来ていた時期には、実習生の指導の一環として彼女たちも巻き込み、「国際ゼミ」を実施したこともある。

4〜6月の間は、このようなゼミ・ワークショップを積み重ね、7月には課題研究のテーマについて考えさせた。必要に応じて、夏期休業中に情報収集ができるようにするためである。

研究テーマは様々である。例えば、「世界の学校と教育制度」「多民族国家について」「世界の住居の比較」等々。ここでは、代表に選ばれ、校内研究発表会で高い評価を受けた「地域の国際化〜国際結婚から考える多文化共生社会」を紹介しよう。この発表の特徴は、グローバルな問題を地元宮城県に起こっている問題として位置づけ、具体性と現実味を持って捉えた点にある。彼女たち（女子生徒2名）は、夏期休業中に県で国際交流支援事業等を担当する日本人スタッフとブラジル人相談員にインタビューをした。さらに、より身近な地域の声として、学校が所在する町内に暮らすケ

ニアやコスタリカ出身の住民からもコメントを収集した。私は連絡調整や指導助言、および引率の面から活動を手助けした。

　宮城県の外国人登録者数の移り変わりや国際結婚率等から実態を調べ、発表ではデータをグラフで示しながらまず現状を説明した。そして、県内在住外国人相談窓口をしている外国人スタッフや在住外国人の方へのインタビューを分析し、多文化共生社会の問題点について明らかにした。総括として、多文化共生社会の実現に必要な視点をまとめ、地域の国際化の状況を理解し、互いに尊重し合うことの大切さを訴える内容である。ブラジル出身の方が言った「外国人だからって、すぐに英語で話しかけないで」ということばや、ケニア出身の方の「日本人の若者はもっと親を大切にした方がいい」ということば、またコスタリカ出身の方の「もっと勉強してください。勉強すれば未来は開かれる」ということばは、聴衆の共感を呼んだ。また、宮城県でも30組に1組が国際結婚をしているという現状には驚いていた。

　このように、単にインターネットや書籍でのみ調べるのではなく、アンケート調査によるデータ収集と分析、インタビュー調査等のフィールドワーク（実地調査）といった社会調査方法についても教え、できる限り取り組ませた。体験を伴い、社会に出て、社会と接しながら事実を明らかにしていくこうしたプロセスは、問題意識を深める上でも、社会性を身につける上でも有効である。課題探究的な総合学習は、生徒に大きな達成感と学びをもたらす。

②仙台東高等学校での分野別ゼミ「国際ゼミ」

　ここで紹介する短期集中ゼミは、高校の総合学習におけるもう1つの参考事例となろう。第3学年では小論文対策の一環として、テキストを活用し、分野別の総合学習が実施された。小論文頻出テーマに沿って、1) 生活・社会、2) 環境、3) 国際問題・異文化理解、4) 日本語・日本人、5) 教育、6) 福祉、7) 政治・経済、8) 情報・メディア、9) 科学技術、10) 医療・看護、の現代的課題10分野に分かれ、生徒はそのうちの2分野を選択す

る。担当教師はファーストラウンド、セカンドラウンド、と異なる生徒に同じ講座を2回受け持つ。

　探究学習の進行中、指導者は進捗状況を確認し、把握し、適切なフィードバックをおこなう必要がある。総合学習が生徒主体の調べ学習に委ねられたが故に、学びが深まらずなんとなく終わったというケースはよく耳にする。しかし、教師の適切な導きにより、現代社会の諸問題に関連づけた課題を発見し、問いを立て、自ら調査によって明らかにする綿密な探究学習は、教科横断的で総合的な学習を実現させ、生徒に多くの気づきを与える。この意味において、専門学科や総合学科の「課題研究」に倣って、普通科でも他教科との関連学習や生徒の個人研究を奨励すべきだと考える。生徒が主体的に設定した課題について、知識・技能の深化や統合化を図る学習や自己のあり方・生き方を考察する学習は、グローバル社会に必要なスキル養成の面からも期待される。

表10　「総合的な学習の時間」国際ゼミ6時間の流れ

テーマ	目的と内容	学習形態	資料・準備物
国際理解と分野別学習（探究活動と言語活動の充実・思考力、表現力の養成）	国際問題・異文化理解についての時事問題や現代の社会問題を知り、考察を深め、自らの意見を持ち、小論文として表現する。 1時間目 知る-1：簡単な国際クイズ、基本用語の確認。 2時間目 知る-2：現在議論されている問題（小学校からの英語教育、外国人看護師問題、外国人への参政権、多文化共生の課題等）についての意見交換・ディスカッション。 3時間目 深める：新聞記事を取り上げ、問題点を考える。問題点、実例、意見、解決策等に印をつけさせ、それについて自分はどう考えるのかを意見交換し、発表。 4時間目 考える：日本企業の英語社内公用語化について賛否両面を考える・意見交換。 5時間目 表す-1：前時の続き。自分の意見、根拠、反論に対する意見をまとめる。 6時間目 表す-2：小論文執筆。論点を明確にし、書き出し・展開・反論・まとめ。	レクチャー グループワーク グループディスカッション 意見発表 論文執筆	テキスト 『小論文頻出テーマ解説集　現代を知る』 『チェック＆ワーク』（第一学習社） 新聞記事 小論文の書き方ワークシート 原稿用紙

このプロセスにより、関連する諸問題への関心が喚起され、背景知識が増え、意見交換や考察を重ねることによって小論文を支える自らの見解や根拠、説得材料が構築されていった。こうした短期集中ゼミは総合学習における期間限定の探究的な活動の1つとして、年間計画に位置づけることができるだろう。

③仙台二華高校1年生の事例　『模擬国連』体験

　仙台二華高校第1学年の「課題研究」では、全員を対象に毎年5コマ程度、模擬国連体験をおこなっている。実際の国連の活動をシミュレーションすることで、リアリティを伴って、国連のシステムや各国とのパートナーシップを含めた国際問題や外交関係に対する理解を深めることができる。また、多角的なものの見方や21世紀に必要とされる総合的な学力が養われることが期待される。

　「探究」が重視されるなか、「総合的な学習の時間」やその代替としての「課題研究」の一環で、模擬国連を導入している学校は増加傾向にある。下記に事例を紹介しよう。

表11　『模擬国連体験』(2016年度の実践)

日程	テーマ	内容
第1回 5/17	模擬国連を体験 ―「国連弁当」―	8か国の立場で国連の事務職員の昼食メニューを話し合いで決定。自国の農作物や食文化のアピールの場になった。
第2回 6/13	模擬国連ガイダンス	前年に全日本高校模擬国連大会に参加した上級生による実体験報告と担当教員からのガイダンスをおこなった。
第3回 6/14	外務省総合外交政策局から講師を招いて	「国連や日本の外交、国際問題」の講話。 放課後は国際社会で働くためのセミナーや質問応答。
第4回 6/28	「核問題」に挑戦―核軍縮の合意形成―	8か国の立場でCTBTの全参加国批准に向けた話し合いを実施。各国の大使は自国の利益のために戦略を練って臨んだ。
第5回 7/12	本格的な模擬国連に挑む	全日本高校模擬国連大会日本代表の東大生4名を招き実施。議題「Transforming our world: Ensure access to water for all」で「持続可能な開発目標における水資源」の問題について、①安全で安価な飲料水の確保、②有害物質の排除と水の再利用、③水資源管理における国際協力の3つの論点から、17か国での総会の場となり、本格的な模擬国連を体験した。

上記の事例は限られた時間内でかなり簡略化したバージョンであるが、それでも他の活動では得られない学びがあった[9]。実際に国連における各国の大使役を務めるため、国益を優先しつつも、状況によって全体のバランスや他国との外交関係、また地球益にも配意しなければならない。事前のリサーチが必須

各国同士の自由討論（コーカス）
（仙台二華高校、2016年）

であり、国情を深く理解したうえで文書を読み込むため、リサーチスキルや読解力も育まれる。また、論点を整理したり、スピーチしたり、交渉したり、政策を立案したり、段階を踏んで活動を展開する過程で、批判的思考力、論理的思考力等の思考力に加え、分析力やコミュニケーション力、創造的な問題解決力等も育まれる。

　「模擬国連」の学校設定科目を立ち上げ、学校教育において本格的な模擬国連の実践に取り組む玉川学園の後藤芳文教諭は、「総合的な資質・能力が育成される非常に教育効果が高い学習活動」と評する[10]。異なるものの見方に加え、とりわけ「交渉力」は学校の一般の授業ではなかなか取り扱わないスキルであり、やりとりの場面が豊富な「模擬国連」活動の最大かつ独自の成果だと語る。こうした活動に従事した生徒は、将来グローバルな社会で活躍する力を蓄えていく。

④仙台二華高校の事例　『ケース・メソッド』

　仙台二華高校では、言語活動の手法として「ケース・メソッド」を取り入れている。ケース・メソッドとは、ハーバードビジネススクールで1990年代初頭から開発・改良されてきた実践的な経営教育の方法であるが、現在はケース教材をもとに参加者相互に討議することで学ばせる学習者参加型の授業方法として、広く応用されるようになってきている。文字通りそこには、「ケース」教材が必須となる。それは、客観的事実（主に問題状況）が事例として描かれているが、分析や考察は書かれていないため、「なぜこのような問題が生じているのか」「なんとかしなければ」「どうし

たらよいのだろう」「自分だったらこうしたいが、この解決方法は状況に適しているのだろうか」などと思考を促すものとなる。勤務校では、水問題に関する現実の事例を教材として議論をおこない、問題解決方法を見つけ出す訓練を積み重ねている。

　ケースは独自に作成してもいいし、既存のものを用いてもよいが、ケースの背後には、把握して欲しい諸問題や世界の現実など学ばせたいことが内包されていることが要件となる。勤務校では、メコン川フィールドワークに参加した生徒が実際に現地調査をして入手した情報を基に現実の課題をケースとしてまとめた。ここでは、英語を使用言語として実践されたケース・メソッドの事例を紹介しよう[11]。

〈ケース・メソッド授業の流れ〉
（1）個人分析
　　各自がケースの当事者の立場に立ってケースを分析・検討し、具体的な提案を準備する。
（2）グループディスカッション
　　少人数のグループで、個人の分析を共有しながら議論のウォームアップをおこない、各自の問題意識を発展させる。

ケース・メソッドを用いたディスカッションの様子（仙台二華高校、2016年）

（3）クラスディスカッション
　　教師または生徒のリードにより、多数の参加者の意見を通して、参加者全員がディスカッションを重ねる。

〈ケース〉

Sawan (50 years old)

He lives in a village located in the North-west part of Thailand. Munn River runs through his village to Mekong River. He lives with his wife, a 9-year-

> old son and his 80-year-old mother. His 21-year-old daughter and 24-year-old daughter went to a large city for work around 5 years ago. He used to support his family by fishing because he could get a lot of fish in the river. However, now he engages in farming and the income of it is unstable. Therefore he has to depend on the money sent from his daughters. In this area, many families like his are very common. The village constructed a dam in Munn River 20 years ago. Sawan thinks the dam causes his life to be unstable.
> Q1　What is the problem to this family?
> Q2　If possible, what question do you want to ask him?
> Q3　What kind of suggestion can we give them?　What can we do for him?

〈ケース・メソッド授業で参加者が取り組むこと〉

（1）ケースにおける問題点が何であるかを明らかにする。

（2）その問題点の背景にどんな事情があるかを推察する。

（3）その問題点を解決する具体的方策を考え提案する。

（4）その方策に対する課題を分析する。

〈実践者の振り返り・評価〉

　この授業を担当した教師は、この実践を次のように振り返る。「生徒たちが実際におこなったタイやカンボジアにおけるフィールドワークのインタビュー調査の内容を基にケースを作成したため、そのケースを使ってクラス全体で議論することで、（メコン川フィールドワークに参加していない生徒たちにも）実際に現地でインタビュー調査を実施したのと同じぐらいの問題意識を形成できた」。

　現地の状況を臨場感をもって共有し、問題意識を醸成できた点は、問題を自分事にするうえで有効である。ケース・メソッドはグローバル教育が目指す主体性や問題発見・解決能力、思考力やコミュニケーション力等の涵養に資するひとつの有用なアクティブ・ラーニングといえるだろう。

〈授業展開例〉使用言語：英語

段階 (時間)	学習活動	教師による支援・留意点 予想される生徒の反応	評価
導入 10分	ケースに書かれている情報について、各自が気になる部分をペアワークとクラスディスカッションで共有する。	・ケース内の情報で気になる部分に下線を引き、なぜそこに下線を引いたか、ペアワークで共有する。その後全員で共有する。 ・「ダム建設」は新しいトピックであるため反応する生徒が多くなることが予想される。	英語で意見を積極的に述べ、ペアワークやクラスディスカッションに参加する。 【関心・意欲・態度】
展開1 15分	設問1 あなたは、サワンさんの家庭の問題点は何だと考えますか？	設問1 ・「ダム建設」の功罪について、生徒でそれぞれ分担してまとめ、発表する。その際、ダム建設を推進する政府の視点とダム建設後に影響を受ける村人の視点に着目させる。	現地の人々の立場や視点を大切にし、問題点を考察し、英語で自分の意見を分かりやすく他者に伝える。 【思考・判断・表現】
展開2 15分	設問2 あなたが、冬のフィールドワークにおいて、再度このような家庭を訪問するとしたら、どのようなインタビュー調査をおこないますか？	・「ダム建設」が周辺の村の生活にどのような影響を与えているのか「職業の変更」という視点を中心として意見を交換する。 ・「現地の若者が村を離れて都会へ行く」理由について考察し、意見を交換する。 設問2 ・村人にさらに踏み込んで聞いてみたい質問とその理由をまとめる。	自分と他者の意見を、マインドマップを利用し、英語で適確にノートにまとめることができる。 【技能】
終結 5分	今回のケース・メソッドから見えてきた新しい視点の共有	・今回のケース・メソッドから見えてきた新しい視点や課題を共有し、どのように自分の論文に反映できるか考える。 ・また、私たちのフィールドワークと課題研究の今後のあるべき姿についても考える。	これまでの課題研究で学んできた基礎知識と個別のケースを関連させながら現地の状況を把握する。 【知識・理解】

(4) 仙台白百合学園高校の取り組み　阿部 和彦
①平和を考えるワークショップ

　本校(仙台白百合学園高校)では、「総合的な学習の時間」の一環として、高校２年生に、「沖縄方面」と「長崎方面」のどちらかを選択しておこなわれる研修旅行が設定されている。研修旅行の目的の１つが「平和を希求し、戦争のない世界を目指す心を養う」ことであり、事前研修として、"平和を考えるワークショップ"を実施している。

　基　礎　編　"対立はなぜ起きる?!"

【ステップ１】対立を分類、原因と解決方法を考える

準　備　●グループを作る（１グループ、４〜６名）。
　　　　●１人にB5用紙を１枚配り、８枚に切りカードを作る。
　　　　●各グループに、模造紙を１枚配る。

進 め 方　1. １人ずつ、カードに少なくとも５つの具体的な対立を書く。
　　　　　　例：自分が経験したこと、知っていること、学校で起きたこと、友達の間で起きたこと、家で起きたこと、地域で起きたこと、自分の国で起きたこと、国と国の間で起きたこと、等。
　　　　　2. 対立を５つ書き終えたら、１人ずつ読み上げる。共通点があるものをグループ化し（大きな紙に貼る）、各分類に名前を付ける。
　　　　　3. 分類した各対立の「原因」を考え、カードの下に書く。
　　　　　4. その対立の「解決方法」を考え、「原因」の側に書く。
　　　　　5. 全体会で、まとめた内容をグループごとに発表する。
　　　　　6. グループごとにまとめたものは、クラスに掲示する。

参　考　●ものについての対立
　　　　　２人あるいはそれ以上の人たちや２つ以上の集団が、同じもの・物質・資源を欲しがり、かつ欲しい人全員に行き渡るほど充分にはない時に、この対立は起こる。
　　　　●感情についての対立
　　　　　友情や愛・自尊心・権力・地位・注目・羨望等、人が必要としている感情にこの対立は関係がある。人は誰でもこれらを必要とし

ており、同様に集団や国がこれらを必要とすることもある。気持ちが傷ついたり、否定されたり、考慮されなかった時、この対立は起こり得る。
- 考え方についての対立
  人や集団、あるいは国にとって、最も重要であり、核心的な信念や価値とこの対立は関係がある。この対立は、宗教的信念・文化的伝統・政治的体制が原因でよく起こる。また、非常に個人的な理由から起こることもある。

その他、以下のような対立の分類もある。
- 簡単に解決できるもの／解決が困難なもの
- 暴力的なもの／暴力的でないもの
- 人びとの間の対立／集団内の対立／集団間の対立／国家間の対立

【ステップ2】新聞記事を通して、実際の対立を考える

準　備
- 各自、争い・対立・戦争に関する新聞記事で興味を持ったものを複数持ち寄る。
- グループを作る（1グループ、4〜5名）。
- 模造紙各グループ1枚。

進め方
1. 模造紙に記事を貼り、それぞれの原因を考え、記事の下に書く。
2. 作業を終えて感想を述べ合い、模造紙の下にまとめ、発表する。
3. グループごとにまとめたものは、クラスに掲示しておく。

【ステップ3】戦争はなぜ起きるか？

準　備
- グループを作る（1グループ、4〜6名）。
- メモ用のわら半紙、各グループ1枚。

進め方
1. 戦争はなぜ起きるか、その原因として考えられることを自由に出し合い、記録係がわら半紙等にメモをする。
2. その中から、十分話し合って9つを選び、A〜Iに書く。
3. A〜Iの中で、戦争の原因として1番重要なものはどれか、2番目はどれか、よく話し合い、ランクづけして図4（ダイヤモンドランキング）に記入する。

4. この作業を通して感じたことをまとめる。

```
1番重要なこと・・・・・・・・・・  [ ]
2番目に重要なこと・・・・・・  [ ]  [ ]
3番目に重要なこと・・・  [ ]  [ ]  [ ]
4番目に重要なこと・・・・・・  [ ]  [ ]
5番目に重要なこと・・・・・・・・・・  [ ]
```

図4　ダイヤモンドランキング

【ステップ4】戦争をなくすための9つの方法

進め方 1. グループを作る（1グループ、4〜6名）

2. 次にあげたのは、戦争を未然に防ぐための取り組みとして考えられることである。これらは、問題認識も観点も方法もバラバラであるが、その多くは私たちが何らかの形で関わることのできる行動である。これらの取り組みを、ダイヤモンドランキングの手法で順位づけしてみよう。この作業で大事なのは、ランクづけするにあたって、なぜそれがそこに位置するか、その行動はどんな意味があるのか等をグループの人と充分に話し合い意見交換することである。

例　A. 「反戦」や「平和」を訴えるデモやイベントを実施する。
　　B. 国際問題の平和的解決に向けて努力するよう、日本の政治家にはたらきかける。
　　C. マスコミを通じて、多くの人に平和の大切さを訴える。
　　D. 自国の軍事力を強化する。
　　E. 貧しい国に対する食糧、医療品、教育等の援助をおこなう。
　　F. 「戦争」や「平和」について、身近にいる人たちと話す。
　　G. 国際交流の活動を推進し、外国人と友達になる。
　　H. 紛争の当事国（となりそうな国）の元首に、問題の平和的解決に向けて努力するよう、はたらきかける。

　　　　I. 子どもたちを対象とした「平和教育」を推進する。
　　3. 戦争を未然に防ぐ取り組みとして、例のA～I以外に考えられることを話し合おう。
　　4. これらの作業を通して考えたことをまとめよう。

②"もったいない"プロジェクト

目　的　2013年度より、高校1学年の「総合的な学習の時間」に取り入れたのが、"もったいない"プロジェクトである。これは、より「探究型」の学習を取り入れようと、2004年にノーベル平和賞を受賞したケニアの環境大臣ワンガリ・マータイさんの著書『もったいない』をヒントに計画された。

進め方
- 自分を取り巻く身近な環境問題に関わることを通して、地球社会の一員としての自覚や責任意識を身につける。
- 探究活動を通し、知識や問題発見能力、さらには、コミュニケーション能力や協働する力を養う。
- もったいないの探究と実践を通して、限りない地球資源を尊重し持続可能な循環型社会を目指そうとする姿勢を育てる。
- 7つのもったいないから1つを選びグループ編成、テーマを絞り探究。
- 環境に取り組む外部団体を通してもったいないを体験する。
- もったいないアクションプランを作成する。
- ポスターセッションで探究内容、アクションプランを発表する。

第1回　ガイダンス
(1) 講義—ワンガリ・マータイさんと"もったいない"
(2) 説明—いろいろな"もったいない"
(3) 今後の活動予定の説明

第2回　グループ編成
(1) 7つの"もったいない"、どれに一番、共感する?
(2) グループ編成

表12　プロジェクト日程の例

日時	時間	テーマ	内容	場所
8/24	1	ガイダンス	1. 目的説明 2. ワンガリ・マータイさんと"もったいない" 3. いろいろなもったいない 4. 今後の活動予定	視聴覚室
	1	グループ編成	1. 7つの"もったいない"、どれに1番、共感する？ 2. グループ編成、探究するテーマを決めよう（次回まで、探究するテーマに沿った資料類を準備）	教室
9/7	2	問題の探究①	1. 持ち寄った資料やパソコン室でテーマを探究 2. 次回に揃える資料の確認（現場訪問の計画立案）	教室
10/5	1	問題の探究②	1. 持ち寄った資料の報告と探究 2. 課題の確認と必要な資料の確認	教室
10/19	4	問題の探究③	1. テーマの絞り込みと、問題点の確認、図解、解決の糸口の発見 2. 現場訪問の計画案作成	それぞれ
11/9	4	問題の探究④ 現場訪問	環境問題に取り組んでいる外部の団体や、「現場」を訪問、探究を深める ・宮城大、東北大、宮城教育大、仙台白百合女子大の研究室 ・「フォレスト・サイクル・元樹」（間伐材の活用を促進するNPO）築館 ・企業（TOTO等）、仙台ガス、電力会社、コンビニエンスストア等 ・仙台市、宮城県、自衛隊等	
冬休み　資料の追加（図書館訪問等）、発表内容のまとめ作業				
1/18	2	国際理解・講演会	グローバルな視野から捉えた環境問題	教室
	2	発表準備	発表内容のまとめ ⇒ まとまった班から模造紙に記載	
2/8	2	発表準備	・模造紙に書く　・発表の仕方や役割分担を決める	教室
	2	発表	ポスターセッション	体育館
春休み　「アクションプラン」の実施、次年度、実施記録を冊子に添付				

表13　探究テーマの例

7つの もったいない	探究テーマの例
食事を残すのはもったいない	食べ物はどのように作られているか／日本の食料自給　等
使い捨てはもったいない （紙類、ペットボトル、携帯、家電…）	ゴミ問題／リサイクルの真実／資源の枯渇／3R運動　等（それぞれのモノの大量消費の裏にある問題）
コンビニエンスストアやファミリーレストランの大量廃棄はもったいない	廃棄の現実と行方　／　コンビニエンスストアの環境への取り組み・食材はどこから来る（フードマイレージ）／先進国の飽食と途上国の飢餓
割り箸はもったいない	割り箸は環境破壊か？／日本の森林活用の実態／日本の熱帯雨林破壊
電気のつけっ放しはもったいない	日本のエネルギー政策／地球温暖化／原発問題／自然エネルギー
水の流しっ放しはもったいない	日本の水問題／世界の水問題／水質汚染／バーチャルウォーター等
巨額の軍事費はもったいない	世界の軍事費／一方での貧困の現実／軍隊のない国もある⁉　等

　　　　①共感したテーマごとに集まり、3～4人のグループを作ろう。
　　　　②探究するテーマを決めよう。
　　　　③ブレーンストーミングで、いろいろな意見を出し合おう。
　　　　④テーマを絞り込もう。

第3回　問題の探究①
(1) 持ち寄った資料やパソコン室で、テーマを探究しよう。
(2) 現場訪問の計画を立てよう。
(3) 次回に揃える資料を確認しよう。

第4回　問題の探究②
(1) テーマに沿って、問題の構造を図解しよう。
(2) 上の問題構造から、解決のための糸口を考えてみよう。
(3) 現場訪問について
　　①現場訪問の目的をはっきり定めよう。
　　②現場訪問の具体的な計画を立てよう。

第5回　問題の探究③　～現場を訪問して～
　現場を訪問して、新たにわかったことをまとめよう。

第6回　解決に向けて
(1) 次の構成で模造紙にまとめよう。
　　①テーマ設定の理由
　　②問題の構造（図解）
　　③解決に向けて
　　④私たちのアクションプラン
(2) この時間は、特に、「③解決に向けて、④私たちのアクションプラン」について話し合おう。
(3) まとまったグループは、模造紙にどのように表現するか、レポート用紙等に下書きしよう。

第7回　発表準備
（模造紙に発表内容を書き、発表の準備をする）
(1) ポスターセッションとは？

ポスターセッションとは、オープンスペースにポスター（発表内容をわかりやすく紙に書いたもの）を掲示し、参加者が自由に見て回り、発表者は集まった参加者に説明し質問を受ける発表の形式のことである。ポスターセッションのメリットは、演壇から聴衆に一方的に発表する形式と異なり、同じ問題意識を持った発表者と参加者が、その場で意見交換し、問題を深められる点である。

（2）ポスターセッションの形式
　　①3、4校時を使って、体育館でおこなう。
　　②各グループを、前半発表と後半発表に分ける（それぞれ40分）。
　　③前半発表時は、後半発表者は、それぞれの発表を自由に見て回る（後半は交代する）。
　　④発表時間は約10分（説明5分、質疑5分）、参加者がある程度集まったら発表を始め、それを繰り返す。
　　⑤聞き手は3グループ程度の発表を聞く。それぞれの発表は最後まで聞く。

（3）ポスターの書き方
　　【基本的な構成】
　　・テーマ設定の理由
　　・問題の構造（図解）
　　・解決に向けて
　　・私たちのアクションプラン
　　【留意点】
　　・文章の羅列ではなく、見る人の立場になって、図解的表現を取り入れる。
　　・資料やグラフ、写真等も効果的に盛り込む。
　　・文字の色や大きさ等も工夫し、わかりやすく表現する。

（4）プレゼンテーションの仕方
　　①ポスターの構成に沿って、ポスターを指し示しながら発表する。

②ポイントを絞り、明確な表現で説明する。

　③根拠や理由を含めて、論理的な説明を心がける。

第8回　発表（ポスターセッション）

（1）全体の流れの説明

（2）発表開始

（3）講評

第9回　発表を終えて

（1）自分のグループの発表を終えて、発表の内容はどうだったか、聴き手に伝わったか等を振り返ろう。

（2）他のグループの発表を聞いて、感じたことをまとめよう。

（3）グループごと、あらためて「アクションプラン」を確認し、実施計画を立てて行動に移そう。

《注・参考文献》

1 文部科学省（2009）『高等学校学習指導要領解説 総合的な学習の時間編』「第3節 総合的な学習の時間 改訂の要点」6頁。〈http://www.mext.go.jp/component/a_menu/education/micro_detail/__icsFiles/afieldfile/2010/01/29/1282000_19.pdf〉

2 総合的な学習の時間実施状況調査研究会編（2006）『総合的な学習の時間実施状況〈中学校〉』国立教育政策研究所。

3 インタビュー調査（2008）；パーソナルコミュニケーション（2012）；藤原孝章（2005）「私の国際理解教育論　理論的なアプローチ」藤原孝章研究室ホームページ〈http://www2.dwc.doshisha.ac.jp/tfujiwar/2_watashi/watashi_kokusai.html〉（2013年3月3日アクセス）等より。

4 第46回全国国際教育研究大会（青森大会）における発表（2009年8月21日）および担当の大堤直人教諭へのインタビューより（2012年12月21日）。

5 国連の報告（UN WATER, UNITED NATION http://www.unwater.org/）によると、世界人口の5分の1が既に水不足に直面しており、2025年までに世界人口の約3分の2が何らかの水危機に面するという。「世界の水問題」は人類が直面する大きな社会問題であると同時に、気候変動、食糧問題、資源・エネルギー問題、砂漠化、貧困、人口爆発、都市化、感染症、ジェンダー等、私たちが避けては通れない課題である。こうした背景から、SGHの研究テーマに設定された。

6 SGH指定に伴うカリキュラム改編により「総合的な学習の時間」を「課題研究」とし、生徒たちがグループあるいは個人で水問題を中核とする課題研究に取り組んでいる。

7 ここに記す情報は、筆者の在職中（2003年度～2007年度）におけるものである。

8 赴任当初は、「英語」分野とされていたが、生徒たちと国際理解活動に取り組む中で、興味関心のニーズが「英語」に限定されず、むしろ国際的なテーマに拡大してきたため、「英語・国際」

分野に改めた。
9 勤務校では毎年、全日本高校模擬国連大会に参加する生徒がいる。また、その運営スタッフとして活動に参加する生徒も出てきている。
10 玉川学園では、「模擬国連」を中学3年生から高校3年生対象の自由選択科目として設置し、教育効果を上げている。「総合的な学習の時間」の増加単位として取り扱う（パーソナルコミュニケーション、2019年5月14日）。
11 2016年度『SGH研究開発実施報告書』（宮城県仙台二華高等学校発行）より。

Tips of Global Education 1

〜シンガポールの新たな知の創造を目指す"KI"〜

　KIはシンガポールの後期中等教育であるジュニアカレッジ（日本の高校に相当）でおこなわれている探究的な学習、"Knowledge & Inquiry"（知と探究）という科目を表す。これは、2006年のジュニアカレッジカリキュラム改訂後に導入された選択科目である。

　KIは、特に批判的（クリティカル）思考や認知的、論理的思考力の育成に主眼を置いている。「知識の本質と構造の理解」「批判的思考」「コミュニケーション」の3観点を基軸として学習が展開され、評価される。評価はエッセイが30％、批判的思考に関する試験が30％、6か月かけておこなう個人研究が40％である。

　KI担当教師はインターネットや新聞、あるいは映画などの画像等、自らの着眼点で様々な情報を活用し教材を作成する。その際、KIでは批判的思考力養成という点から、メディアリテラシーの手法が取り入れられることが多い。

　授業方法も注目に値する。アジア諸国によく見られる教師主導の伝統的な講義形式はほとんどおこなわれず、チュートリアルと呼ばれる少人数のディスカッションが一般的だ。生徒に考えさせ話し合う機会を多く与え、生徒同士または生徒と教師の相互のやりとりを増大させながら、学問的探究を深めている。

　英語や数学、科学など専門分野が異なる複数の教師が担当する点も、他教科にはみられない。担当教科の異なる教師がチームとなり、文系分野と理数系分野を相互にローテーションさせることにより多方面から知識の統合を図ろうとし、既存の教科の枠組みに限定されない学際的で幅広い総合的な学力を育成しようとしている。

　例えば、Tジュニアカレッジでは、1コマ50分が週5コマある授業はすべてチュートリアル形式でおこない、その多くが複数の教師によるティームティーチングで実施される。1クラス12〜17名の生徒に教師2〜3名がつくことにより、多角的な思考の切り口を生徒に提示できる。「歴史はどのように作られたか」「数学者のこの発言の意味は何か」「ポストモダン主義は知識構築を変化させる」等、哲学的な概念を多く扱う。そして「既存の教科内容を超えたものや解釈が難しい問題」を取り上げることにより、論理的思考力や批判的思考力を練磨していく。

　教科主任であるベラ氏は、KIを「伝統的な教科科目とは全く異なる概念を持った科目」として、その特色を「自らにとって意味のある学習」「学習者中心の教授法」「交渉や議論を中心とした学習」「らせん状の学習発達」「探究の過程で新しい情報や経験に向き合う機会の提供」「教師と生徒の共同の学び」と説明する。これらのキーワードからは、知識の伝達という従来の考えから、生徒が新たな思考や認知を経ることで自らが学びを創造する場という考え方に転換していることが理解でき、今後求められる資質・能力の育成において、参考にすべき点は多い。

（ジュニアカレッジ訪問調査2009年7月および2010年3月より）

6. クラス経営・ホームルーム活動

　自分の教室、自分のクラス。生徒にとっては1日のほとんどを過ごす学びの場所であり、教師にとっては日々の教育実践の場である。両者にとって、そこには安心感と信頼があるべき場所である。国際理解の理念は、学級経営や授業展開にプラスに働く。学級崩壊の危機に面したクラスを立ち直らせた事例や、教育困難校において自尊感情と自らの可能性へと向かう意欲を育てた事例等は[1]、この教育の持つ深さを実感させる。
　ここでは、学級・ホームルームをベースとした国際理解活動やクラス経営について、これまで取り組んだ内容とその成果について述べたい。

教室の雰囲気づくり

　すべての基礎となるのは、教室の雰囲気づくりではないかと考えている。教室はあらゆる活動の中心であり、人間関係の基本やグローバル教育における「態度（関心・意欲）目標」の基盤形成の場となるからである。グローバル学習や国際理解活動によって育まれた他者尊重や人間関係構築スキル等は、仲間づくりや学級活動等、生徒の平素の学校生活において活かされる。その往還的サイクルが働くと、学級には相手を認め合い、良い点を伸ばし合う学びの土台が構築される。
　前任校の英語科は、3年間を通してクラス替えがない。クラスの団結や連帯感は非常に強く、友情も厚い。一方で、濃密なつきあいから時に衝突や小さなトラブルも発生する。しかし、根底に揺るぎない信頼と友情があれば、大きな問題には発展しない。クラス替えがない分、生徒には逃げ場もない。だからこそ、互いの個性や違い、多様性を認め合えるクラス作りは必須である。これが実現できれば、相互の学び合いにより飛躍的な成長がみられるようになる。互いの長所を口に出して褒め合えるオープンな雰囲気が醸成される。そうするには、まず教師が口に出して生徒の良い点を

褒めることが大切である。人は根本的に、誰でも周囲に認められたいという欲求を持っており、褒められると嬉しいし、やる気が起こる。誰かの良い考えやアイディア、行動は全体で共有し、みなで称賛することがクラスの日常風景になっていく。

私の考えるグローバルクラスルームについて、学年末の生徒会誌に下記のように綴ったことがある。また、このクラスを卒業した生徒からのコメントも紹介する。

グローバルクラスルーム

担任として常に心がけたことは、Global Classroom づくりです。私の考えるグローバルな学級の諸条件とは、

①**多様性の尊重**・・・
「違い」を認め、お互いの個性を大切にできる。異なる意見から学ぶ姿勢を持つ。文化や環境の違う人とコミュニケーションをとってうまくつきあう。

②**世界とのつながりを意識**・・・
毎日の中に、目に見えない世界のつながりを自覚し、世界の人々や環境を気遣って生活する。日々の生活に感謝の気持ちを持つ。

③**地球市民としての責任ある行動**・・・
環境を考え、教室でもゴミの分別、リサイクル、節電等を心がける。食べ物を残さない。物を大切に使う。どんな小さなことでも世界を良くするために行動に移す。

④**自己理解・他者理解を深める**・・・
自分を見つめ、将来を真剣に考える。隣の人や家族を大切に思い、よりよく生きようと努力する。

留学生もクラスに迎え、国際感覚を磨く機会も多くありました。主張だけではなく他人を思いやる優しさがあって初めて、地球市民の第一歩となります。皆さんにはそのセンスがあるので、それを磨いていって欲しいと思います。

―卒業生からの便り―

「英語科のクラスはみんな個性的で、ある意味、"異文化"でしたが、私はあのクラスが本当に大好きでした。みんなのいいところを認め合える場所。そして今も、かけがえのない友人たちであり、最高のライバルです！ 数年後お互いにどう成長しているか、今から楽しみです（2013年3月 佐々木 葵）」。

学級経営においては、特別なプログラムを組まなくとも、日々の生徒との触れあいや関わりの中で生徒に及ぼす影響を自覚し、そこでじんわりとグローバル教育を実施していくのも１つの方法である。具体的なエピソードを紹介しよう。

休み時間の教師との語らいが
バングラデシュでボランティアをするきっかけに

2013年、私はバングラデシュのNGOを訪れた際、そこで１年間インターンをする男子学生の門上さんに出会った。大学を休学してバングラデシュで暮らす、という行動は簡単にできることではない。そのきっかけを尋ねてみると、いくつかの出来事が複合して動機につながっていることがわかった。１つは、映画を見たこと。もう１つは先生の一言である。

高校２年生の時だった。母親に見せられた映画には、人身売買や臓器売買の現実が映し出されていた。これを見て、大きな衝撃を受けたという。この時の気持ちを彼は次のように語る。

「その時から、２つの自分が現れて、すごく苦しみました。１つは、そうした問題に立ち向かう自分。もう１つは、見てみぬふりをして生きる自分。その２つと戦い、体育の授業中に保健室で休むほど悩んでいました」

とても純粋な少年だったことがわかるが、これを機に、世界の問題に目を向け始め、真剣に進路について考え始めたという。先生は話を聞いて相談にのってくれたそうだ。

グローバルクラスルームづくり。教室の一角には国際意識を高めるコーナーを設置（2010年）

ある日の昼休み、先生と雑談していたとき、グラミン銀行の創設者であるユヌス氏がノーベル平和賞を受賞したことを知らせる記事を見せてくれたという。その記事を見せながら、先生は次のように話したという。

「お前も、将来こういうことが

できるといいなあ」

　この時、門上さんの中に「バングラデシュへのアンテナが張られた」という。そして、社会問題を学んで社会に貢献していきたい、と進路を固めた。現在、彼が学んでいるのは、社会問題を幅広く知り政策提言等に役立てる総合政策学部だ。

　教師の何気ない一言を、生徒はずっと覚えているものである。そして教師の対応や投げかける言葉ひとつで生徒の生き方を方向づけることがある。日々接する教師の生き方や考え方から、生徒が影響を受けるのは当然のことである。一言の重みや責任感を思わざるを得ない。だからこそ、教師自身が地球市民としての自覚と責任を持った言動を心掛けることが、実践の大前提としてとても重要である。

《注・参考文献》
1　日本国際理解教育学会編（2012）『国際理解教育事典』明石書店、pp.198-200.

自分を大きく変えた授業
――異文化との出会い

直江 綾佳

自分を大きく変えた授業

　自分を大きく変えた授業…それは、私たちの担任でもあった石森先生が担当する「異文化理解」という英語の授業でした。教科書のみにとらわれず、+αの知識を加えてテーマについて考え、それぞれ意見を言い合ったりする時間を設けてくださり、私たちを夢中にさせるたくさんの活動が盛り込まれていました。

　異文化理解の授業を受けてから、私の視野は大きく広がり、様々なことに興味や関心を持てるようになりました。このようなことを、早いうちから知ることができて本当に良かったと思います。高校段階のなるべく早いうちに異文化理解の視点を学ぶことで、興味の幅は広がり、進路にもつながっていくと思います。

ディスカッションの大切さ

　私は異文化理解の授業の中で、みんなとディスカッションをすることが好きでした。先生は授業中必ず題材に関して考えさせるクエスチョンを投げかけ、私たちにディスカッションさせる時間をとりました。一人ひとりの意見を聞き、コメントしてくださいました。1つひとつのトピックが未知の内容であり、好奇心が刺激され、たくさんの意見が飛び交うとても楽しい時間でした。トピックに対する意見を英文で書いてレポートを提出する課題もたくさんありました。それまでの授業は、話を聞いてただノートに写すことが中心で、授業中に自分の意見を周りに伝えることに抵抗しかありませんでした。自分の意見は間違っているかも知れない、恥ずかしい、と考えてしまいがちでしたが、この授業によって、問題について考えたり、ディスカッションしたりすることが楽しいと思えるようになりました。

　先生は、授業時間内はもちろん、休み時間やホームルームの合間にもグローバルな話をしてくださいました。その内容は本当に様々で、世界の女性問題やストリートチルドレンについて、フェアトレードやオーガニック製品の話、世界中にいる友達の話等、たくさんのことを教えてくださいました。それは本等で読むよりもずっとリアルで、私の興味をわかせる内容でした。クラスメイトも同様で、休み時間の話題に、先生が話したグローバルな内容が話題にあがってみんなでディスカッションをしたりすることは日常的でした。みんなの意見を聞いて自分の意見も

伝えることは、お互いに多くの視点を持てるようになり、視野がどんどん広がっていきました。こんな日常があったことで、私は授業でのディスカッションも好きになったのだと思います。そして、もっと多くの意見を聞きたい、外国から見た異なる視点も知りたい、だから英語を話せるようになりたい、というように、英語を習得したい理由にもつながっていきました。

大学に入学して授業が始まり、少人数での授業でディスカッションする時間があった際、沈黙ばかりが続く状況に驚きました。高校時代の自分で考え、意見を持ち、互いに伝え合えることの大切さを、改めて実感しています。

より早く、より多くの人に知ってほしい

異文化や世界への興味関心を高めていった私は、高校2年生の時に、ASEAN諸国の高校生との交流合宿に参加し、ホームステイを受け入れたことがあります。また、大学に入ってからも、ホームステイを受け入れたり、フィリピンに語学留学に行ったり、各国の留学生と仲良くしたりと、国際交流に積極的に取り組んでいます。高校時代に多くの情報を手に入れ、貴重な経験をしたことは、現在の私に大きくプラスとなっています。

知らなかったことを知ることは、楽しい時もあれば、複雑な気持ちになることもあります。しかし、私たち若い世代が知るべきことはたくさんあり、できるだけ早いうちに知ることは、その後の人生をどう生きるかを考える上でもとても良いことだと思います。高校時代のクラスメイトと会うと今でも、自然とグローバルな話になります。みんな問題意識が高く、将来の夢について真剣に考えています。そんな仲間は一生の宝です。

私は、先生が実践しているグローバル教育や異文化理解の授業を、もっと多くの学生に受けて欲しいと思うし、もっと多くの学校に増やしていくべきであると思います。世界で起こっている問題は、直接的には自分にとって関係ないことと思われるかもしれませんが、自分も世界の中の人間の1人であること、どこかで自分にもつながっているかもしれないこと、そのようなことを知るだけで、自分が人間として大きく成長し変われることを、より多くの人に知って欲しいです。

直江 綾佳　（なおえ あやか）
仙台市立富沢中学校出身。仙台東高等学校英語科卒業。現在、東北学院大学教養学部言語文化学科3年（日本語教員養成課程）。現在、カナダ留学中。（写真左）

（2014年8月現在）

A Woman Who Has Affected My Life

Yumiko Ojima

Why I decided to study abroad

Many people ask me why I made the decision to attend an American college. I was born in Japan, and I grew up in Japan, so I only knew Japanese culture, Japanese life style, and the Japanese way to think.

Everything is different outside each country, which is why I wanted to know other cultures and how people in other countries think.

Also, I have some other reasons including what I studied when I was a high school student, and some of my classmates had been in other countries. I took a class (Multicultural Perspectives that Ms. Ishimori was teaching) in which I studied other cultures, I noticed that this world is full of cultures that I cannot even imagine.

Plus, my teacher, Ms. Hiromi Ishimori, gave us many opportunities to share our opinions in English which helped me get used to speaking English. In addition to this class experience, my classmates who had stayed in foreign countries inspired me. After they finished their studying abroad, they looked different. For instance, one of the students who was shyer than me was not shy any more.

I appreciate and feel lucky to have these valuable experiences because they establish my foundation of my international capability.

Her global education

Once people know social issues outside of their country and how we connect to those issues indirectly, they can change the way they think of the world. They would notice invisible connections to other countries and how we are related to the issues, and they might be a little more responsible for their actions.

That is what she wants to do. Ms. Ishimori believes it can be the first step to do something in a better way.

She said, "My theme is how to foster active citizens who will do something for a better world both locally and globally. I would really like to talk about the possibilities of global citizenship education." Also, "Pedagogy is the key to success," she said. That means instead of putting knowledge for examination by lecture, rather, let students think about the issues and the solutions through discussion. Then, gradually students gain global perspectives and learn many skills needed in a global society.

My role model as a woman

Ms. Ishimori's actions and her way of life make her students change, and in fact, I am one example. Thanks to her class and her actions, I became interested in other countries and other cultures. Before that, I was seeking what I wanted to do and was very self-centered. Every time I see her, she always affects me. That is how I became more active and positive. She is always walking in front of me and telling me that I have to work harder like her. Not only me but also her current students respect her. She changed everything in my life. I would like to be like her someday in my future.

小嶋 ゆみこ （おじま ゆみこ）
1993年生まれ。宮城県仙台東高等学校英語科卒業。ワイオミング大学(University of Wyoming)に在籍。モットーは、「やらずに後悔よりやって後悔」「なせばなる」。自慢できることは、人に恵まれていること。将来の夢は未定だが、広がり続ける可能性にウキウキしている。

（2014年3月現在）

7. 生徒会活動

　生徒の自治的組織である生徒会が主体となって国際理解・協力活動を展開できれば、生徒主導の活動となり、全校生徒を動かしやすく、学校全体の理解を得やすい。また、生徒会は学校の生徒代表であり、「顔」である。生徒会のメンバーが国際理解や国際交流に意欲的な生徒であれば、学校にとってもグローバル教育の推進にプラスになる。生徒会が中心となって国際理解・協力を推し進めている事例をみてみよう。

　例えば、福島県立平工業高等学校の生徒会では、ジャージや運動靴、辞書等を集めてベトナムやモンゴルに送ったり、アルミ缶やプリペイドカードを回収して換金し開発途上国支援をおこなう国際貢献活動を実践してきた[1]。

　高知市立高知商業高等学校では生徒会を主軸とし、生徒と教職員、保護者が出資し、「株式会社」を設立。代表生徒がラオスで手工芸品等を仕入れて学校や地域のイベントで販売、利益は株主に還元され、またラオスのNPOと協力して学校設立に役立てるという商業高校ならではの実践が注目を浴びた[2]。

　多くの学校の生徒会は、部活動や委員会等の連絡調整や予算執行、学校行事の計画と運営等の業務に追われ、なかなかボランティア活動や国際協力活動まで実践できていないのが現実であろう。日頃から、生徒会組織の中に自然に国際交流や国際協力をおこなえるような基盤や雰囲気が醸成され、先輩から後輩に受け継がれる中核となる何らかの活動があるとよい。例えば、「世界一大きな授業」[3]や「STAND UP TAKE ACTION」[4]、ユニセフ募金、支援する途上国の子どもたちとの交流[5]、ペットボトルキャップや書き損じハガキ等の回収運動等が考えられる。

　継続的な実践が難しくとも、何らかのきっかけがあれば、生徒会組織が機能し始める場合もある。大規模災害等が発生した際の緊急募金のようなものである。時に教師が背中を押すことも必要になるかもしれない。小さ

152

な体験を通して、生徒自身に、行動することの喜びや重要性を会得して欲しいものである。

事例 I 東ティモール "From East to East"

1つのきっかけから、アクションが生まれた事例を紹介しよう。

○東ティモール大統領来校、大統領との交流会（2011年1月20日）

2010年5月、外務省が推進する「21世紀東アジア青少年大交流計画」により来日した東南アジア諸国連合（ASEAN）＋東ティモールの11か国の代表高校生（計22名生徒）を受け入れることとなり、私はその準備に奔走した（ASEAN10か国＋東ティモール混成招へいプログラム）。その際、全校での歓迎式、交流会、体験授業、体験部活動、生徒宅へのホームステイ、合同合宿等を企画・実施し、3日間おもてなしをした。

その1年後、東ティモールのラモス大統領[6]が、上記のプログラムにおいて東ティモールの生徒がお世話になったことへのお礼と、東日本大震災の慰問を兼ねて、来校することとなった。要人の来校とあってかなり神経を使ったが、全校生徒での歓迎行事は成功。大統領は「高校生と対話をしたい」と希望され、大統領のスピーチ後、本校生徒と大統領の質疑応答がおこなわれた。こちらから記念品をお渡しすると、大統領からも記念品として、東ティモールの伝統的な布が贈られた。前年に東ティモールの高校生のホームステイを受け入れ、交流を深めた女子生徒と男子生徒が壇上で大統領から記念品を直接受領した。生徒および教職員一同は、大統領のスピーチに大きな感銘を受けた。

○東ティモール支援のための募金活動 "From East to East" の展開

スピーチの中で大統領は、東日本大震災後、日本より圧倒的に貧しい小国・東ティモールではあるが、経済大国である日本に対して義援金を送ったことについて紹介し、「貧しい国は受け取るだけなく、与えることもできる。貧しい人々の1ドルの寄付には大きな意味がある」と話された。

この点に心動かされ、高校生にできる小さな協力、その一歩を学校全体で踏みだそうとアクションを提案したのが、生徒会執行部のメンバーで、当時英語科２年の加藤遥である（卒業生コラム⑨参照）。

　反対意見もあったが、理解する仲間に支えられ、生徒会執行部は彼女の提案に賛同し、２月に募金活動を始動させた。"From East to East"（仙台「東」高校から「東」ティモール共和国へ）と名づけられたこの募金活動は、３週間ほどで目標金額を上回る総額９万2511円の募金が集まった。当初の計画の通り、子どもたちの教育に役立ててもらうよう東ティモール大使館へ送金した。

　このケースは、全校生徒が東ティモール大統領の話を聞いたという共通体験に基づいているため、周囲の理解が得やすかったといえる。

　大統領の口から語られた、独立や自由を勝ち取るための苦労、和平への苦しい道のり、そして揺るぎない思いや人間愛は、生徒、そして教職員に示唆と感動を与えた。そして何よりも、国際問題に意欲的で、継続的に活動していた生徒が執行部メンバーにいたことが大きい。

事例 Ⅱ 部活動から生徒会まで活動の場を広げた国際協力

　青森県の南澤教諭は、県立高校において長年クラブ活動（国際理解愛好会）を中心にグローバル教育を実践してきた。部活動を母体とした国際協力活動を拡大し、生徒会と共同で実施することは、全校生徒への関心喚起また実質的な活動の展開において、有効である。

国際協力活動　南澤 英夫

　国際理解愛好会がクラブ活動としておこなっていた「インド支援」を、生徒会活動としても拡大させ継続的に取り組んだ。具体的には文化祭での売り上げの一部を国際協力資金として支援してきた。支援先はインドの村落開発NGOであるDevelopment Research Communication and Services Centre（通称DRCSC）と、青森発信の国際協力NGOである「あおもりとベンガルをつなぐ会」（通称ABA）である。支援額は約５万円から10万円と

年度により異なるが、生徒の思いが国際協力に役立てられてきた。

　資金を元におこなわれたインド側の事業としては、①多目的施設建設支援（他のNGOとの協力事業）、②保育園や施設での識字教育のための図書コーナー設置支援（本校単独事業）、③環境教育テキスト制作事業（NGOとの共同事業）等がある。インドのNGOやABAからの依頼や、話し合いで実施内容を決定している。

　文化祭の売り上げをクラスや個人のものだけにせず、一部を国際協力に役立てようという趣旨でおこなってきた活動であるが、実際に世界の必要な人に役立っていることは、嬉しいことである。また、地元のNGOとの連携が、実現に大きな役割を果たしている。

《注・参考文献》

1　「第10回拓殖大学後藤新平・新渡戸稲造記念国際協力・国際理解賞コンクール」アクションプログラム最優秀賞「生徒会活動を中心とした国際貢献ボランティア」〈http://www.takushoku-u.ac.jp/news/2008/081026contest.htmlhttp://www.takushoku-u.ac.jp/news/2008/081026contest_ap01.pdf〉（2013年1月14日）
2　第49回全国国際教育研究大会・高校生国際協力・理解研究発表会、2012年8月23日JICA地球ひろばにて。
3　「世界一大きな授業」とは世界中で何万人もの人が同時に同じ内容（グローバルイシュー）の授業をおこなう活動である。これは、「世界中の子どもに教育を」キャンペーンの活動として、世界中の子どもが学校に行けることを目指して世界中でおこなわれる。参考：JNNE教育協力NGOネットワーク〈http://www.jnne.org/gce/〉（2019年7月13日アクセス）。
4　STAND UP TAKE ACTIONは、貧困解決のための世界的キャンペーンであり、「世界中の子どもに教育を」キャンペーンの活動の1つである。参考：JNNE教育協力NGOネットワーク〈http://www.jnne.org/gce/〉（2019年7月13日アクセス）
5　国際NGOのプラン・ジャパンやワールド・ビジョンなどのチャイルドのスポンサーとなり、その子どもあるいは子どもの所属する地域の支援をおこなうものであり、チャイルドとの手紙の交換などを通した定期的な交流ができる。
6　ラモス＝ホルタ東ティモール大統領（2007年5月〜2012年5月）は、東ティモールにおける紛争の正当で平和的な解決への尽力により1996年にノーベル平和賞を受賞。

自分自身の疑問と向き合い、悩み、考える

加藤 遥

グローバルシティズンシップ

　私が国際協力の道を意識したのは、グローバルシティズンシップ（以下、GC）という石森先生の授業を受けてからであった。「GCはみんなが考える授業で、今までのどんな授業とも違う」。先生がはじめに言った言葉であった。一般的な座学とは異なり、資料をもとに様々なことを知り、考え、議論し、発表する参加型の授業で、主体的に学ぶことのできる授業であった。私たちには新鮮そのものであった。この授業で得られたものは多くある。

　一番に挙げられるのは、なんといっても「思考力」である。あらゆることに対して疑問を抱けるようになったのは、私自身にとって非常に大きな収穫であった。それはなぜか。学びが広がるからである。疑問に関することを調べ、知り、考え、意見を構築する。このおかげで、議論することにもためらいを感じなくなり、自分の意見を表現することも得意になった。高校時代、県の弁論大会で賞をいただけたことや大学の推薦入試で合格できたことも、このことが大きく影響していたと思う。

　次に挙げられることは、同志を得られたことかもしれない。GCは、主にグループワークで進められるため、友達とより深い話ができるようになった。一人ひとりの意見に耳を傾け、その話をもとにさらに自分の考えを深めていく…。こういったプロセスが毎時間あったので、この関係性が普段の生活にも反映された。何かニュースがあれば、"これってどういうことかな" "どう思う？"などと日頃から自分たちの興味関心について考えを述べ合う機会が格段に増えたのである。

　最後に、「行動力」を挙げたい。自分の考えを持ち、同志を得られたことで、挑戦する勇気が生まれてくる。

国際協力への一歩

　高2の冬の話である。2012年1月、学校に東ティモールの大統領が来校した。東日本大震災の被災地訪問ということで、被災した私たちのために激励のメッセージを届けるためであった。東ティモールは、最貧国と呼ばれる国の1つである。それにもかかわらず、

たくさんの人が日本のために寄付をしてくれ、国としても義援金を送ってくださったという。日本よりも経済的に貧しいとされる国々の人たちから日本に向けて様々な支援があったという事実は、GCの授業の中でも取り上げられていたので知っていた。しかし、実際にその「本人」と関わるというのは、知ること以上の大きな意味があった。そして、大統領は私にとって一生忘れることのできない、印象的なメッセージを残していった。それは、"貧しい人は受け取るだけではありません。貧しい人もまた、与えることができるのです"という言葉であった。

"このままではいけない"私はすぐにそう思った。私たちは確かに「被災者」であった。しかし、そのまま支援を受けるだけでいいとは思えなかった。そして、スピーチの後、大統領に直接質問できるチャンスがあり、私は尋ねた。"日本の高校生が、東ティモールのためにできることは何ですか？"と。その質問の答えは、"東ティモールは今、教育に力を入れようとしています。例えば、教育現場で使うパソコンを必要としているので、そのための資金を集めることは高校生が一番やりやすいことではないでしょうか"とのことであった。想いも、なすべきことも明確になった。あとは行動に移すだけである。当時一番親しかった友人に、自分の思いを打ち明けてみた。彼女はGCの授業でも、生徒会執行部でも一緒だった。執行部の他のメンバーや先生方にも力になってもらえた。そして、生徒会が主体となって募金活動をおこなうことが決まった。すると、3週間ほどでなんと10万円近い寄付が集まったのである。この時、国際協力というものが、私にとってより現実味を帯び、大学生になったら、国際協力、しかも現地の人と直接会えるボランティアをしたいと考えるようになった。

ボランティア活動

現在、私は山形市にある認定NPO法人IVYの青年組織であるIVY youth（アイビー・ユース）という団体に所属している。この団体は、山形大学に進学が決まった時に、国際協力活動に関わりたいと話していた私に、石森先生が紹介してくださった団体であり、私

は大学入学とほぼ同時に参加した。この団体に入ったことで、支援先で直接ボランティア活動をするという願望を叶えることができた。カンボジア算数教育支援の事業内容としては、算数ドリルを作成し、現地の小学生に配布するというものである。年に2回、調査やドリルの配布のために渡航するのだが、私は2014年の3月に、初めて現地へ赴いた。現地で最初に驚いたことは、首都であるプノンペンと私たちの支援先である農村部（スバイリエン州）との格差である。プノンペンからスバイリエン州まで、車で約3時間なのだが、景色の変わりようはすさまじかった。道を進むにつれて、どんどん建物も人も少なくなっていくのだ。道中でのショックな出来事といえば、メコン川の川岸にいる物乞いの子どもたちである。私たちが乗っている車にぴったりついて離れないのである。メコン川を渡りきった後も、子どもたちは私たちをずっと走って追いかけてくる。ここにはこんな境遇の子たちが一体あと何人いるのだろうか。何を考えるべきか、わからなくなってしまった。支援先の子どもたちに会うと、私の頭はさらに混乱した。困っているように見えなかったのである。私たち、あるいは私自身の、彼らが困っているという決めつけのもとで、事業に携わっていたような気がした。なんとなく違和感というものを覚えたのである。確かに問題を抱えているようではあったが、私たち日本人が介入すべきところなのか。疑問に思った。加えて、支援先の小学校の先生方がどうしても私たちの団体に依存しきっているように見えたのである。このままでは何も変わらない、世界は全く良くならないのではないだろうか、と感じ始めた。疑問を抱きながらも、私は帰国し、その後もこの事業に参加したのであった。

グローバル教育の必要性

　昔、小学校の掃除の時間に一部の子がさぼっていて、一部の子だけが一生懸命にやっていることがあった。それを見ていた先生は、きちんと全員で掃除するように注意した。そしてこう言っていた。"一部の人だけが頑張っていたのでは、不公平でしょう。教室全体をよくするためには、全員が協力しないといけません"。

気づいた人が気づいたときにやるのでは十分でない。特に地球という、教室よりもはるかに大きな場所で何かを変えたいのであれば、なおさらである。一人ひとりの意識、ここに徹底的にアプローチしなければならない時が来たのではないだろうか。

私はここに、グローバル教育、開発教育、環境教育等の教育の必要性が出てくると思う。すべての人に、何か1つでも、こういった教育を受ける機会を設けることによって、意識は変わっていくのではないだろうか。普通教育も普及してない地域だってあるのに、何を言っているのかと思われるのかもしれない。しかし私は今、この教育の力を信じたい。

「私」だけでは不十分なのだ。一人ひとりが地球市民としての自覚と責任感を持ち、世界のことを考えていかなければだめなのだ。

逃げずに対面し、一生懸命悩み、考える。そして、また前向きになることができる。答えが出ようが出まいが、疑問をもとに自分としっかりと向き合って考えることができるのは、高校時代のあの時に訓練されていたからだろうと思う。こうした姿勢は、きっとこれからの人生にとっても大切になるはずだ。私にとって原点は、グローバル教育であった。

加藤 遥 （かとう はるか）
1994年生まれ、宮城県亘理郡亘理町出身。仙台東高校英語科卒業。就職希望だったが、もっと学びたいと思い、大学進学を決意。現在、山形大学地域教育文化学部地域教育文化学科。学業の傍らNPOに所属し、国際協力活動に従事。現在、IVY youth副代表。趣味はドライブや旅行。いつになってもどこに行っても学び続けることをモットーに、生きていきたい。

（2014年11月現在）

世界を知ること、自分を知ること
―― 私の世界観を変えた授業

三浦 英里奈

消極的だった幼少期

ある時、母に「幼少期の自分はどんな性格だったか」を聞いたところ、母は「なんでも友達に合わせる子だった」と答えた。それは、現在の私が想像したものとはあまりにも異なっていた。

人生を変える出逢い

中学時代までの私は、3歳から始めた水泳の練習にほとんど毎日明け暮れていた。勉強はどちらかと言うと苦手意識が強く、英語なんて勉強する意義をわかっていなかった。現在、私は横浜市の高校に英語科教諭として勤めているが、当時は海外に一人で行きたいとは一度も考えたことがなかった。むしろ、「海外は何があるか分からないから怖い。できる限り行きたくない」と考えていた。

そんな私が進学した高校は、宮城県では数少ない「英語科」がある高校である。ここで私の人生の機転が訪れた。高校時代私を変えた出会いは、石森先生、そして先生の授業である。同じ英語科の先輩方から高校英語科独自の授業「Global Citizenship（通称GC）」のことを知り、選択した。地球規模の問題について英語で学ぶこの授業の中で、特に印象的だった内容は「児童労働」、「こども兵」、「世界の教育」、「ジェンダー」の4点である。

「なぜ今まで同じ地球に住んでいながらも、私は何も知らずに生きてきたのだろう」と無知の自分に憤りを覚えた。それと同時に「もっと他の国では何が起きているか知りたい」「私には今何ができるか知りたい」と考えるようになった。自ら何かを「学びたい」と強く思ったのは、この授業が初めてだった。

海外に行き、GCの授業を受けて以来新しいことに挑戦する恐怖心は払拭され、「今できることは全て試してみたい！自分の体で体験してみたい！知りたい！」と思うようになり、生徒会長としての生徒会活動を初め、世界にも大いに目を向けた。

衝撃的だった東ティモールでの経験

特に、東ティモールを訪問する機会をいただいたことは、大学でさらに多

くのことを学びたいと思うような刺激的な経験となった。当時は、インドネシアから独立してからたった9年しか経っていなかった。2車線の道路に4台の車が並列走行する光景、一家族が4軒も所有する大豪邸、その隣合わせには小さな平屋で大人数の家族が外で食事の準備をする光景など、テレビでしか目にしたことがなかった日本では「あり得ない」と思われる光景が、滞在中何度も目に飛び込んできた。最初は貧富の差が激しい状態、職がなく昼間から海辺に集まる若者からお年寄りまで多くの浮浪者を見て、私は「可哀想」と思った。しかし、ふと授業で学んだことを思い出した。「お金がない人は本当に不幸なのか」「私達が当たり前としているものさしで他の人の幸せを測ってよいのか」と。日本のように交通が便利ではない。他国と比べて就職率は低く、富裕層と貧困層ではあまりにも差がある。しかし、私が出会った人は私からお金を盗もうとなんてしてこなかった。むしろ「日本から来たの?!遠くからよく来てくれたね！ようこそ！」と温かい笑顔で歓迎してくれたのである。そして、日本と比べたら小さな国で貧しく見えるかもしれないが、多くの人が明るく笑顔に溢れていた。この時私は初めて自分の身で固定観念に気づき、「お金で満たされることが幸せの絶対条件ではない」と実感した。

今でも自分が抱いた感情に必ず「これは私の環境から見ただけの固定観念ではないか」と自分に問いただす癖がついている。このように東ティモールでの経験に留まらず、GCの授業で学んだ内容は、社会人なった今でも私の物事の考え方、勉学の意欲へと繋がっている。大学時代にも、石森先生には出張授業として大学に来ていただき、再度授業を受けることができた。大学生となって大学の仲間と共に学ぶことでまた発見があり、自分自身の中でも考えが変化していることに気づくことができた。社会人になった現在でも何度でも受講したい。一人でも多くの人々に先生のグローバル教育の授業を受けてほしいと切望している。

実体験を通して今私ができること

人の意見に常に左右され、自分で何も決められなかった一人の少女が、あ

る先生、授業との出逢いで変わり、自分がなりたい自分像を見つけることができた。それを実現するために選んだ職業は「教員」である。GCの授業を受けている当時から抱いている自分像とは「世界のために何か働きかけ続ける大人になりたい。世界を変える人になりたい」である。教員としてこれからの未来を担う子どもたちと一緒に学び、たくさんの人々がひとりの地球市民として世界の問題について考え、行動を起こしていけばこの夢はきっと叶うと信じている。世界観が変わったのは私だけではない。GCの授業を受けた生徒のほとんどが、授業後も地球規模の問題について熱く議論しあい、授業を超えて、学校を超えて地球市民として自分ができることを考え、SNSで訴えるなど身近なことから実行に移している。

私も、私たちが住んでいる地球の未来のための懸け橋となれるよう、生徒たちと共に学び、切磋琢磨しながら明るい未来を一緒に創り上げていきたい。

三浦 英里奈（みうら　えりな）
1996年生まれ。宮城県・志津川(現在は南三陸)生まれ、仙台市育ち。仙台市八軒中学校、仙台東高等学校英語科、仙台白百合女子大学人間学部グローバルスタディーズ学科卒業。2019年4月より横浜市の高等学校英語科教諭。趣味は、旅行やジャズを聴くこと。教師になった現在の夢は、生徒と共に切磋琢磨し合いながら、教育を通して世界をよりよくしていくことと、一人でも多くの人の笑顔のきっかけになること。

（2019年5月現在）

8. 部活動・クラブにおける実践

　部活動・クラブを中心にしたグローバル教育の実践は進めやすい。なぜなら、やる気のある少人数の集団であるため機動力があり、部活動として正式に位置づけられていれば、学校祭（文化祭）での活動や各種大会への参加等、生徒主体になって様々な活動を計画し実行することができるからである。

(1) 宮城県小牛田農林高等学校のイングリッシュクラブのケース
設立の経緯
　もともと男子校だった名残もあり、農業技術科に総合学科が併設されて女子生徒が増加したにもかかわらず、女子の希望に沿うクラブが少ない状況にあった。女子生徒を中心に英語や外国に興味のある生徒が増加していたものの、赴任当時 (2003) は英語や国際交流に関するクラブがなかった。
　ある日の1年生の英語の授業後。何人かの女子が教卓の周りに集まってきた。女子生徒たちに、「先生、新しい部活って作れないんですか？」と相談を受けた。英語に関するクラブが欲しい、との要望だった。私は希望する生徒たちと一緒に新クラブの設立に奔走し、クラブ設立にたどりついた。「国際理解クラブ」等と命名したかったのだが、同僚やALTと話し合った結果、他の教師が顧問として引き継ぎやすいように、との意からイングリッシュクラブとなった。しかし、活動は英語学習だけでなく、国際理解・協力活動を加えた二本柱にした。

活動内容
- 国際理解勉強会＆ワークショップ
　　取り扱ったテーマ：児童労働、途上国と日本の関係、異文化理解、地雷、フェアトレード、多文化共生、南北問題、平和、環境等

- ALTとの英会話（ALTとの交流、会話練習、絵本読解、英語劇等）
- 国際交流（姉妹都市交流受け入れ手伝い、学校を訪れた外国人のお世話、交流会企画）
- 学校祭（文化祭）「国際理解・協力・交流」をテーマに様々な企画（展示やカフェ等）

実践活動はすぐに軌道に乗り、学校や地域で顕著な活躍をみせた。

具体的活動例

①国際協力（募金）活動

　2003年12月に発生し、甚大な被害をもたらした「スマトラ沖地震・インド洋津波」の災害に対しては、イングリッシュクラブの生徒の提案を受け、農業クラブや生徒会、ボランティアサークルにも協力を求め、2004年1月に全校規模で募金活動を展開した。その結果、11万円を集めることができ、被災地の子ども支援のためユニセフに寄付した。

②寸劇を通したグローバル学習と発信──「宮城スキット甲子園」

　英語活動とグローバル学習を結合させることにより、学習成果が相乗的に高まり、より意義深いものとなる。イングリッシュクラブにとって、英語によるスキットコンテストは絶好の学習の場であった。3人1組となり、英語で3分間寸劇を演じるというコンテスト。テーマや内容は自由である。多くの学校が、ジョークやダンス等を盛り込んで笑いを誘うエンターテインメント型であったのに対し、イングリッシュクラブは常に「国際理解」と「社会的メッセージ」にこだわった。初出場の時は、Bananas' Secret（バナナの秘密）と題して、スーパーで安く売られるバナナの裏側にある問題について、日本のスーパーで買い物する高校生のシーンと、そのバナナを生産し

多国籍企業のバナナ農園で働く農民とフェアトレードバナナを生産する農民の対比を描いた（2004年）

ているフィリピンのバナナ農園の労働者のシーンを巧みに交差させて演じた。初出場で第2位を獲得。生徒たちの大きな自信につながった。台本を書くのに本を読み、調べ、勉強し、何度も集まって練る。この過程は、まさにグローバル学習だった。台本作成の過程で多くの事実を知り、地球的課題を理解する。このプロセスで「コンテスト」を超えた学びが広がる（卒業生コラム⑱参照）。学習や台本作成に約3か月を充当した。伝えたいことを3分の英語劇に凝縮するのは至難の業である。原稿が完成した後は、ひたすら英語と演技の練習、舞台演出等である。

翌年のテーマはオーガニックコットンとし、タイトルは"What Is a Real Comfortable Life?"（本当の快適な生活って何？）に決まった。フェアトレードを知ってもらうことが狙いである。結果は35校中第3位。英語に力を入れている進学校や英語科のある学校が出場する中で、地方の農林高校の2年連続の入賞は周囲の人々からも驚嘆の声が寄せられた。やればできること、そして自分たちの伝えたかったグローバルなメッセージが評価されたことは、生徒たちに大きな自信と喜びをもたらした。

3年目は、農業技術科の生徒3名が出場。国連世界食糧計画（WFP）が進める「学校給食プログラム」をヒントにストーリーを考え、学校給食によって、栄養改善がなされていったネパールの学校の子どもたちと菜園の様子を英語劇にした。英語力の面では厳しい部分もあったが、ステージいっぱいに菜園の舞台を作り、本物のクワやじょうろを持ち込み、農業科らしい演出に力を入れた戦略により、セットデザイン賞を受賞した。この3年に及ぶ取り組みは注目を集め、NHKでも放映された。

英語での脚本作り、演技作り、セリフの練習、エントリーから予選、そして決勝大会まで3か月。3分のスキットの中に、様々なドラマと成長がある。

③文化祭（学校祭）

文化祭は普段の活動を全校生徒や先生方に、またOBや地域の方々に知っていただく絶好の場である。これまで赴任したすべての学校の文化祭

において、クラブや有志生徒とともにブースを設置し、JICAパネル展やユニセフポスター展、国際協力の喫茶店やフェアトレード展、民族衣装展、テーマ別学習発表の展示等、様々な企画を実施してきた。

小牛田農林高校は地域に密着した学校であり、毎年文化祭には多くのOBや地元の方々が訪れ、賑わいを見せる。小牛田町（現美里町）はアメリカ・ミネソタ州ウィノナ市と姉妹都市交流をおこなっている関係からお付き合いもあり、文化祭の「English Club & 国際交流」の教室には多くの関係者が来場される。生徒たちが地域の方々と交流する良い機会となっていた。

多国籍企業のバナナ農園で働く農民とフェアトレードバナナを生産する農民の対比を描いた（2004年）

④学びの発信――研究発表

「国際理解教育セミナー」や「国際教育研究大会」等、生徒が日頃のグローバル教育を「研究」としてまとめ、その成果を発表する機会があると学びはいっそう深まる。多くの観衆の前で発表するには、そこに至るまでの学習の積み重ねを要する。また、いかに効果的にわかりやすく相手に伝えるかという点で、発表内容の推敲や捨象の作業、プレゼンテーションスキルの向上にもつながる。そのプロセスは、グローバル学習そのものである。

⑤イベント・研修会への参加

「生徒をどんどんイベントに参加させるといいよ」と、初任校でグローバル教育をスタートさせた頃、他校で精力的に実践していた先輩教師がアドバイスしてくれた。情報に敏感になっていると、高校生向け・一般市民向けの国際理解に関するセミナーやワークショップ等のイベントが、実に多いことに気づく。生徒に案内し、声をかけ、希望者を把握し、時に引率までするには、相当のエネルギーを要する。しかし、それを惜しんでい

は、生徒に学びの機会を提供できない。私は、土日にかかわらずそうしたイベントやセミナーに自ら積極的に参加し、関心のある生徒を発掘し、引率した。イングリッシュクラブの生徒も、部活動の一環としてJICAやNGO、地元団体等の様々なイベントに参加させ、見聞を広めさせた。

　外へ出て、他校の生徒や外部の方々と交流し、話し合うことにより、学びが広がり、洞察が深まっていく。クラブで事前学習をしていることでレディネスが高まり、それを土台に新たな知識や発見が上乗せされていく。グローバル教育を地道に継続し、並行して外部から刺激を受ければ、相乗効果で学びはいっそうの深まりをみせる。

⑥県内スタディツアーの企画・実践

　運動部が練習試合や遠征に出かけるように、文化部も時に外へ研修に出かけることにより、学びを活性化させることができる。長期休業中だからこそ取り組める活動はないかと考え、「校外スタディツアー」を企画・実施した。

　JICA東北を訪問し、事業の説明を受けたり、青年海外協力隊OB・OGの方の体験談を聞いたり、併設するJICAプラザの資料の閲覧等をしたりした。また、国際会議等が開催され、在住外国人へ多言語の情報を提供する仙台国際センターを訪問した。生徒たちは校外に出ることによって礼儀作法を実践から学び、地域を知り、国際関係の仕事を間近に見ることにより職業観も育つ。こうした活動は教師にとっても地域の関係機関や関係者との連携強化になり、教育活動の展開においてさらに重要な意味を持つ。

(2) 仙台東高等学校の英語海外文化部のケース
活動内容
　部活動の柱としては次の４つの要素が挙げられる。
❶英語コミュニケーション活動…校内英語スピーチコンテストの運営と参加、英会話・英検の勉強、ALTとの交流等
❷異文化理解…ハロウィン、クリスマスパーティ、世界の料理作り、留学

生との交流等

❸国際理解・国際協力…文化祭での展示（グローバルイシュー等テーマ学習、フェアトレード商品の販売、ユニセフ募金等）、国際協力カフェ、地元NGOへの協力、コンテストへの参加（国際理解に関する弁論大会、英語弁論大会等）

❹ボランティア活動…地元小学生に英語教育ボランティア、NGOへの協力、募金活動、物品回収等

　当初は、英語と異文化理解活動がメインでおこなわれていたが、自ら顧問に就任後改革を進めた結果、上記の❸、❹が徐々に強化されていった。❸については、前任校で培ったノウハウを活かし、国際理解・国際協力をコンセプトにした活動を展開した。これまでの取引先からフェアトレード商品を仕入れて販売したり、テーマを決めて調べたことを展示したりした。恒例となっていたのが、世界の民族衣装コレクションの貸し出し。部員全員が各地の個性あふれる民族衣装を着用し、全体的な雰囲気を盛り上げた。

　❹については、地元の小学生が集まる児童館で年に1～2回、英語教室を依頼されるようになり、部活動として取り組んだ。子どもたちにどうしたら楽しく英語に興味を持ってもらえるか。高校生が「先生」という立場を疑似体験する。プログラム内容はすべて手作りである。英語の基本的なあいさつ、モノ当てクイズ、英語の歌に合わせたダンス等、とにかく楽し

図5　部活動の各要素の関係性

民族衣装に身を包んでフェアトレードクッキーを販売する部員たち（写真手前）と国際協力パネル展示の様子（写真奥）（仙台東高校、2012年）

く英語に触れられるように考え工夫した。特に、手作りの英語カルタは子どもたちに大好評で、毎年夢中になりすぎて乱闘を引き起こすほどであった。高校生の「お兄さん」「お姉さん」たちは、子どもたちに囲まれて、必要とされ、有用感を覚える。児童館の職員の方々にも信頼を得て、地域と学校がつながり理解し合う良い機会にもなっている。

(3) 八戸聖ウルスラ学院高等学校の「ジャンボ国際交流部」のケース
――生き方につながる学びとは　　　　　　　　　　冨永 昌子

①ジャンボ国際交流部とは

　ジャンボ国際交流部は、欧米だけではなく、アジア、アフリカ等様々な国々を知ろう、またそれによって幅広い視野を身につけ"ジャンボ"な人間になろうという目的をもってスタートした。

　創部から20年余りが経ち、私は2002年から部の顧問となり現在に至る。創部から約10年間は、八戸高専の留学生との交流活動や、毎年アジアの国を1つ取り上げ調査・研究し、学院祭での展示や県高校総合文化祭国際理解研究発表大会で発表していた。現在は世界の様々な問題を取り上げ、高校生なりの問題提起、また問題解決のためのアクションとして周囲へ発信する活動をおこなっている。

②活動の概要

活動のねらい

　「世界の様々な人々や諸問題とのつながりにある自分自身のライフスタイルや生き方に気づき、国際社会でより前向きで主体的な生き方を実践していこうとする意欲と力をつけること」を活動の目的としている。活動を通して自分自身のライフスタイルや生き方を見つめることができた生徒たちの多くは、前向きな学校生活を送り、主体的に進路を選択していく。

活動の内容とポイント

　毎年1つの研究テーマを世界(日本)のニュースや出来事から取り上げ、

なぜその問題が起きているのか、どう自分自身に関係しているのかを調査・研究する。また、改めて高校生の視点で問題提起をおこない、その解決のためのアクションとして周囲へ発信するという流れで活動をしている。

研究テーマ

　2004年度：児童労働
　2005年度：子ども兵
　2006年度：エイズ問題と私たち
　2007年度：The World in Japan ～となりに生きる外国人（研修生問題）～
　2008年度：The World in Japan ～外国にルーツをもつ子どもの教育問題～
　2009年度：水から見える世界と私たちとのつながり
　2010年度：牛肉から見える世界と私たちとのつながり
　2011年度：The World in Japan ～在住外国人と震災～
　2012年度：The World in Japan ～外国人妻と震災～
　2013年度：Tシャツから見える世界
　2014年度：おもてなし日本!?
　2015年度：スマートフォンから考える～スマホ利用の国際比較～
　2016年度：ヘイトスピーチと現代日本
　2017年度：違いは乗り越えられる?～タトゥー・入れ墨の入浴拒否から考える～
　2018年度：高校生は環境にやさしい!?

活動する際に意識している4つのポイント
- 1～3年生までが共に、そして互いに学び合える環境づくり
　　毎年約20名前後の部員数で、調査・研究の際には、他学年が一緒のグループになり、先輩がリーダーシップをとって話し合いを進める。
- 扱うテーマは生徒たちが自分たちの目線・立場で共感できるもの
　　テーマは生徒にとって身近なもの（食べ物等）や、時事的な話題であり、実生活の中で考え共感できるものを選ぶ。自分自身の生活と世界とのつながりが実感できることで、研究への興味・関心も持続し、深まる。

● 実際に人に会って話を聞く機会をもつ

　本や新聞記事、インターネット等の情報収集で終わらず、テーマに関連する人に実際に会う。テーマの中での問題が具体的、現実的になるだけでなく、その問題の解決のために信念をもって活動している人との出会いは、生徒のライフスタイルや生き方への問いかけ、刺激となる。またできるだけ生徒自身で相手方と連絡をとり、研究の趣旨や質問事項を説明させる。このようなプロセスは社会で求められるコミュニケーション能力、交渉能力の育成につながっている。

● 学んだことを周囲に発信する（クラス、学校、地域等で）

　様々な機会を活用し、研究を外へ発信する。発信活動によって、研究を振り返ることができ、いただいた評価は生徒の感動や自信となり、課題をもとに研究をより深めることができる。発表場所は以下の通りである。
　・学校内…中学生対象オープンキャンパス、学院祭、PTA総会
　・青森県高等学校文化連盟関係…青森県高等学校総合文化祭
　・外部団体との協力…JICA、八戸国際交流協会のイベント

③何が生徒を変えるのか——生徒の心を動かす人との出会い

テーマ設定の難しさ

　2005、2006年度までは他国で深刻な問題となっている事柄をテーマに取り上げ研究していた。「子ども兵」を研究した際は、日本ユニセフ協会大使のアグネス・チャン氏と対談させていただく等ユニークな人々との出会いに恵まれ、有意義な研究ができた。「子ども兵」の問題は同年代の生徒にとってはインパクトが強い。また、問題が国際社会ではっきり認識されており、資料も集めやすい。その一方で、問題を生徒たちが日常生活の中で意識することがあまりなく、「誰かの問題」と他人事になりやすかった。

出発点は身近なところから

　そこで、2007年度からは、生徒が自分自身の生活とそのテーマとのつながりを見い出せるかを強く意識し、身近な出来事や日本を出発点に、世界

とのつながりと諸問題を考える方法へと変化させていった。ここでは、2007年度に「The World in Japan～となりに生きる外国人～」と題して外国人研修生問題をテーマに研究をおこなった時の出来事を紹介したい。

テーマを絞るために、日本の中の国際化に関する記事を読んだり、市役所・国際交流協会訪問、市内日本語教室を訪問し、話をうかがっていた。そしてある日、「中国人実習生の賃金未払い問題で、実習生の女性3人は18日、縫製会社や受け入れ機関を相手取り、約780万円の損害賠償を求める訴えを青森地裁八戸支部に起こした」という内容の記事（デーリー東北新聞2007年4月19日付）を見つけたことがきっかけで、外国人研修生問題をテーマにすることが決定した。

外国人研修生問題に取り組む

2006年11月13日中国人3名が研修先から脱走。休みをとることを口実に出勤せず、知らぬ間に「外国人研修生ネットワーク福井」とファックスでやりとりをし、彼らの助けもあって、十和田労働基準監督署へ駆け込んだ。彼女らの訴えは、残業と休日も働かされていたことへの支払い請求であることがわかった。また、関係するアクターとの連絡を取って調査を進めた。

縫製会社を訪問

夏休みに3名の生徒を連れて、当事者である縫製会社を訪問した。訴えられている側にもかかわらず、高校生が調べているためか、経営者ご夫婦で応対してくれた。

以下は、訪問後の生徒のレポートの一部である。

> バブル崩壊後、繊維業は後退してきて、いくら作っても元値をとれない状況に陥ってしまった。また、繊維業に就く若者の減少により、人手が足りなくなった会社は、縫製工場組合の誘いを受け、中国人研修生の受け入れに踏み切る。中国現地で面接をし、研修生3名を連れ

てきた。

　ところが、中国人研修生を受け入れたものの、仕事の効率はさらに落ち、会社は経営不振に見舞われてしまった。さらに研修生の生活はあまりきれいと言えるものではなく、物は散らかり、風呂の使い方も悪く、奥さんは掃除が大変で、一人っ子政策で生まれた一人っ子のためか、わがままでうるさかった等、出てくるのは否定的な発言ばかりだった。研修生にかかる費用は多く、研修生を雇う前よりも更に借金をしてしまったとのこと。「中国人研修生を受け入れたメリットは？」と問いたところ、夫妻は首をふり、研修生制度は研修生にも受け入れる側にもメリットはなく、研修生制度を廃止すべきと言っていた。

　メディアに対しても、自分たちの言い分を聞くことなく一方的な報道がされたこと、さらにパスポート、貯金通帳の取り上げ等の事実と異なったことも報道されたと怒りを抑えきれない様子だった。

何が真実なのか──社会の矛盾に直面する

　訪問前生徒たちには、記事で読んだ「休みもほとんどなく、過酷な労働をさせられた。残業もさせられ、その分の給料も支払われていない。パスポートや保険証を取り上げられ、拘束状態で働かされた」という内容から「研修生がかわいそうだ」という思いが強かった。

　しかし、実際経営者夫婦と会い、「残業や休日の出勤は合意のもと。残業手当は施されていた。パスポートや保険証は、本人たちの同意の上で預かっていた。新聞社は会社側には事実確認もせずに事件を掲載した」という意見を聞き、その内容の食い違いにショックを受けた。この矛盾に対するショックが良かった。何が真実なのか。本当の問題は何なのか。さらなる研究のモチベーションにつながった。

　研修生に直接会って話を聞くことができなかったため、問題に関するアクターへの調査は十分だったとは言えない。しかし、訴えられている側に話しを聞き、新聞報道だけではわからなかった研修制度自体の矛盾に疑問を持ち、また研修制度を利用せざるを得ない企業の苦しみを直接感じるこ

とができた。自分の生活の身近なところで起きている問題にもかかわらず全く知らなかったことへの恥ずかしさ、憤りややりきれない感情は「もっと知りたい」「もっと知る必要がある」という強い思いへとつながっていく。訪問した生徒たちはすでに大学を卒業する年齢となったが「高校生のときのあの訪問は本当に衝撃的だった。あのようなインタビューができたことは今でも忘れない」と話す。

周囲へと発信する

　部活動では調査・研究した内容を発信することを大切にしている。発信することで様々な評価を得る。その評価は確実に生徒にとって自信につながり、他の機会においても挑戦しようと意欲を与えてくれる。または足りない点、工夫すべき点等、必要な課題を教えてくれる。クラスメイト、学校全体、地域の人々、この機会づくりが顧問の重要な役割でもある。

　幸運なことに、青森県高校総合文化祭「国際理解部門」の研究発表部門では、2008年〜2012年度までの5年間続けて最優秀賞をいただくことができた。結果に残すことで、さらに次の機会につなげることができる。

④活動を通して見られる成果
Be the Change──私が変わる、私が変える

　「研究（新しい発見）＋感動（驚きや憤り等）⇒周囲への発信」という活動の流れは、生徒に社会とのつながりを実感させ、「自分にできることは何か」を考え、「できることは行動してみよう」という前向きな姿勢を育む。1つのテーマを部全体で協力して調査し、発信活動をおこなうため、協調性も生まれていく。

　「海外に行かなくても世界について考えられることがわかったし、足元にある問題に気づき・行動することの大切さを学んだ。卒業後は就職するが、自分のいる場所でできることをしていきたいと思えるようになった」と卒業生のひとりが話していた。またある卒業生からは「ヴァーチャルウォーター、牛肉、震災と、様々な視点から世界を見ることによって、興

味のあることが日に日に増えていきました。大学に行ってからもボランティアやワークショップにたくさん参加し、今度は私が伝えられる側に立てたらいいなあと思っています。そして教師になることが今の私の夢です」という手紙をもらった。

「自分にも何かできる」「何かしたい」という問題解決型、未来志向型の若者が、それぞれの選んだ分野で活躍していく…そのような若者が増えたら、日本はもっと豊かになるだろう。それは、教師という職業を通して「人や社会との前向きな関わりがもてる若者を育てることで、より良い社会づくりに貢献したい」という私自身の信念でもある。今後もこの思いを大切に、地道にそして楽しんで活動していきたい。

(4) 青森県立むつ工業高等学校「国際理解愛好会」のケース

南澤 英夫

グローバルシティズンシップを育てる教育

　これは、私(南澤)が勤務していた1999年から2011年までの青森県立むつ工業高校での13年間の国際理解愛好会の主な取り組みである。愛好会の具体的な活動は、①インド・カンボジアへの国際的な支援活動、②研究発表、③活動の映像化(映像制作)が中心である。国際理解愛好会活動の大きな目標は、世界平和構築にむけて行動することである。それは、自分たちが興味関心を持ったことを、自分たちの視点で伝える行動である。下記にそれぞれ活動の概要を紹介しよう。

①インド・カンボジア支援

　インド支援については、約10年間実施した。支援開始当時インドについての知識やノウハウがなかったため、青森市にあるNGOの協力を得て進めた。また、インド・西ベンガル州にある農村開発NGO、DRCSCからの協力も得て実施している。これまでにおこなった支援は以下の通りである。
●センター建設支援：公民館的な機能を持った多機能施設の建設支援。

- 絵本支援：センター内に図書コーナーを設置してもらい、子どもの娯楽と識字教育の推進を目的として、日本の絵本を送っている。絵本はベンガル語に訳す他、インドの方が絵を見て新しい物語を作る等、様々な形で活用されている。既に総計600冊以上の絵本を支援

学校で集めた絵本がインドで活用されている様子（本にはベンガル語の訳がついている）

している。絵本は地域の保育園等の協力を得て回収しており、まさに地域を上げての国際協力活動となっている。さらに、回収するために「国際協力ボックス」を作り、利用している。
- 環境問題支援：支援金の一部をインドにおける「環境教育」のテキスト作成等に活用してもらっている。インドでも環境教育の重要性は高まっており、基礎的な環境に関する知識を学べる「環境教育の教科書」作りを支援している。
- 母親の自立支援：乳幼児を抱えるお母さん方に、現金収入を得る技術を学ばせ、実際の収益を生み出せるようにするための支援である。実際には日本の小学生が利用し、その後使わなくなった「裁縫セット」を集め、その裁縫セットをインドに送り、インドのお母さん方に裁縫を教えることによって、経済的自立を支援するものである。

②**研究発表**

　国際理解愛好会として力を入れてきた活動の1つが研究発表である。研究発表は、青森県高校総合文化祭での発表が中心である。この研究を通じて様々なことに関心を持ち、問題解決に向けて積極的に関わろうという意欲が生まれている。また、本校の愛好会の研究発表が他の学校と違うのは、映像制作を一緒におこない、研究発表を映像の形で記録し、研究発表以外の場所でも映像を積極的に活用していることである。同じ高校生の学びとして発信することで、より多くの高校生の関心が国際問題に向くこと

を目指している。

③映像制作

● 薬物乱用防止広報映像制作

　これは2つの視点から始まった取り組みである。第1に薬物問題に対するアドボカシーの取り組みとしての映像制作と、第2に純粋に薬物問題についての研究をする中で、自分たちにできることとしておこなった映像制作である。すでに3回実施し、先輩が取り組んだ薬物問題を後輩が継続して実践している。

　さらに、国際問題としての薬物については、青森県高等学校総合文化祭で研究発表としてまとめた。その一環として「薬物乱用防止広報啓発映像」(30秒のCM)を制作している。作品は2年連続で「文部科学大臣賞」を受賞し、1年間にわたりサッカーJリーグ公式戦全試合において、会場の大型スクリーンで放映された。

● 平和への取り組み：戦争の事実を記録し伝える平和祈念映像制作

　平和はもたらされるものではなく、積極的に創造していくものである。この観点に基づいて、高校生ができることを考え、平和祈念映像制作をおこなっている。

　1回目のDVD制作が「紙芝居を映像として残す」という作業であったのに対し、2回目は、紙芝居を制作した満州引揚げ体験者の平和への思いと高校生の思いを、「すいとん」という食べものをキーワードに映像を制作した。映像は多くの方に見ていただくこと、関心を持ってもらうことを目的として、高校生の平和祈念映像制作コンクールに出品した。単年度で終わりがちな取り組みを、複数年にわたって取り組んだことに大きな価値があった。戦争体験者の話をさらに掘り下げて伺うことができたからである。また、作品をDVD映像としたことで、多くの平和の集い等で上映することが可能となった。視聴していただいた多くの方から、「今の高校生に平和の希望を見つけることができた」という感想をいただいたことが、何よりの評価であった。

心に生きている、国際理解の学び

末永 むつみ

はじめに〜現在の私〜

現在、私は地元のコミュニティセンターにて、講座や教室を担当する事務職員をしています。老若男女を対象とした、年間6〜7種類の講座を計画・実施する仕事です。どっぷり「地元人」「日本人」をしている生活、とでも言えるでしょうか。

高校時代に国際理解について学び、大学では国際文化学科に所属、そして現在は地元で「国際」とは直接あまり関係のない仕事…？

社会に出た今、国際と一見関係のなさそうな日々の中に、私の受けた教育はたくさん活きています。

高校1年生
イングリッシュクラブとの出会い

国際理解の扉が開いたのは、2005年、私が高校1年生の時でした。当時副担任だった石森広美先生やALTに誘って頂いて、「英語が上達すればいいな…」と気軽に入部したのがイングリッシュクラブでした。

当時の私にとって、英語や海外と言えば、欧米諸国や先進国、というイメージでした。最初は、英語のクラブ活動に、どうして開発途上国のことが関係してくるのだろうか、と思ったこともありましたが、実は英会話力そのものより、英語で何を話すのかが重要であるのだから、世界の中の出来事として開発途上国のことも知らなければならなかったのだとわかってきました。

ある日、石森先生と皆の会話の中で、「英語を話すことは目的ではなく、手段。英語を使って何をするのか、そこが大事なのよ」という言葉を聞いた時は、英語の一歩先を考えていなかった自分の甘さを痛感しました。私はイングリッシュクラブで、英語で何をしたいのか、自分なりの答えを探してみようと、より一層クラブ活動に力を入れていきました。

高校2・3年生
自分なりの取り組みを織り交ぜて

自分が変わる大きなきっかけとなった国際理解。進級し、部長となりました。クラブの後輩たちにも開発途上国や世界のこと、色々なことを知り、吸収してもらえるよう、日々のクラブ活

動を進めました。地域の国際関係のイベントで発表したり、文化祭では趣向を凝らし国際理解に関する展示や異文化パフォーマンス、フェアトレードのクッキーやお茶を出す国際協力の喫茶店等をおこないました。クラブ入魂の展示は毎年地元の方々にも好評でした。3年間のクラブ活動や国際理解の体験を通して、「粘り強く物事に取り組むこと」「リーダーシップ」を身につけることができたように思います。人の上に立つことや、人前で話すこと等に物怖じせず堂々と取り組めるようになったと実感しています。

大学生活

大学では、「これ」と決めずに色々なことを心の赴くままに様々なことに取り組んでみました。また、4年間継続して町の国際交流イベントにボランティアとして参加し、町内在住の外国人の方と知り合うことも増え、身近に多くの外国人が住んでいることもわかってきました。

大学4年間の中で、高校時代に学んだ国際理解とは少し離れた部分もあったかもしれません。しかし、偏見なく相手に接することや、取り組みの1つひとつを最後まで粘り強く進めた点で、私の中に十分、高校時代の学びは活かされました。

最後に〜 社会人となって 〜

祖父が亡くなり、それをきっかけに自分のルーツを見つめ直した時、生まれ育った地元への思いが強くなるのを感じました。今まで受けた国際理解教育や学んだ国際文化を携えて、自分のルーツであり、私を育んでくれた地元で仕事をする。世界のことを考えながら、地元で行動する。そんな生き方も選択肢の1つではないか？と思ったのです。

仕事内容では確かに国際関係と離れる部分もありますが、国際理解を通して学んだ「ちがいを認め合う心」が、自分の心に定着していることを、日々実感しています。

好きな部分は見習い、苦手な部分はそこそこに捉え、「この人は、こういう人なのだ」と相手をそのまま受け入れ、ちがいを認める。異文化理解です。そうすることで、変えようのない他人に対して腹を立てることが本当に

少なくなるのだと感じます。

　そしていつでも、どんなタイプの方に対しても、心の間口を大きく開き、ウェルカムの気持ちを持って笑顔で接するよう心掛けています。この心の持ち方は、国際人に必要なことではないかと考えています。世界のどんな人に対しても、あらゆる場所でも、役立つものではないでしょうか。

　仕事をしながらだと、どうしても日々の生活に追われてしまいがちですが、私はかつて私の中に根づいた世界への「ご近所さん感覚」を持ち続けるよう、常に意識して周りを見るように心がけています。手に取る物、目にするニュース、それらは決して遠い世界のものでも、自分とは無関係でもない。巡り巡って自分と関係している。だから、できるところから、行動しよう…と。

　"Think globally, act locally（地球規模で考え、足元から行動せよ）" 高校時代に学んだことばです。舞台は地元でも、常に世界への関心を持ち、この言葉を具現化するように、また明日から、国際人として笑顔で地元での仕事に取り組みたいと思います。

末永 むつみ　（すえなが むつみ）
1988年生まれ。（宮城県遠田郡）小牛田町立（現在は美里町立）小牛田中学校、宮城県小牛田農林高校総合学科、宮城学院女子大学国際文化学科卒業。趣味はピアノ演奏・音楽鑑賞・読書。傍らに愛猫2匹とコーヒーがあれば幸せ。家族や友人と過ごす時間を大切にしている。

（2013年4月現在）

経験を通して広がった視野

相沢 咲希

国際理解に興味を持ったきっかけ

私が国際理解に興味を持ったきっかけは、高校1年の夏に参加した、学校主催のグローバルリーダー養成講座です。これは、アメリカから来た大学生と日本の高校生が、様々なテーマについて、英語で授業を受け、議論するというものでした。日米の教育方法の違いや自己表現の違いなどに触れ、この講座を通して、私はもっと文化の異なる人と関わったり、新たな価値観に触れたりしたい、と思うようになりました。

新たな気づき

私の所属していた英語部では、国際理解に関する活動にも力を入れていました。顧問の石森先生の勧めで、ユネスコ主催のESD（持続可能な開発のための教育）に関する海外研修に応募し、高校1年生の春休みにインドネシアを訪れることができました。開発途上国に行ったのはこの時が初めてでした。滞在中、多くの人が仕事中におしゃべりをしたり手を休めていたりすることに、日本との違いを感じ、違和感を覚えていた時のことです。三菱UFJ銀行ジャカルタ支店を訪問した際に伺った、日本人の副支店長さんの言葉が印象的でした。「日本と違う点をいちいち日本の感覚に合わせようとするのは、お互いに疲れるだけ。インドネシアで働く、日本人の上司としてするべきことは、この国の国民性に合わせて会社を回していくこと」。私は、インドネシアの常識や国民性に配慮することなく、ただ日本の価値観から考えて、仕事中の態度が悪い、と一方的に思っていたと分かりました。そんな私にとって、この言葉は新たな気づきでした。

支援のあり方とは

また、高校2年の夏に学校のプログラムで、カンボジアである村に対する支援を行うための、水利用に関する調査をしていました。その村では、ほとんどの家庭で飲料水として井戸水を使っていますが、その水質は決して良いものではありません。村の持続的な自立を目指すという目的で、いくらなら自分で浄水器を買おうと思うかというインタビューをしました。その結

果、「浄水器は無料ならばもらうが、自分で買いたいとは思わない」という声が多く聞かれたことに、私は考えさせられました。日本を含めた先進国は色々な物を支援していますが、それが本当に必要とされているのか、自立を促す支援とはどのようなものなのか。支援するという一方的な立場ではなく、現地の人と共に生きるという感覚が必要なのだと思います。こちらの文化、価値観を押しつけるのではなく、現地の人々が生活の中で維持していける形態を作る力になるべきです。例えば、その村で伝統的に行われてきたことは、科学的ではなくとも、何かしらの意味があり、人々の思いがあります。それらを、決して無視してはいけないのだと気が付きました。

将来につながる財産

私は、大学で環境工学や住環境について学び、地球環境と共に生活していく、自然や資源の再生速度を超えない社会の実現に貢献したいと思っています。科学的なことを学ぶことはもちろん大切ですが、実際に社会で暮らし、技術を使うのは私たち人間です。技術をただ丸投げ、押しつけるのではなく、使う人の文化や考えに合わせて創造していく必要があります。

高校時代に、国際理解という形で、世界には様々な価値観を持った人がいて、考え方は今まで生きてきた環境に大きく影響されていることなどを、身をもって感じ視野を広げることができたのは、私にとって大きな財産となっています。これから、もっと色々な人と関わり、新たなものに出会い、思考の幅を広げていきたいです。そして、科学技術を世界の様々なところで暮らす人々に還元できる人になりたいです。

相沢　咲希（あいざわ　さき）

2000年石巻市生まれ。仙台二華中学校・高等学校卒業。現在、北海道大学総合教育部1年。高校時代は英語部部長を務め、在学中にユネスコインドネシア研修、学校のカンボジアフィールドワーク、イタリア姉妹都市交流などに参加。また、部活動を通して、国際理解に関する弁論大会、JICAエッセイコンテストなどに挑戦し入賞。好きなことは、アコースティックギターを弾くこと。

（2019年4月現在）

9. 海外研修旅行（修学旅行・スタディツアー・語学研修）

　広く言えば、海外研修旅行やスタディツアーも「国際交流」であるが、ここでは独立した1つのカテゴリーとして扱う。
　異なる環境に身を置き、異文化を肌で感じ、国際理解を深める意味で、海外研修旅行は効果的な手段であることは間違いないだろう。
　文部科学省・2013年度の統計によると、外国への修学旅行を実施している高校は1300校で、行先は30か国以上にわたる。参加生徒数からみると、英語圏であるアメリカが最も多く、次いで東南アジアで広く英語が通用し治安の良さでも定評があるシンガポール、そして、隣国である台湾、東南アジアのマレーシアと続く[1]。なかでも近年、物理的・心理的な距離の近さや治安の良さ、日本と関わりの深い歴史的遺産、交通の利便性の高さ等から、台湾への渡航の伸びは顕著で、2016年度はトップの渡航先となった[2]。
　いずれの研修地においても重要なのは、プログラムの内容、研修の視点である。大人になってから自分で遊びに行くのと同じようなものではなく、高校生の海外研修だからこその気づき、学びのデザインが欲しい。同世代の高校生との意見交換、環境学習、文化紹介、歴史的に意味のある場所（平和の大切さや人権等について教えてくれる「負の遺産」等）、社会問題を考えさせるような場所（孤児院、NGO等）を、教育的意義を検討しながら意図的に盛り込む工夫が必要とされる。以下、具体例から検討してみよう。

（1）グアムにサイパンでの国際理解学習を加えて

　グアムは"日本から最も近い英語圏"として、人気の研修先である。しかし、日本語が通じるリゾート地であるがゆえ、プログラム内容や展開に注意しないと、「修学」旅行ではなく「観光」旅行に陥る危険性がある。以前の旅行では、買い物とビーチに多くの時間が割かれていた。私は、せっ

かく15万円も払って行く修学旅行なのだから、学びを深めさせるようになんとか仕掛けをしたい、とかねてから構想していた。

そして、自分の担任するクラスの生徒を率いる年度にあたった際に、このグアム修学旅行を改良することにした。学校の諸般の事情で行き先自体を変更することはできなかったが、何らかの工夫を施すべきだと考えた。グアムに行くのならば、ショッピングや遊びの時間を削減して異文化理解を充実させるとともに、サイパンを訪問先に加えて平和学習を実施することにより全体的に国際理解の視点を強化し、さらに環境学習の視点も加えることを検討した。そして実施したのが、表14の修学旅行である。下線部分が前年度にはなかったアクティビティである。

表14 新 グアム・サイパン修学旅行 行程表（2010年）

日時	行　程
1	仙台 11：55 ─ グアム（乗り換え）─ サイパン 20：50
2	午前　サイパンでの平和学習（バンザイクリフ、日本軍最後の司令部跡、アメリカンメモリアルパーク、中部太平洋戦没者の碑等） 午後　空路、グアムへ 15：55　夕食後、ホテルへ
3	午前　グアム大学訪問（英会話レッスン、大学生の案内によるキャンパスツアー） 午後　島内観光 夜　　チャモロビレッジ・ナイトマーケット
4	午前　学校交流（現地高校訪問・パフォーマンス・交流） 午後　エコ・アクティビティ（マリンアクティビティ／熱帯雨林トレッキング選択）
5	ホテル 発 5：30 ─ グアム 発 ─ 仙台空港 着 10：55

太平洋戦争の激戦地であったサイパン。まず、ここで平和学習を実施するようにした。また、グアムでは先住民チャモロ人の伝統文化を理解し、地元の人々の生活文化や暮らしぶりを垣間見るという観点から、週に一度開催されるローカルマーケットであるチャモロビレッジ・ナイトマーケット訪問を加えた。さらに、ただ無目的にビーチで遊ばせるのではなく、海洋保護や自然保護を意識させることを目的として、中心地から離れたグアム島最北端のエコパークにてグアムの自然についてのレクチャーを受ける機会を設けた。その後、海と山に分かれて、美しいサンゴ礁でのシュノーケリングや熱帯雨林のトレッキングを体験した。

生徒はしっかりと趣旨を理解してくれ、「学習」の色彩を前年度より打ち出したにもかかわらず、「後輩たちにもぜひサイパンに行って欲しい」「来年度以降も続けて欲しい」と大好評であった。

―生徒の感想―

　今年初めて修学旅行にサイパンが加わり、平和学習をさせてもらって感じたことはたくさんありました。メモリアルパークで見た太平洋戦争の映像は本当に残酷なものでした。でも、戦争を知らない私たちにとってそれを知ることはとても大切なことだと思います。事前学習をしていったのですが、実際に自分が日本軍の兵士や民間人が集団自決したバンザイクリフやスーサイドクリフ等、その場に立って見てみるとやはり迫力や雰囲気が全然違いました。また、エコパークのビーチは、とても透き通っていてきれいで感動しました。

　この修学旅行のメインである現地高校生との交流は、最初コミュニケーションがうまくとれるか不安でしたが、みんなとても優しくて、明るくて、とても楽しかったです。日本の高校との違いも発見できて、いろんな刺激も受けました。

高校生たちは、意外にも、単なる「遊び」的な要素だけではなく、自分たちにとってためになるような「学び」も望んでいるのである。

（2）シンガポール研修旅行の企画

　前任校で国際部長を務めていた時、希望生徒を対象にした新しい海外研修を企画する任務が課された。条件は、「短期間で行ける」「近場」「費用を安くする」「多くの生徒が参加できるようなもの」といった内容だった。
　私はかつてシンガポールに3年ほど滞在した経験があったため、シンガポールならば良い研修計画を立案できる。何よりも、英語を公用語の1つとしており、治安が良い上に衛生面でも心配がなく、政治的に安定しており、親日的である等、生徒を連れていくには不安要素が少ない。また、教

育水準も高く教育制度もユニークで興味深い。多民族・多文化社会であり、多方面からの学びが期待できる。タイやマレーシア、フィリピン等も候補地として検討したが、最終的にはシンガポールに決まった。

次に、4泊5日の短い期間にいかに充実した研修を実現するか、プログラム内容が問われる。最終的に、旅行会社とやり取りしながら作り上げた、第1回シンガポール研修は、次のようなものである（表15）。

表15　第1回　シンガポール研修日程（2013年）

月　日	行　程	宿泊地
8／3（土）	仙台空港発8：05（ANA） ― 成田乗り継ぎ ― シンガポール着（17：20）	ホテル
8／4（日）	【異文化理解・国際交流】国境を越えマレーシアの農村で異文化体験プログラム ホームビジット・村人との交流（村の歓迎式、民家訪問、民族衣装体験、伝統的な遊びの体験、天然ゴム・アブラヤシプランテーション見学、フルーツ記念植樹等） 【キャリア研修】夕刻、在留邦人の講演会	ホテル
8／5（月）	【国際交流・英語研修・異文化理解】シンガポール大学生による街案内。インド人街、アラブストリート、チャイナタウン等エスニックタウンを歩き、多民族国家の文化を学習 【見学研修】夜間、ナイトサファリ	ホテル
8／6（火）	【国際交流・英語研修】シンガポールの高校訪問・学校交流（プレゼンテーション、校内見学、文化交流会等） 【見学研修】国立博物館、国会議事堂、ボタニックガーデン、ラッフルズ卿上陸の地、マリーナベイサンズでの夜景等	機中
8／7（水）	シンガポール空港発0：55（ANA） ― 成田乗り継ぎ ― 仙台着（11：05）	

研修のポイントは、【異文化理解】【国際交流】【英語研修】【キャリア研修】である。それまでオーストラリアで実施していたような、比較的英語が得意な英語科を中心とした生徒を対象とした「英語」のスキル上達に焦点を当てた研修ではなく、広く異文化への興味関心を高め、国際理解への「入口」となるような研修に趣を変えた。英語も使うが、それ以上に、異文化を肌で感じ、視野を広げ、その後の学習や国際活動につなげることに重心を置いた。

結果的に、第1回目のシンガポール研修には、運動部の生徒や英語には苦手意識を持つものの異文化に興味を持つ普通科の元気な男子等、それまでのオーストラリア語学研修には反応を示さなかった生徒層が多く参加し

た。多様な生徒30名が集まり、事前研修を10回程度実施して現地での研修に臨んだ。

　同世代の高校生との交流だけでなく、シンガポール国立大学の学生さんが引率してのフィールドワーク（班別研修）も好評だった。また、進路学習にも役立てたいと考え、現地に駐在する日本人の講演会も盛り込んだ。海外のグローバル企業で働く苦労や喜び等を語ってもらい、生徒たちは刺激を受けていた。

　また、環境や開発にも関心の目を向けさせたい、陸路で国境を超える体験をさせてみたい、隣の国でありながら全く異なる雰囲気とイスラム文化を肌で感じさせたいとの思いから、隣国マレーシアにも1日足を運ぶようにした。一般家庭を訪問し、マレーシアの家庭料理を食べながら文化や人々の優しさに触れ、広大なアブラヤシプランテーションでは開発と環境問題、そして私たちとの暮らしとの関連を考えさせた。

　観光面では、世界で唯一の夜間動物園（熱帯雨林が残る自然区域で夜間にのみ開園するオープンズー）であるナイトサファリ、日本でも有名になったマリーナベイサンズからの夜景観賞は、旅行会社に申し入れて組み入れてもらった。生徒の満足度は非常に高いものとなった。

　今後の可能性としては、課題解決型、ボランティア体験型、社会調査型、草の根交流型等、より高いレベルの教育活動を盛り込んでいくことが考えられる。

（3）事前・事後指導

　ただ現地に連れて行って終わり、では効果が十分ではない。事前・事後の指導は重要な意味を持つ。事前指導では、訪問国事情や文化、マナーだけでなく、訪問国の社会問題、日本とのつながりについて調べさせるとよい。また、訪問国のみならず、自国の社会問題、文化についての認識を深めさせ、自分の意見を表現できるように指導しておくとよい。事前指導を重ねるにつれ、「日本の代表」としての自覚が芽生えるとともに、参加者同士の連帯が生まれ、良い雰囲気になる。学校全体、クラス全員で参加す

る場合は別だが、クラスや学年が異なる20名〜30名の団体（訪問団）として、海外研修やスタディツアーに臨む場合、仲間意識や結束が重要である。そのために、私はいつも10回程度の事前研修を実施している。

　また、本研修が無事に終わるとつい事後指導をおろそかにしがちであるが、「やりっぱなし」にせず、振り返り、学びを見つめさせ、今後につなげさせる手助けをしたい。事後指導により、その先の活動が変わってくる可能性がある。事前・事後指導のポイントを次のようにまとめた。

事前指導のポイント

- 数か月をかけて、5〜10回程度おこなう
- 訪問国事情（歴史、政治、文化、ことば、マナー、教育事情、社会情勢等）の学習
- 訪問国と日本とのつながり（歴史的つながり、経済的なつながり等）の学習
- 紹介したい日本の社会事情や文化、地域の伝統や文化の学習
- 書籍を読ませたり、調べさせたりする
- テーマを決めてプレゼンテーションをさせる
- 生徒リーダー、副リーダーを決め、自律的にリーダーシップを取らせる
- 全員に何らかの役割を与え、訪問団の一員であることを自覚させる

事後指導のポイント

- 学びを振り返り、レポート（報告書）を書かせる
- 報告書の作成、関連部署への配布
- 事後にも1、2度集まる機会を作る（相互の振り返りと共有）
- 学びを他の生徒にも波及させる
  （クラスでの発表、学年集会や全校集会での報告会等）
- 学びを様々な形でまとめ、発信させる
  （スピーチコンテスト、弁論大会、エッセイコンテスト等）
- 交流先の人々と交流を継続させるよう励ます

9. 海外研修旅行（修学旅行・スタディツアー・語学研修）

　海外研修旅行、スタディツアーは学びの宝庫である。そのような機会が学校にあるならば、事前・事後を含め、グローバル教育の実践の場として大いに活用したい。

海外研修旅行（国際交流）の引率教員に求められること
- 安全確保が第一、仕事は「点呼」だけではない
- 学校、保護者への連絡、報告
- 現地関係機関との連絡調整
- 事前事後学習の計画・実行
- こまめな声がけ（貴重品管理、体調管理）
- 学びのサポート・補足説明・フィードバック
- 楽しむところ・しめるところのメリハリ
- 教師と生徒との信頼関係、安心感の醸成
- 振り返り、その後の学習や行動への動機づけ

　スタディツアー等の海外研修旅行は、現地とつながり、新たな活動のきっかけとなる。「百聞は一見に如かず」というように、直接的な「体験」「経験」となる旅行自体の持つインパクトは大きい。しかし、一過性の感傷で終わらせるのではなく、本物の学びにするには、教師側の仕掛けや意識に依るところも大きい。

　旅行の前には意欲と動機を高め、仲間意識と連帯を強化しながら、研修をおこなう。研修旅行に向けての各自の課題等が明確になると、なお良いだろう。

　旅行中は、安全確保、体調管理に気を配りながら、研修地で見聞したことに対する補足説明等を必要に応じておこない、また学びを振り返らせることで、見聞したことが深まり、生徒に意識化される。そして、注意を喚起するところや楽しませるところ等、メリハリをつけて有意義な旅行となるよう細やかなアシストをおこなう。

　事後も行かせっぱなしにしない工夫が必要である。私は、旅行参加者全

員に事後レポートを課すだけでなく、「体験」をした生徒には、それを生かして発信するように「弁論大会」「エッセイコンテスト」「スピーチコンテスト」等に出場するように勧めている。文化祭での展示発表や学びを共有するための自主企画等でもよい。事前・事後学習や活動のアイディア、サポートによって、海外研修の色彩が違ってくる。せっかくの貴重な現地学習を、より教育的意味のあるものに発展させたい。

《注・参考文献》

1 文部科学省「平成25年度高等学校等における国際交流等の状況について」〈http://www.mext.go.jp/component/a_menu/education/detail/__icsFiles/afieldfile/2015/04/09/1323948_03_2.pdf〉（2019年5月19日アクセス）
2 公益財団法人全国修学旅行研究協会(2017)『平成28（2016）年度全国公私立高等学校海外修学旅行・海外研修（修学旅行外）実施状況調査報告』〈http://shugakuryoko.com/chosa/kaigai/2016-00-all.pdf〉（2019年5月19日アクセス）

9. 海外研修旅行（修学旅行・スタディツアー・語学研修）

Tips of Global Education 1

～海外で喜ばれるお土産～

　中高生が海外に出かけたり、あるいは外国からの訪問団を学校で受け入れたりする直接交流の機会が増大し、「どんなお土産を用意すればよいか」生徒や同僚から相談を受けることも多い。もちろん、お金を出せば伝統工芸品など何でも買えるが、ここでは、これまでの経験を踏まえ、中高生でも低予算で購入可能なもので、かつ海外の人に喜ばれる"手軽な"お土産の例をまとめてみた。

文房具
・付箋（おにぎりや富士山、お相撲さんなど、日本文化を反映したかわいい付箋がいくつも出ている。外国にも付箋自体は存在するが、種類の豊富さは日本が圧倒的である）
・ボールペン（日本のボールペンは書きやすく、高品質で長持ちする。2色・3色ペンなども良い）
・消せるペン（フリクションボールペン、サインペンなど、海外ではまだ珍しい）
★軽くて実用的な文房具はおすすめ。特に学生には好評。また、開発途上国ではボールペンは貴重で、日本の高品質のボールペンはお土産としてたいへん喜ばれる。

お菓子・食べ物
・ご当地"キットカット"（定番の抹茶に加え、日本酒、桜などの日本の味のほか、地方のご当地フレーバーもある。キットカット自体は海外でも売っているが、各種フレーバーは手に入らないので喜ばれる）
・個包装のおせんべい（米のおいしさを伝えたい。塩、しょうゆ、青のり、サラダ味、揚げせんべい等々、いろいろな味のライスクラッカーを紹介しよう）
・チョコレート（日本のチョコレートのおいしさ、種類の豊富さと見た目の美しさは世界トップクラス）
・抹茶やほうじ茶のティーパックや粉末タイプ（気軽に日本のお茶を味わってもらえる。抹茶ファンも多い）
・インスタント味噌汁（意外に味噌汁のファンは多い。生みそタイプのほかフリーズドライもある。お湯を注ぐだけなので便利）
★賞味期限にも注意。配りやすさや衛生面からも個包装が良い。相手の宗教やアレルギーなども心に留めておこう。作り方や原材料を説明できるように準備しておこう。

日本文化紹介グッズ・もの
・ミニ風呂敷（かさばらず持っていきやすい。和柄もいろいろあってかわいい。"もったいない"文化を伝える小道具としても使える。壁掛けのようなインテリアにもなる）
・手ぬぐい（老若男女問わず、万能に利用できて実用的）
・扇子（コンパクトにしまえる。柄もきれいで喜ばれる）
★荷物にならず、日本らしさを感じられる。大きな飾り物よりも好みに影響せず、飽きずに使ってもらえる。

10. 体験的な学習（フィールドワーク・地域や社会、校外での学習）

　児童・生徒が校外に学びの場を広げ、様々な体験をしたり、人々に出会ったりして学ぶ体験的な学習や校外学習、フィールドワークは、当事者意識の向上や問題解決へ向けた態度の形成に有効である。その過程で、学んだ知識を実際の社会や日常生活の中で活用できる力を身につけ、市民性を養っていく。

　新しい学習指導要領の理念には、「社会に開かれた教育課程」が掲げられており、「社会や世界の状況を幅広く視野に入れ」、「社会や世界に向き合い、関わり合い」、「学校教育を学校内に閉じずに」教育をしていく重要性や、社会・地域との連携・協働の必要性が謳われている[1]。新しい時代に必要となる資質・能力、とりわけ「生きて働く知識・技能の習得」の観点から、学校教育において校外で学ぶ体験的な学習や、平常の学習活動の一環としてのフィールドワーク等の意義は、今後より高まっていくだろう。

　また、日本国際理解教育学会が整理した同教育の目標と内容構成においても、「（人と）出会う・交流する」「（何かを）やってみる・挑戦する」「（社会に）参加する・行動する」という「体験目標」が設定されており、その理由として「体験すること自体の中に、学習者にとってのさまざまな気づきや発見、喜びや感動がある」と説明している[2]。

　事実、体験によって様々な気づきや学びが生起することは、すでに多くの生徒が証言している。現在私が勤務する高校では、国内外のフィールドワークをはじめとして実に多彩な体験的な学習の場を提供している。全員参加必修のものもあれば、希望すれば参加できる選択制のものもある。その教育的意義は、本書で紹介する学習者である生徒たち自身のことばに譲ることとしたい。

(1) 仙台二華中学校・高等学校での「水問題」をテーマにした フィールドワーク

　仙台二華中学校・高等学校では、併設型中高一貫教育校という強みを生かし、中学から高校にかけて連続的に「世界の水問題」に関する国際的な課題研究に取り組み、その一環として自然巡検やフィールドワークを実施している。

　その目的は、「現在および過去に起きた現実の社会問題を学習することを通して、現代社会に生きる地球市民としての当事者意識と適切な世界観を育成する」ことと、「人と環境との関わりについて考える機会とする」こと。キーワードは「持続可能」である。いくつかの取り組みを紹介しよう。

①仙台二華中学校「北上川フィールドワーク～ヨシ原の再生から環境問題を考える～」

　中学校2、3年では、県内にある石巻市の北上川河口付近において、2学年合同で「北上川フィールドワーク」を実施している。主な活動内容は、震災によって失われた「ヨシの移植活動」と「干潟の生物の観察」。専門家の指導のもと、生徒たちはヨシの移植活動に取り組む。

　ぬかるみに足をとられ、服や顔に泥をつけながらも、みんなで協力して懸命にヨシを運ぶ生徒たちの姿を見た地元の方々からは感謝の言葉をいただく。かつて、北上川河口はヤマトシジミの一大生息地であった。しかし、ヨシ原の消失により塩分濃度が高くなったため、以前のように生息できなくなった。ヨシ原は、ヤマトシジミをはじめとして生物多様性の観点からも不可欠な存在であると生徒たちは改めて認

植える箇所をスコップで掘る作業

識する。専門家によれば、ヨシ原のもつ環境保全機能は極めて高く、ヨシ原100ヘクタールの汚水浄化力は、約30万人(仙台市青葉区人口)の汚水処理機能に匹敵するという[3]。生徒は干潟の生物の観察もおこない、ハゼなどの生物を捕まえたりして自然と直にふれあう。

　さらに、重要文化財保存修理、屋根の茅葺き工事などを生業とする地元

企業やNPO法人の方々から、北上川の歴史や大震災後の状態について講話をしていただいている。ヨシ原を守る活動に実際に参加し、現場を見たり体験したりすることで、生徒たちは身近なところから環境問題について考えを深める。「普段の学校生活では学ぶことのできない多くのことを、勉強することができる学びの多い1日」と中学校教員からも評価が高い。

②仙台二華高等学校1年「北上川フィールドワーク」

　高校1年生では、北上川フィールドワークが必修である。これは、「課題研究」の一環としておこなわれる。

表16　高校1学年 北上川フィールドワーク概要

```
●学習計画(2018年版)
(1)事前学習        7月9日(月)〜9月26日(水) 17時間(専門家からの講話等)
(2)フィールドワーク当日  9月27日(木)〜9月28日(金)1泊2日
(3)事後学習        10月1日(月)〜10月23日(火)9時間(ポスター発表、振り返り等)
●フィールドワーク訪問先と研修テーマ・内容
 1日目：施設訪問・フィールドワーク
(1) A班／研修テーマ「利水」
盛岡市上下水道局新庄浄水場品質管理センター
＊北上川およびその支流における河川水の水質の現状について
同　米内浄水場
＊河川水を飲用に浄化するための方法について(急速濾過と緩速濾過)
(2) B班／研修テーマ「治水」
一関総合防災センター　北上川学習交流館あいぽーと
＊北上川の概要及び洪水対策について
四十四田ダム
＊河川におけるダムの役割について
(3) C班／研修テーマ「歴史・治水」
箟岳・和渕
＊北上川下流の改修について(歴史)
柳津(河川公園)
＊北上川の概要及び治水事業の取り組みについて
(4) 全員／研修テーマ「水質汚染」
八幡平市松尾鉱山資料館
＊旧松尾鉱山の開発の歴史について
(5) 全員
旧松尾鉱山跡地での植樹活動
＊旧松尾鉱山からの強酸性坑廃水の量を削減し、北上川の水質を保全するため
 2日目：植樹活動(補植・追肥)
　専門家の指導の下、鉱山跡地に植林(補植・追肥)をおこなう。
```

何かの活動を体験させて終わりではなく、年間計画に基づく徹底した事前指導と事後指導こそ、学びを確かなものにする。表16が示すように、この活動には、事前学習17時間、事後学習に9時間が充当されている。私は当初、観察している限り、北上川フィールドワークへの生徒のモティベーションは低く、成果もあまりないように感じていた。しかし、課題研究の主担当教師が「この学習経験は後からじわじわ効いてくる」と話していた。

実は私も、似たような経験をした。高校1年が終わろうとする生徒たちが国際理解のイベントに必要な資料作成をおこなっている時、生徒たちの会話や準備レポートに、彼女たちが中学2・3年そして高校1年時での北上川フィールドワークでの経験や学びを、資料によく引用していたのである。

「体験」「経験」をもって初めて、学校での座学が社会とつながっていることが実感できる。生きて働く知識そして活用する力を育むには、体験的な学習は大きな役割を果たす。

③仙台二華高等学校2年　メコン川フィールドワーク

スーパーグローバルハイスクール（SGH）指定と同時にスタートしたメコン川フィールドワークは、2018年で10回の実施を重ねた。ここでは第6回メコン川フィールドワークを事例として紹介したい。体験的な学習のフィールドが海外となると、それはさらに刺激的な経験となり、生徒を様々な面から開眼させる。メコン川フィールドワークでは、生徒はグローバルな視野とものの見方を獲得し、めざましく成長する。

表17　第6回メコン川フィールドワーク概要

```
1   日時
    2016 年 12 月 17 日（土）～ 27 日（火）　9 泊 11 日
2   行き先
    Siem Reap , Cambodia（4 泊）
    Ho Chi Minh City, Viet Nam（2 泊）
    Ben Tre, Viet Nam（2 泊）
    My Tho, Viet Nam（1 泊）、機中泊 1 泊
```

3　参加人数　　高校2年生8名
4　目的
（1）フィールドワークの目的
・課題研究「世界の水問題」に関して、現地で困難を抱えた人々と直に接することで、問題の深刻さをより深く理解するとともに、現地の人々に共感し、また、課題を解決することに対する意思を強くし、生徒が将来具体的に行動を起こす際に社会的弱者の視点に立って行動できるような素養を身につけることを目標とする。
・水問題解決のための方法が見出され、しかるべき機関に提言する際に、現地の住人の視点に立っているかを確認する。
（2）今回の目的
　今回のフィールドである、アンコールクラウ村（シェムリアップ近郊の急速に都市化しつつある農村）、トンレサップ湖（水上集落）、タインフック村（毎年塩害が発生する農村）、チョウフン村（今年ひどい塩害が発生した農村）において、
①課題研究ⅡAのテーマに沿って、現地の大学やNGOなどと連携し社会調査（インタビュー調査）・科学調査（水質検査）をおこなう。
②アンコールクラウ村の数家庭に来夏まで井戸水の定期的な水質検査を依頼し、住民の水への意識を高めると同時に水質の季節変動があるか確認する。
③現地の住人へのインタビューをおこなったり、青年と交流したりすることを通して、住人の水とのつきあい方や水問題に関する考え方や視点を確認する。
④次年度のフィールドワークのあるべき姿について模索する。
5　日程

12月17日	移動　仙台空港〜成田空港〜 Phnom Penh（カンボジア） Phnom Penh市内視察 移動　Phnom Penh 〜 Siem Reap（カンボジア）
18日	Ankor Krau村での調査 　　近隣の雨水タンクを作っている村を訪問 夏のフィールドワークで体温計を預けた家庭へ再訪問、インタビュー 夕食作り体験 ☆Ankor Krau村の家庭にホームステイ
19日	Ankor Krau村周辺での調査 バイヨン中学校訪問（インタビュー調査・水質調査） バイヨン中学校生徒3名に、水質調査（パックテスト）依頼 近隣の病院・診療所訪問（インタビュー調査）
20日	トンレサップ湖およびその周辺での調査 Wet Marketにて市場視察（価格調査・魚の調査） 魚醤工場見学 トンレサップ湖水上集落の調査（インタビュー調査・水質検査） 魚の仲買人へのインタビュー調査
21日	アンコールワット、アンコールトム、タ・プローム視察 アンコールワット遺跡修復所　三輪悟所長による案内・説明 　　アンコールワットの堀周辺の水環境 アンコールワット周辺のタムノップ（土堤）の見学 上智大学アジア人材養成研究センター訪問 移動　Siem Reap 〜 Ho Chi Minh City（ベトナム）

10. 体験的な学習（フィールドワーク・地域や社会、校外での学習）

22 日	移動　Ho Chi Minh City ～ Ben Tre省Binh Dai郡 タインフック村（毎年塩害が発生する村）での調査 家庭、村の役人へのインタビュー調査、水質調査	
23 日	チョウフン村（今年ひどい塩害が発生した村）での調査 家庭、村の役人へのインタビュー調査、水質調査	
24 日	移動　Ben Tre省Binh Dai郡～ My Tho メコン川クルーズ（中州の島で蜂蜜工場、ココナツ工場見学） ミトー市内視察	
25 日	ミトー市場視察 移動　My Tho ～ Ho Chi Minh City ホーチミン市内視察	
26 日	ホーチミン市内視察 Family Medical Practice HCMC訪問 移動　Ho Chi Minh City ～成田空港（機中泊）	
27 日	移動　成田空港～仙台空港	

6　訪問先と活動内容

都市	研修先	協力団体	調査内容と形態
Siem Reap州 (Cambodia)	Angkor Krau村	Joint Support Team for Angkor Preservation and Community Development (JST)	〈農村での水問題〉をテーマに、Angkor Watの北西に位置する遺跡の修復を行っている人々の村で、農村における水問題をインタビューする。合わせて水質調査もおこなう。夏のフィールドワークで体温計を置いてきた家庭に再訪問し、使用頻度や用途、健康意識の変化を調査する。また、家庭での井戸水の定期的な水質調査をバイヨン中学校の生徒数名に依頼し、井戸水の水質の季節的な変動があるかを調査する。
	Tonle Sap湖		〈川・湖の水問題〉をテーマに、雨季と乾季で面積が大きく変動する湖上生活者の水問題について、貧困や人口増加、都市化による水質汚染と関連して調査をおこなう。また、市場視察等によりトンレサップ湖周辺に生息する魚の調査や食文化について学ぶ。夏のフィールドワークで体温計を置いてきた家庭に再訪問し、使用頻度や用途、健康意識の変化を調査する。
	アンコール遺跡	上智大学アジア人材養成研究センター	〈水利都市としてのアンコール〉をテーマに、アンコール朝の治水・利水の技術、仕組みについて現代に生かせるものはないか探る。また、クメール人の水信仰について学ぶ。
Ben Tre省 Binh Dai郡 (Viet Nam)	Thanh Phuoc村 Chau Hung村	特定非営利活動法人 Seed to Table	〈塩害地域における水問題〉をテーマに、例年塩害が起こっている村（Thanh Phuoc村）と、今年塩害が起こり大きな被害が生じた村（Chau Hung村）でインタビューし、飲み水や生活用水の水質調査を行う。

197

毎回フィールドワークの帰国後には、振り返りとして何種類かのレポートが課される。このフィールドワークに参加した高校2年生8名の中から、観点の異なる3名のエッセイを紹介したい（「テーマ：国際的素養」）。

「国際社会を生き抜くうえで（抜粋）」

「百聞は一見に如かず」。どんなに多くの情報を人から聞いていても、自分の目で確かめることにはかなわない。メコン川フィールドワーク全体を通して私が感じたのはまさにそのことである。机の上だけではわからなかった多くの経験は、本当に貴重な学びだったと思う。

（中略）

もちろん、国際社会を生き抜くためには基本的な語学力は必須であると思う。それもある意味では国際的素養の1つであるといえる。ただし、グローバル化する社会では、相手を理解し、コミュニケーションをとっていくことが大切だ。メコン川フィールドワークでは多くの場所で現地の人々にインタビューをおこなった。もちろん、円滑なインタビューのために、現地に行く前に日本でもかなり下準備はしていた。しかし、実際に行ってインタビューをしてみると、相手の受け取り方が予想と違っているなど、なかなか予定通りにはいかなかった。それは計画性を持った準備に加えて、現地への理解の大切さも表していると思う。

また、私は国際的素養の1つとして、自国はもちろんのこと、世界の今置かれている現実、そして過去を知り、理解し、受け止めることも挙げられると思う。今回の旅で私が何より衝撃を受けたことの1つは、ベトナムでの最終日に行った戦争証跡博物館である。枯葉剤の現実や、リアルな戦争の過去、拷問道具などの数々は言葉が出なくなる程の衝撃だった。日本での事前の知識として、ベトナム戦争に関する本は読んでいたが、よりダイレクトにその現実の重みが伝わってくるようだった。戦争の重み・罪、そして命の尊さが感じられる展示には衝撃と共に恐ろしさも感じていた。しかし、それらはフィクションではなく現実の出来事だ。私は、自分なりに戦争証跡博物館を通して、戦争について考えることができた。日本での学習もあわせて、これは自分の中で大きな知識・経験の1つになったと思う。そして、きっと国際社会を生き抜いていくうえではこのような知識が必要であり、重要だと感じた。

私は、自分の知識や経験はまだまだ足りないと感じているし、今回のフィールドワークで自分のレベルも痛感した。「国際的素養」はきっと一つの色で表せるようなものではないと思う。様々な知識や理解をきちんと共存させることが「国際的素養」なのではないだろうか。これからの未来のため、自分の視野と世界を広げつつ、自分なりに「国際的素養」を得ていきたい。

> 私の考える国際的素養

　私は、国際的素養とは社会問題に関する豊富な知識、コミュニケーション能力、多様な視点を持つことの3つを併せたものであると思う。
（中略）
　私は今回メコン川フィールドワークに参加した。このフィールドワークでは課題研究のための調査を行ったのだが、その中で気づいたことがある。私たちから見れば「問題」であっても現地の人から見れば「当たり前」で特に問題視していないことがある、ということだ。具体例として、カンボジアのアンコールクラウ村でのインタビュー調査の様子を挙げてみたい。

　この地域では生活用水に井戸水を、飲用水にボトルウォーターを使う家庭が多く見られる。フィールドワーク出発前の私たちは、ボトルウォーターの購入費のせいで家計が圧迫され、十分な衛生環境や教育にお金を回せないことを1つの問題であるとして考えていた。飲用水として雨水を使えば彼らの生活は良くなるのではないか、と解決案も考えていた。しかし現地で実際にインタビュー調査をすると「雨水よりもボトルウォーターのほうがきれいじゃないか。それに、お金があればトイレを作ったり子どもを学校に行かせたりしたいけれど、ないのだから仕方ないよ」という意見が聞かれた。当たり前だから仕方ない、このままでも悪くはない、そう思っているように聞こえた。それが私にとっては衝撃であった。国際的な問題を解決するため、自分なりの解決策を提示しても受け入れてもらえるとは限らないことを、今回のフィールドワークで知った。

　何をもって問題とするのか、それは人によって違う。現地の人々の生活水準が国際的に見ると低くても、それで不自由なく生活できているのなら、「問題である」と伝えないほうが彼らにとっては幸せなのかもしれない。しかしそれが人の健康や命に関わる事柄であったらどうだろうか。私が訪れた村にはトイレが無い家庭や極端に簡素である家庭がいくつかあった。彼らからすれば「当たり前」で、トイレはあった方がいいけれどもなくても生活できるものだ。しかし、この事実はほぼ確実に彼らの家周辺の土が汚染されていることを示し、そこにもし畑でもあれば、野菜も汚染されていることになる。その野菜を口にすれば人体に影響が及ぼされる可能性もある。それでも「問題である」と伝えないほうが良いと言えるだろうか、いや言えない。事実を伝え、確かに問題であると納得してもらわなければならない。ここで必要となるのがコミュニケーション能力だ。しかも、彼らの「当たり前」の意識を1つの視点として知り、何がどう問題であるか具体的に説明できるだけの知識がなければならない。つまり、国際的素養が必要なのだ。

　国際的素養とは何か。この命題は、世界の問題を解決するにあたり必要な能力は何か、と言い換えられる。将来国際的に活躍し、問題を解決していくグローバル・リー

ダーを目指す私たちにとって国際的素養は不可欠である。学校の課題研究を進め、この素養を学生のうちに身につけることができれば大きなアドバンテージにもなるだろう。そこに生きる人々に共感を覚え、将来自分が行動するときに困難を抱えた人々の視点に立って行動できるよう、引き続き課題研究に取り組んでいきたい。

心の中の偏見

　国際的素養と聞くと、真っ先に英語を思い浮かべてしまう。英語は確かに必要不可欠と言われているが、ほかにも重要なことはいくつもある。今回のフィールドワークで私は、現地で活躍する日本人たちに出会うことができた。その人たちが共通して備えているもの、それこそが真の国際的素養だと思う。

(中略)

　私はその人たちの言語能力だけではないコミュニケーション能力に圧倒された。フィールドワークを経て、海外ではいかにコミュニケーションが大切であるかを私自身大いに思い知らされた。（中略）日本ではなんとなく、あまり明確な意思を持たなくてもコミュニケーションとして成立させることはできるが、海外ではそれは全く通用しない。コミュニケーション能力は、やはり国際的素養のひとつなのではないだろうか。

　現地の人々と交流を重ねて気づいたことが他にもある。意図的ではないが、私は現地の人々と自分の間に心の中で壁を作ってしまっていたようだ。私は、この心の壁はおそらく、世間一般的には偏見という言葉で表されるものなのかもしれないと思っている。たとえ私がその人たちと親しくなり、現地の言葉を話せるようになったとしても、その壁はなくなるのだろうか。

　フィールドワーク5日目、私たちはカンボジアのアンコールワット遺跡修復に長年携わる上智大学の三輪悟さんからご講演をいただいた。話を聞けば聞くほど、日本と離れたカンボジアで活動することの大変さが伝わってきた。講演の最後、三輪さんから私たちへ送られたメッセージの中に、次のような内容があった。私たちはカンボジアの人々、途上国の人々を無意識的に下に見てしまっている。この南北意識とも呼ばれるものはなかなか払拭することはできず、三輪さんご自身もこの意識にいつの間にかとらわれてしまうとおっしゃっていた。その意識が潜在的に存在していることを念頭に置きながら、相手を思いやる姿勢を持ち続けることが大切だ、と私たちに教えてくださった。

　日本で生まれ育った私たちは、日本人ならではの固定観念を持っている。その固定観念が、時として偏見となり、日本人以外の人たちとの間に壁を作ってしまうのだと考える。長い年月をかけて培われたからこそ、固定観念を消すことは難しい。国際社会に出たとき、この固定観念、偏見といった壁が私たちの邪魔をするだろう。私たちはどうやってその壁を越えていけばよいのか、私はまず、このことを意識を

するところから始めていくべきだと思う。日本人は心のどこかで差別や偏見を持ってしまっているにもかかわらず、あまりそのことを意識していない、という話を以前聞いたことがある。日本はこの問題意識に関して、海外から少し後れをとっているのではないだろうか。私たちが偏見、差別という問題を「意識」すれば、その壁を乗り越える道が見えてくるだろう。偏見を完全に消し去ることは難しいが、そこから生じる差別をなくしていくことは不可能ではないはずだ。

　私が考える国際的素養とは、言語能力はもちろんのこと、コミュニケーション能力、そして相手を思いやる姿勢である。どれも今の私には不足している。将来的にこの素養を身につけるために、日ごろから努力をしていきたい。

　高校生が綴るこれらのことばはいずれも、フィールドワークから得られる学びの多面性や多様な成果を的確に捉えている。メコン川フィールドワーク参加に際しては、事前の課題が多く、生徒が悲鳴をあげるほどの事前学習を積ませる。生徒の「代表」として現地を訪問・調査するため、事前準備を通して生徒たちに責任感が醸成される。現地でデータを収集し、帰国後に仲間と共有するという重要なミッションを背負うため、生徒たちも真剣かつ必死である。だからこそ、得られる学びも大きいものがある。フィールドの選定、内容の練り上げ、出会う人々、現地とのネットワーク、事前・事後学習、そして見聞するものすべてが、学習の要素として複合的に働く。もちろん、担当する教師自身も同様に学びながら、プロフェッショナルとして成長していく。

④仙台二華高等学校3年　学会での研究発表

　高校3年生になると、「課題研究」の集大成として、研究連携先の1つである東北大学の協力を得て、国内外の学会発表の機会が用意される。とりわけ、国際学会への参加がもたらす教育効果はきわめて甚大である。ここでは、Asia Oceania Geosciences Society (AOGS) という国際学会に参加した生徒たちの学びを、

国際学会で英語を用いてポスター発表する生徒（仙台二華高校）

フォーカス・グループ・インタビューから明らかにしたい。

表18　AOGS参加生徒のフォーカス・グループ・インタビュー（FGI）（2017年10月実施）

HG：高校3年男子生徒（卒業後、慶応義塾大学法学部に進学）
　S：高校3年女子生徒（卒業後、東北大学医学部に進学）
HK：高校3年女子生徒（卒業後、宮城教育大学に進学）
　R：高校3年男子生徒（卒業後、東北大学工学部に進学）
筆者：今回、AOGSに参加したことを振り返っての学び、気づきはなんでしたか。
HG：学会、ということについて言えば、世代が異なる、職業なども異なる人たちと学問的なレベルで交流したことで、たくさんの気づきが生まれたと思います。学校では歴史や地理など、また自分でも調べてある程度の情報や予備知識があり、それを現地で思い出したり、自分が見ているものとつなげたりして、実感をともった理解が進みました。やはり、事前知識は必要だと思いました。
　S：社会に出てどんな力が必要とされているのか、を学んだように思います。外で発表しなかったら、ただポスターや論文にまとめて終わりでした。学会に参加したことで、実際に研究したことをコミュニケーションによって伝え、学び合うことができました。これから学んだことをさらに発展させたり、今後のためのつながりを作ったり広げたり、また自分の可能性を高めたり…。人とのつながり、コネクションの大切さを実感しました。
HK：海外での活動、ということで、英語はどこにでもついてくるものだ、と実感しました。世界をわたっていくには、絶対に英語が必要で、英語の勉強は本当に大切なんだ、と身をもってわかりました。（相手は）文法の間違いも気にしない。言いたいことを単語でぶつけても、答えてくれる。伝えることが大事なんだと。
　R：学校では自分の立ち位置がわかりづらいですが、今回、国際学会に参加して、世界の中の立ち位置が明確になった感じがします。仮説、調査・データの収集、分析という研究活動のプロセスを経て発表したのですが、世界の洗練された発表を聞くことができて、大きなあこがれを持ちました。将来、研究関係に就きたいと思っているので、将来へのステップに

なったのはよかったです。
ＨＧ：あと、学校はどちらかと言えば、インプットの場。社会はアウトプットする場、って思いました。
Ｓ：外に行くと、自分がどうアウトプットするかが、試される気がしました。社会で働くということは、どういうことなのか、気づくことができました。勉強だけではなくて、学んだことをどう使うか、が大事なんだな、って。使わないと、単なる自己満足で終わってしまう。今回の研究についてもそうです。調べて研究してわかって、まとめて、自己満足、ではだめで、コミュニケーションして初めて、その意味や価値が出てくると思いました。
ＨＧ：将来のアウトプットのために、今、学校でインプットしているんだな、って気づきました。
筆者：「海外」の学会に参加した、っていうことも意味が大きかったですか？
Ｓ：はい。修学旅行でも海外に行きましたが、今回は全然違いました。修学旅行ではただ見るだけ。大人数で行くし、なんとなく誰かに任せればいい、みたいな感覚になってしまいますが、今回は自分自身のやるべきことがしっかりあって、それに向かって準備して、努力できました。
ＨＧ：今回は学問に身を置くことができたから、意味が全然違います。それに、「日本は世界の一部なんだな」ってことを何より痛感できました。
Ｓ：学会発表は、自分から発信する場でした。だから、修学旅行とまったく違っていました。それに、そのために準備もしていったから…。
ＨＧ：少人数ということの意味もありました。自分がやらなければ、という意識。一人ひとりのやるべきこと、役割とか責任みたいものが明確だったからですね。そして、じかに触れているような感覚がいつもありました。
ＨＫ：学校や日本にいると甘えてしまう。今回、国際学会に参加することになり、やるしかない、と覚悟を決めることができました。度胸が付いたと思うし、自信にもなったと思います。
Ｒ：外に出ると知らない人ばかりに囲まれるけど、研究という共通点、特に同じ分野を研究している人から共感を得られたり、話の共通点があったりして、研究の面白さを知りました。
Ｈ：私は英語に苦手意識を持っていたんですけど、今回の経験で大きな自信と達成感を得ることができました気がします。今後につながる大きなエネルギー源となりました。

上記で語られた学びは多岐にわたっており、学校内の学習だけでは得られない多角的な視点を包含し、学習者をエンパワーしている。それぞれが普段から勉学に励み、その後も懸命に努力し、表18に記したように卒業後の希望進路を達成した。こうした経験は「主体的・対話的で深い学び」となり、得られた知恵、気づき、知見は「生きて働く知識・技能」となっている。そして、校外における学問の成果発表という学習体験は、高大接続教育の点からも意義が大きい。

また、ここで紹介したような課題探究的なものだけでなく、奉仕などの社会活動や多様な人々との交流などの体験的な学びは、心を耕し、共感の醸成や人格形成にもつながる。

校外での学びの場、体験的な学習の場は、「遠い」場所である必要はない。むしろ、「地域」にこそその素材を見出し、身近な場所で発生している問題が地球規模で起こっている諸課題と無関係ではないという視点に気づくことや、身近な体験的学習を契機に地域を越えた課題をつなぎ合わせて包括的に学習するアプローチが重要である。現在、体験的な学習や社会連携の重要性は広く認識されてきており、校種問わず様々な校外学習や体験的な学習が実践されている[4]。以下では、教師の鋭い着眼によって、学校近隣の日々目にする光景をグローバル教育のフィールドにした阿部和彦氏の実践例を紹介しよう。

（2）学校近隣でのフィールドワーク〜仙台白百合学園高校の事例〜
学校周辺を歩き、「自分」と「地域」と「地球」のつながりを感ずる

阿部 和彦

はじめに
5月の新緑の季節に、生徒を外に連れ出し学校周辺を歩く。近くにある「首洗い沼」から地域の意外な歴史を知ることができる。また学校裏の杉林から、日本の林業と東南アジアの熱帯雨林の破壊との関係が見えてくる。

グローバル教育は、海外事情を教え込むだけでは、「遠い世界の自分と

は無関係の問題」で終わってしまう。自分が立っている足元と地球との結びつきを実感することで、初めてリアリティーの伴った問題意識が芽生え、地域の一員でもあり地球の一員でもあるという意識が生まれる。

　生徒は、教室から外に出る授業にはしゃぎ散歩気分だが、「国際理解」の授業の通年のテーマでもある「自分と地域と地球のつながり」を感ずるこのフィールドワークを年度の初めにおこなうことは有効である。

　地域を散策するだけで、「過去と現在の自分とのつながり」と「地球と地域と自分のつながり」を感ずることができる。そこから、「歴史」という縦軸と「地球とのつながり」という横軸の上に自分がいることを感じ、立体的な視点を得ることができる。単なる「散歩」で終わらせるか、生徒を刺激する「フィールドワーク」にするかは、教師の腕次第である。生徒の視野を広げるための教材は、どこにでも転がっている。

事前学習

　地形図を見て、「首洗い沼」、「調整池」、学校裏の広葉樹林や針葉樹林の地図記号などを確認する。現場での驚きを大事にするため、あえて詳しい解説はせず、この程度の事前学習でフィールドワークに出発。

フィールドワークと教室での事後学習
「首洗い沼」から「調整池」へ〜地域の歴史を知る〜

　学校の近くにある県立図書館に隣接して「首洗い沼」と呼ばれている沼がある。なぜこの沼を見に行くのか、生徒には事前に次のような話をする。

　「なぜ"首洗い沼"と呼ばれているのか、この沼には次のような伝説がある。江戸時代、七北田の刑場で斬首された罪人の首をここに持ってきて洗った。だから今もこの沼の水面には成仏できない罪人の霊が漂っている、という伝説だ。その証拠に、今でもこの沼の一部は血のように赤い。それを見に行こう」

　生徒は、「本当ですか?」と半信半疑ながらも、興味深々で沼に向かう。

遊歩道から沼の奥部に入ると、確かに沼の一部が赤茶けている。生徒に指さして教えると、「本当だ、赤い！」と驚く。私は「言った通りだろ」とニンマリする。

次に、15分程歩いて「調整池」に向かう。この池は坂道を下った低い場所にあり、大雨の時、水が下の水田に流れ込まないよう貯水し調整することを目的に作られた池だ。

池に到着し水面を指さすと、生徒は水が赤茶けていることに驚く。特に池に水が注いでいる部分はどろりとした赤さで、首洗い沼の赤茶けた部分と似ている。

「なぜ、この池も赤茶けた色をしていると思う？」と聞くと、「この池にも呪い？」などと答えるが、「実は、首洗い沼とこの調整池は地下水を通してつながっているらしい。だから同じ色をしているのだが、なぜどちらも赤いのかと言うと、伝説のような呪いからではないようだ。なぜだと思う？科学的に考えてみよう」と問いかける。すると、いろいろな答えが返ってくるが、「錆び？」「鉄分？」などの答えも出てくる。その時に次のように話す。

赤茶けた色をした調整池

「正解です。この付近の土には砂鉄が多く含まれ、その錆びが水中に溶けて赤くなっているのです。今は首洗い沼の一部だけが赤いが、以前は沼全体が赤い色だったようだ。この色から首洗い沼という名前がついた。幽霊は出ないからご安心を」

そして続けて解説する。

「この地域で採れる砂鉄と、この地域の産業とはどのような関係があると思う？」「実は、根白石付近は仙台藩有数の砂鉄の産地で、江戸時代にはタタラ製鉄が盛んに行われていました。キリシタン弾圧のため西日本から逃れてきたキリシタンが製鉄の技術を伝え、この地の豊富な砂鉄を使ってタタラ製鉄が広まったのです」

そして、教室に戻ってから、この地域の製鉄の歴史を詳しく伝え、今で

も根白石中学校では、地域の歴史的な産業を知るために総合学習でタタラ製鉄の体験学習をおこなっていることを紹介する。こうして、自分の足で歩き、自分の目で確かめることから興味関心が引き起こされ、地域の歴史の流れの上に自分が立っていることを実感する。

学校の裏の「杉林」から、日本の林業とアジアの熱帯雨林破壊の関係を知る

　上記の「調整池」に行く途中にある小高い所から、学校の裏の森を眺める。新緑の季節だと、薄い黄緑色の広葉樹林と、濃い緑の針葉樹林の杉林の違いがはっきりと分かる。調整池に降りる坂の途中には、その杉林の横を通るが、手入れされていない放置された杉林を見ることができる。その時、生徒に質問する。

　「この"放置された杉"と、"アジアの熱帯雨林の破壊"と、"花粉症"との関係は？」

　最初、生徒はきょとんとしているが、「杉を放置して、アジアの熱帯林を伐採し輸入している？」程度の事を答える生徒も多い。そこで次の事を解説する。

　「戦後、日本では復興の需要を見込んで、多くの広葉樹林を伐採し杉を植林した。しかし1960年代に木材の輸入が自由化されると、フィリピンやマレーシアの安い木材が輸入されるようになり、その結果、熱帯雨林が破壊され深刻な環境問題が起こっている。一方で、植林から数十年経ち、放置された杉は花粉を大量に放出している。他の国の環境を破壊し、放置した自国の杉の花粉で苦しんでいる日本って、何か間違っていない？」

　フィールドワーク中に提起した問題を、教室に戻ってから詳しく学習する。自分の目で確かめた後の学習は、リアリティーを伴うので興味関心や問題意識も強まるようだ。

　今年もこの杉林の横を通ったが、驚いたことに林道が作られ伐採が始まっていた。その林道を通って杉林に入り、高台から付近の山の様子を見ることができた。ようやく植林した自国の樹の利用が進み始めたのかもしれない。早速、生徒と日本の林業の最新事情を調べ始めた。

第 2 章　実践編——教師の視点から

《注・参考文献》
1　学習指導要領「生きる力」平成29・30年改訂 学習指導要領、解説等「これからの教育課程の理念」〈http://www.mext.go.jp/component/a_menu/education/micro_detail/__icsFiles/afieldfile/2019/02/08/1384661_002.pdf 〉（2019年5月11日アクセス）
2　日本国際理解教育学会編著（2015）『国際理解教育ハンドブック』明石書店、p.96.
3　フィールドワーク指導助言者である、東北工業大学山田一裕教授の講演による。
4　例えば、青森県立八戸北高校では、環境教育の一環として「ESDプロジェクト」を実施し、八戸市を中心に環境保全に取り組んでいる企業や団体を訪問・調査している。さらに、それと連動して持続可能な社会づくりをテーマとしたディベートをおこなっている（青森県立八戸北高等学校担当教員への訪問インタビュー［2019年6月27日］より）。

自分を成長させてくれた場所

清水 桃奈

アクティブ・ラーニングが与えた影響

私は家庭環境の影響もあり、幼いころから自然や英語や国際的なものに興味を持っていました。小学校6年生の時、料理を作ることが好きだったこともあり、将来は海外で日本料理の店を開きたいと子どもながらに夢を語っていたのを覚えています。ただ、その頃は単純に、「外国は楽しいところ」という印象だったように思います。

そんな私が仙台二華中・高に入学すると、SGHに指定されたこともあり、広くかつ奥深くまで国際的な分野に触れる授業がたくさんありました。教科書通りの内容を一方的にレクチャーされるのではなく、アクティブ・ラーニングを通して積極的に授業に参加できる環境が、とてもいい影響を与えてくれました。様々な物事に自ら興味を持つようになり、普段からニュースに目を向け、疑問に思ったことを多角的な視点から調べるようになりました。

フィールドワークでの衝撃

また、中・高の6年間で海外へ赴く機会にも恵まれ、そのなかで特に私に大きな影響をもたらしたのが、「水問題」について現地で調査をおこなうFW（フィールドワーク）です。1回目はタイ、2回目はタイに加えカンボジアにも赴くことができました。友人との旅行や修学旅行では有り得ない貴重な経験がたくさんありました。日本のようなきれいなトイレはなく、ひどいところでは湖に垂れ流しになっていました。水質は思わしくないのに、そのなかで湖に勢いよく飛び込み遊ぶ子どもたちが印象的でした。その他にも、現地で見る人々の暮らしは日本で生活する私たちにとって衝撃を与えるものばかりでした。しかしながら、彼らは辛い状況のなかでも生活の知恵を駆使し、楽しそうに暮らしていました。私たちがコミュニケーションをとる際、初対面の緊張感がありながらもだんだんほぐれていき、温かな笑顔と素振りから人柄を直に感じることができました。正直なところ、渡航前に一方的に描いていた印象とはかけ離れたほどに幸せそうに暮らしており、私たちが介入するまでではないのではないか、と思ってしまいました。しかし、距離を

縮めるごとに本音を話してくれ、これらの貧困環境が前の世代から続いていて自分たちの力ではどうしようもないものだということを教えてくれました。お金に余裕が無い、学校に行けない、待遇の良い仕事につけない、するとお金がなかなか貯まらない、という悪循環があります。少しでもより良い生活を目指すためには、どこかにメスを入れ改善する必要があると学びました。その頃から、私にできることは何かないだろうかと考えるようになりました。

弁論大会で得た自信

そんな時、石森先生から国際理解に関する弁論大会に出場してみないか、との誘いがあり、最初は恥ずかしさからためらっていたものの、せっかくの学びを自分でより深く吸収し多くの人に伝えるチャンスだと考え、挑戦することにしました。原稿を書いたり、練習をしたりするうちに伝えることの難しさを感じる一方で、「伝えたい」という思いを強めることができました。そのおかげで大きな賞を受賞でき、自信につなげることができ、これを機に次はどんなことに挑戦しようかと、積極的に考えられるようになった気がします。

国際ボランティアで得た意味と価値

大学入学後は、これらの経験を無駄にしたくないと考え、Habitat for HumanityというNGO団体の学生支部に所属しました。そして2019年春、私はこの団体が提供するボランティア活動、GV (Global Village) に参加してきました。これは途上国に赴き住居に恵まれない方々のために寄付と建築活動をおこなうものです。今回私たちは首都プノンペンから車で1時間ほどの村で2軒の家に携わることができました。プノンペンは想像以上に発展しており、高層ビルが立ち並んでいました。一方、地方の村ではトタンの壁や屋根が取り付けられた家で少しだけ窮屈そうに暮らしており、ホームオーナーさんたちは家族で楽しく団らんできる場所とプライベートな空間が欲しいと話していました。その夢をかなえるべく、チーム一丸となり、現地の作業員やオーナーさんと協力しながら建

築作業に励みました。その甲斐あって、5日間でほぼ完成形に近づけることができました。私たちが手伝うよりも、現地の作業員が手際よく作業した方がきっと早く完成するでしょう。また、私たちが住居建築に携われたのはたった2軒だけで、カンボジアの貧困問題が解決するわけではありません。ただ、その国・地域に興味を持つこと、現地を知りたいと思うこと、そして実際に出向き現地の人と笑顔で一緒に交流を楽しむこと、共に築き上げた絆には、意味と価値があると実感しています。遠い誰かを想うことは、真の国際理解、国際交流といえるのだと思います。

数えきれないほどの学び、そしてこれから

　中・高時代のグローバル教育は、数えきれないほどのたくさんの学びを与えてくれ、自分を成長させてくれた場所でした。現在、私は化学の道に進み、化学という手段を使って生活の質を向上させる技術について学んでいます。まずは地元で自分の学びを生かしていきたいと思っていますが、最終的には安全な水へのアクセスに悩まされている途上国の人々のためにお手伝いできたらと密かに考えています。これからもあらゆるものに興味と問題意識を持ち、夢を追いかけていきたいです。

清水 桃奈（しみず ももな）
1998年仙台市生まれ。宮城県仙台二華中学校・高等学校卒業。現在、東北大学工学部化学・バイオ工学科3年。国内外を問わず旅行が好き。次はベトナムに行ってみたい。モットーは「日々成長」。

（2019年5月現在）

11. 国際交流・国際理解行事

(1) 国際交流の意義

　顔の見える、人と人との直接交流が生徒にもたらす影響は大きい。若者の内向き志向が懸念されているが、その打破に交流や体験は有効である。単に「楽しかった」で終わらせるのではなく、持続的な学びや行動につながるような一工夫や仕掛け、継続的なサポート等を付与するようにしたい。

　多田（1997）は、国際理解教育における国際交流実践として次の6点の有用性を指摘している[1]。

①外国の人々と直接交流することにより外国人への抵抗感がなくなり、親しんでいこうとする心情や態度が培われていく。

②世界の国々や異文化に対する興味関心が高まり視野が広がっていく。

③肌の色や言葉が異なっても同じ人間同士であることがわかり、そのことから差別や偏見の不当性を認識していける。

④自己表現能力や生きた外国語の習得の大切さなどのコミュニケーション能力の必要性が実感できる。

⑤生活習慣、社会のルール、人々の願い、悲しみ、喜びなど生活感覚での異文化理解や人間理解が深められる。

⑥外国の人々との交流を通して、自分自身を客観的に見たり日本を相対化したり、世界の中の日本人を自覚したり、多様な角度から見方を広げたり思考を深めることができる。

　国際交流によって、出会った人の出身国やその国の文化への興味、社会問題への関心が喚起され、異文化と出会う喜びを知り、国際理解・交流活動の面白さに目覚めていく生徒は多い。たくさんの知識が与えられるのと、目の前のその国の人から何かが語られるのとでは、生徒の興味と吸収力は全く違う。さらに、その人と直接言葉を交わし合い、友達になれば、いっそうその国への関心が高まり、ニュースで国名を聞けば親近感を持つ

ことができるだろう。そんな小さな出会いや友情の積み重ねが、平和構築の土台を形成していくような気がする。

国際交流には、海外での国際交流（生徒が海外へ出向いて行き、現地で現地の人々と交流するプログラム）、国内での国際交流（外国からの訪日団を受け入れたり、地域の外国人や留学生等を招いたりして、外国の人々と交流するプログラム）がある。いずれのケースも、外国の人と対面し、直接交流することによる大きな学びがある。

国際交流によって、全くイメージがわかなかった、あるいは無関心だった国や地域に興味を持ったり、否定的なイメージが肯定的なものへ転向したり、学習に意欲的になる事例を数多く見てきた。いくつかの代表的な実践事例を紹介しよう。

(2) 地域と取り組む国際交流

ローカルとグローバル。グローバルなことを学習するとローカルなこととつながったり、ローカルなことが気になったり、ローカルなことにいっそう関心が高まったりする。その逆も然りである。国際交流においても、「国際」交流でありながら「地域」のことをよく知ったり、「地域」の人々と関わったりする。この両者は表裏一体なのである。地域密着型の国際交流は、グローバルな視野の育成とともに、地域への愛着やアイデンティティを高め、地域との連携や信頼関係が深まるメリットがもたらされ、一石二鳥以上のことがある。

以前勤めた小牛田農林高校は、宮城県北部の豊かなお米の産地であり、農業が盛んな仙台平野の一角にある。のどかなこの町は、アメリカのミネソタ州ウィノナ市と姉妹都市協定を結び、活発な国際交流を展開している。また、地元の国際交流協会の鎌田裕明さん（鎌田醬油株式会社社長）をはじめとする協会員の方々、そして町役場の国際交流担当の職員等、国際交流に熱心な人材が豊富で、活気ある町づくりが実現されている。

町の国際交流活動の大きな柱となっていたのが、中高生の姉妹都市派遣事業である。農林高校の生徒は姉妹都市交流事業への参加資格が与えられ

ており、毎年3月に町内の選抜された中学生と一緒に、ウィノナ市を訪問する。ウィノナからも翌月4月に訪問団を受け入れる。こうした相互交流を何年も継続している。グローバルな若者を育てたいという一心で長年この事業を継続されてきた鎌田さんはじめ、町の皆様方には頭が下がる思いである。

　ウィノナに行き、国際交流体験をすることで視野が大きく開かれた生徒はたくさんいた。そして、逆にウィノナの方々が町にいらした時に、どのようにもてなすのかを考えることで、また大きく成長する。小牛田農林高校が伝統的に強い剣道部、相撲部、柔道部の生徒たちによるパフォーマンス披露は、いつも外国からのお客さんたちに喜ばれた。また、農業を学んでいる生徒や農業科の先生方が活躍する杵と臼による餅つき、隣町にある学校林へ出向いての散策や焼き芋等、様々な企画ができた。普段、英語を苦手とする生徒たちが一生懸命話しかける姿は、見ていて嬉しくなる。このように、地域や学校の特性を活かした国際交流には大きな付加価値が生まれるものである。

(3) 被災地からの発信、キズナ強化プロジェクト

　東日本大震災の後、被災地である宮城県、福島県を中心とした東北地方には、様々な復興支援の一助としての国際交流が実施されてきた。外務省が5年間かけておこなったキズナ強化プロジェクトはその代表である。キズナ強化プロジェクトとは、東日本大震災の被災地復興に資するため、青少年交流を通し相互理解を深める目的で外務省により進められた事業であり、被災地から1000人の高校生を派遣する内容である。幸いなことに、北米地域とのキズナ強化プロジェクト第1陣への参加の案内をいただき、学校から25名（生徒24名、引率教員1名＝1団体構成）が参加できることとなった。2012年10月上旬、アメリカ合衆国東部において15日間、政府要所表敬訪問、ホームステイ、学校訪問、交流会、プレゼンテーション等をおこなった。

　まず、派遣生徒24名を6人ずつ4グループに、学年と性別を均等にし

て分け、グループごと3年生の1人をリーダーに決めた。震災の体験や経過、復興状況等の発信が使命であったため、各グループに被災生徒が入るようにした。生徒の中には、原発事故後、福島県浪江町の自宅をそのままにそこから仙台に避難し、一家転住してきた生徒、地震で家屋が全壊した生徒、津波で自宅が流出し、故郷が失われた生徒、中学時代の友人を亡くした生徒が含まれていた。

　プレゼンテーションはグループごとテーマ合計4種類、それぞれ切り離しても実施可能であるが、通した時に話がつながるようにした。話し合った末、決まったのが、The Earthquake and Tsunami（地震と津波の状況と被害状況）、Nuclear Power Plant and Energy（原発事故と日本のエネルギー問題）、Recovery（復興状況）、Gratitude（支援への感謝）である。情報や資料を集め、実際に破壊された故郷に行って写真を撮ってきたり、町の人にインタビューしたりして、本物の生の声を取り入れてパワーポイントスライドを作成した。英語の原稿も苦労しながら作り、練習した。被災した生徒は、自らの体験を自分の言葉で語った。

　渡米した自分たちの役割を最も感じるときが、プレゼンテーションであった。失敗して泣いたり、睡眠時間を削って練習したり、同じグループの先輩が後輩を指導したり、励ましたり。こうした活動の過程で、生徒たちは様々なことを学び、大きく成長した。

　渡航に明確な目的がある場合は、参加者にしっかり理解させ、自覚させることが大切である。そうしないと、遊び半分、観光気分のまま現地に出向くことになる。参加者が常に謙虚な気持ちでプロジェクトに臨み、自分が何を期待されているのかを見極め、どんな行動をするべきなのか、教師側がしっかり指導し、訪問団の士気を上げなければならない。

ワシントンの日本大使館でのプレゼンテーション（2012年）

卒業生コラム⑭ わたしと、世界。

大井 彩花

人生が大きく変わった日

　高校入学後のある日。私は今まで興味をもっていた民族紛争やストリートチルドレン等の問題について聞いてみようと思い、とても緊張しながら放課後に石森先生のもとに足を運んだことを覚えています。これが今の私につながるすべての出発地点でした。

　「グローバル」と聞くと、多くの人は今の日本にとても必要だと納得する反面、小難しい話が繰り広げられるのでは、と奥手になりがちのように感じます。私自身も、高校1年生のはじめはそうでした。しかし、日を増すごとに段々と自分の閉鎖的な視野に気づかされ、同時に自分の世界観がどんどん広がっていくことを感じていました。

隣の人との関係から始まる授業

　石森先生の授業は、まず自分と隣にいる人とのrelationshipsから始まります。なぜならば、世界を知る前提には、自分たちや身近な人、自国を理解することがあるからです。国際問題の原点にあるのは、私たち一人ひとりの存在なので、先生は私たちという点と、私たちが日常的に関わっている食べ物や日用品、周りの人々という関係性、そこにどんな問題が隠れているか、その何気ない問題が実は世界の問題につながり、その問題はとある国の、私たちと違う生活をしている、私たちと同じくらいの年の誰かという点に結び付けていきます。目に見えない点と点を段々つなげていくスタイルは、高校生にとってとても共感できるものです。始めは「なんだかつまらなさそうな（難しそうな）授業だ」と言っていた生徒たちが、徐々に引き込まれていき、授業後も白熱して意見交換をするくらいにダイナミックに私たちを変え、世界の面白さを教えてくれる先生でした。そして、そういう雰囲気を作ってくれるのが、先生の「Now, discussion time!」の掛け声で始まるディスカッションです。

　日本の授業は比較的、先生から生徒への一方的なレクチャースタイルで、先生が質問を投げかけない限りは、生徒自身から疑問や考えを投げ返すキャッチボールのラリーが続かないことが多いと思います。そんな中、このディスカッションの時間は、生徒一人

ひとりの考えを引き出し、さらに話し合いの中で「ああ、こういう考えもあるのか！」という、先生を含めたクラス全体がつながり、新たな気づきを見出せる場所を作り出します。意見交換することに最初は緊張や恥じらいがあるものですが、封を切ってみると、声にして周囲に伝えることで、考えがまとまります。さらに、自分とは違った視点の考えを知ることにより、「それでは、私の意見のこの部分と、彼の意見のあの部分をうまく合わせたらどうだろうか？」などと第3のソリューションができ、アウトプットとインプットがうまく融合していく最高の学習環境になるのではないかと思います。

単にディスカッションがいいというのではありません。先生はその後、全体でのフィードバックとしてまとめの時間を設け、さらに理解が深まるようなアウトプットを促します。前述したように、現在の日本の学生は考えこそはするものの、静かな授業環境で空気を読みすぎて口を閉じたままの、もったいない生徒がたくさんいるのではないでしょうか。友人同士で真面目な意見交換は、なんだかくすぐったいかもしれない。それでも、思い切って自分の考えを話し伝えることで、互いを磨き合うことができると信じています。ディスカッションはアイディアの引き出しであり、個人のコミュニケーションスキルを向上させ、自分の力で場を作り上げるものだと思います。私自身、ディスカッションをふんだんに取り入れた先生の授業から多くを学んだことにより、大きく成長することができました。

時に進路や人生だけでなく、恋の話にさえ親身になって相談にのってくれ、明るく行動力のある先生は私たち生徒にとても尊敬されていました。グローバル教育を成功させるには、生徒と同じくらい、教師の教養と人柄が大事のように思えます。

私は、宮城県代表として出場した国際連合主催・外務省後援の高校生の主張コンクール中央大会で文部科学大臣賞を頂き、副賞としてニューヨークの国連本部を見学したり、全額無償でのフィリピン留学やその他数々の国際交流や国際協力活動への参加等、振り返ると、本当に密度の濃い高校生活を送

ることができました。

　現在の高校教育は、段々とグローバルな方向に変わっていっていると思います。世界の出来事を知っておくということは、自分の教養を深め、関心にハングリーになることで、出会う人が多様になり、そのような出会いを通してまた自分自身を見つめられるようになります。早い段階で世界のことを少しでも知るということで、その人の未来を大きく左右すると思います。私は高校の時にそういった環境に恵まれていたおかげで、自分の人生を大きく、良い方向に変えることができました。これから、後輩たちにもそういった教育が与えられ続けることを強く願っています。

未来へと続く現在の私

　私は現在、米国のワイオミング州にある大学で経営学を専攻し、第二専攻で国際関係学を学んでいます。ごくごく普通の16歳だった私が、今、出身も肌の色も性別の好みも多様な人々と生活しています。「私たちは地球市民」。いつも目を輝かせてそう教えてくれた先生の言葉を思い出しては、しみじみとその意味を感じながら、私は今、目標がたくさんある中で充実した大学生活を送っています。

大井 彩花　（おおい あやか）

1993年生まれ。仙台市立中田中学校、宮城県仙台東高校英語科卒業後、Western Wyoming Community College に進学。カレッジ内 International Student Recruiting Committee 生徒代表。好きなことは、たくさんの人に出会うこと、料理、フォトグラフィー、ヨガ、一人旅等。目標はいくつもありますが、特に世界と自然と私たちの生活を優しくリンクさせるライフスタイルやプロダクトの提案を考案中です。

（2014年7月現在）

(4) 否定的なイメージを払拭する——アジア交流

　国際理解において、自らの感情や感覚に直接訴える体験が、その人の固定化された意識を肯定的に変容させることがある。

　日常生活や学校生活の中から、自然に欧米諸国以外の地域に目が向くという状況はなかなか生まれにくい。そうであれば、学校における国際交流活動において、意図的にそうした機会を設定することが必要となる。グローバルな視野と感覚を育てていくには、生徒の意識の中で固定化されたイメージや偏見を壊す出来事も必要となるだろう。その好例として、中国との交流記録をみていこう。

　日本政府は大規模な青少年交流を通じてアジアの強固な連帯にしっかりとした土台を与えるとの観点から、2007年度より5年にわたり「21世紀東アジア青少年大交流計画」（Japan-East Asia Network of Exchange for Students and Youths：JENESYS Programme）[2]を始動し、交流事業を展開した。また、文部科学省は東アジア共同体構想に基づき、「東アジアにおける交流に関するワーキング・グループ」を設置し、その最終報告書では、「高校生段階における交流の推進は、早期からの異文化理解の促進、高等教育段階における留学等その後の国際交流活動の拡大に資する。特に高校生の留学については、東アジア諸国への派遣の拡大、より短期間の派遣プログラムの充実を検討する必要がある」[3]と提言されている。

　一方、高校生の海外修学旅行先としては地理的状況から第3位に韓国が位置するものの、研修旅行、留学としては、依然、英語圏が主流である[4]。こうした中、JENESYSプログラムの展開は、高校生にアジアへの関心を持たせる大きなチャンスを現場にもたらしたといえる[5]。

①日中交流・受け入れ——1日の直接交流プログラム

　さらに、生徒たちをアジア（中国や韓国）に派遣するだけでなく、アジア（中国や東南アジア）からの訪日団を受け入れ、学校交流やホームステイを実施した。同世代のアジアの高校生たちとの交流は、欧米の高校生たちとの交流とはまた異なる学びや気づきが生まれる。まず、日中交流の成果の

いくつかを見てみたい。

　2007年7月、JENESYSプログラムの一環で宮城県を訪問した中国からの高校生を迎え、「宮城県高等学校国際教育生徒研修会」を実施した。2007年の生徒研修会の時期に、ちょうど中国から訪日団高校生が宮城県にきており、交流会をする企画が持ち上がった。参加したのは宮城県内各地から集まった日本人高校生59人、そして中国人高校生46名である。宮城県の高校生たちには、交流前と交流後に簡単な質問紙に答えてもらった[6]。これによって、彼らの中国及び中国人に対するイメージがどのように変化したのかを調べた[7]。

　自らの意思で研修会に参加した高校生たちは、国際交流に意欲的な生徒層である。しかし、中国の高校生との交流については、全体の56.1％の生徒が不安を抱えていた。その原因は主に、次のようなものであった。「交流会で何をするかわからない」「交流会で知らない人ばかりである」「中国に対してマイナスイメージがある」「中国の人と言葉が通じない」。

　また、中国に対するイメージについても、地理（人口、国土）、料理、歴史、観光、ニュース（教育熱心、発展、一人っ子政策）等、表層的であった。中には、否定的なイメージを表すものも少なからず含まれていた（段ボール入り肉まん、海賊版・コピー品・違法行為等）。

　しかし、小グループに分かれての交流会、ディスカッション、そして歌を歌ったりして約2時間交流すると、生徒の表情はまったく異なっていた。肩を抱き、腕を組み、一緒に笑って写真を撮っている。事後の質問紙から、ほとんどすべての高校生たちが「楽しかった」「来てよかった」「よい経験になった」等といった満足感や達成感、喜び等のプラス感情で満たされていることがわかった。交流前には、過半数の生徒が緊張や不安等のネガティブな心情を訴えていたが、それらのネガティブ要素は消滅し、全く異なる心境に変化していた。

　そして、「交流を終えて、あなたは今、中国に対してどのようなイメージを持っていますか」と自由記述形式で尋ね、交流後のイメージをまとめた結果が次の表19である。

11. 国際交流・国際理解行事

表19 中国訪日団との交流後のイメージ

カテゴリー	人数	キーワード・内容　　（ ）は人数	人数
心的距離感の短縮	56	明るい・気さく	12
		親切・優しい	14
		積極的	8
		親しみ・共感・友好的	7
		いい人、いい国	6
		自分たちと変わりない・同じ人間	4
		近い存在	3
		情熱的	2
発見	8	勉強熱心	5
		英語がうまい	3
イメージの変化	8	イメージがよくなった(2) 怖い国だと思っていたが今はすごくいいところだと思う(1) 今までのイメージとまったく違った(1) イメージがガラッと変わった(1) 日本に対し、悪いイメージを持っているとは思えない(1) いいイメージがなかったが良く思えた(1) 中国の悪いニュースが一部であることがわかった(1)	8
未来志向・希望	2	よき隣国として長きにわたってよい日中関係が続くと思う(1) 彼らが中国をよくしてくれると思う(1)	2

　生徒たちのコメントには、アジアの人々との国際交流の意義とヒントが示唆されている。1) マスメディアによってもたらされた情報によって形成されたイメージや偏見に気づき、直接交流によってそれを改めていくことの重要性を語っている。2) 英語圏以外の人と英語を媒体にして意思疎通を図ることの意義と面白さ、そしてそれによる英語学習への意欲の向上がみられる。同時に、3) アジアのパワー、エネルギーに触れ、前向きな気持ちになっている。4) 自分たちの意見も反映して交流プログラムを計画したいと意欲を示している。

②日中交流・中国派遣

　2008年は日中平和友好条約締結30周年にあたる年であり、それにちなみ、日中双方は「日中青少年友好交流年」として高校生の交流事業を進めていた。高校生が中国を実際に訪れて異文化交流を肌で体験し、日中友好

について考える、というまたとない貴重な機会が宮城県にもめぐってきた。日本代表団として宮城県団が結成され、親善大使として1週間中国を公式訪問することになったのである。

　私は分団長（宮城県訪問団団長）となり、自分の学校の生徒たちを含む宮城県の高校生45名を中国北京・武漢に1週間引率した。学校では独自に事前学習をさせたが、他校ではなかったようであり、公式な訪問団員としての自覚に欠ける者もみられた。団員としての心構え、中国事情、国際交流の基本等、訪中の間、繰り返し他校生に教えなくてはならなかった。

　いくつかの学校が混じり合って1つの訪問団を構成する場合、相互に良い刺激となったり、新しい友人ができたりしてプラスの面も多くある。しかし、事前学習に対する統一性がとれないことや、パフォーマンスの準備ができないこと等、難しい面も同時にあった。

　万里の長城に代表される歴史建造物は、中国の歴史の重みを感じさせ、生徒たちを圧倒した。さらに、中国外交部（外務省）の方や日本領事館大使等の要人が出席されての人民大会堂での歓迎会等公式行事を通して、生徒たちは「日本代表の高校生である」という自覚を高めていった。学校訪問は、首都である北京、そして発展著しい南部の中核都市武漢、という異なる2か所でおこなうよう配慮されていた。様々なドラマが繰り広げられたが、特に生徒たちの心を揺さぶったのは、ホームステイであった。

ホームステイ

　ホームステイは交流事業のメインイベントであり、国際交流プログラムにおいて、常にそのハイライトとなる。期待の的でもあり、そして時に不安の種でもある。言葉の壁、コミュニケーション、仲間と離れる寂しさ……。理解し合おうとする前向きな気持ちを持

別れを惜しむ生徒と中国の家族（2008年）

つこと、感謝の心を持つこと、笑顔でいること等が大切だと話し、生徒たちを送り出した。

ホームステイを終えて別れる朝、各ファミリーは生徒を集合場所に送ってきてくれ、見送りをしてくれたが、そこで泣いている中国の家族が多くいたことが心に残っている。本当に我が子のように接してくれ、その愛情が伝わってきた。もちろん、生徒たちも感動の涙に包まれていた。

これらの体験を経て、高校生たちの中国へのまなざしは大きく変わり、国際理解の姿勢が養われた。

③韓国交流・韓国派遣

JENESYSプログラムによる東アジア訪問のチャンスは、中国にとどまらなかった。私は、文部科学省、そして各都道府県教育委員会を通して各学校に周知される案内文書を見逃さず、今度は生徒たちを韓国に派遣するチャンス（「日韓中高生交流事業」）を獲得した。2009年10月25〜31日の1週間、勤務校から18名の生徒が宮城県訪問団のメンバーとして韓国を訪問し、研修をおこなった。韓国の歴史を知り、日本との関係を考え、同世代との交流をして韓国理解を深めた生徒たちは、どんなことを考え、学んだのだろうか。参加生徒を代表して4名の生徒と座談会を持ったことがある。そこから生徒たちの学びを検証しよう[8]。

隣の国に興味を持とう〜座談会 韓国を振り返って〜

聞 き 手：筆者
参加生徒：N（1年女子）、A（2年女子）、O（2年男子）、K（2年男子）

【韓国 ─ Before & After ─】

筆者：韓国に行く前と行った後では、自分の考えやイメージ等でどんな違いがありましたか？
　A：思っていた以上に、日本に興味がある人が多くてビックリしました。

O：そうだね、日本語の看板もいっぱいあった。
K：日本語でたくさん話しかけられたよね。
筆者：韓国に行く前は、韓国人はそんなに日本に興味を持っていないと思っていたの？
K：自分たちがアメリカとかヨーロッパに目を向けているように、韓国の人も欧米に興味があると思っていました。
A：(歴史的な背景等から)なんとなく負い目もあったし…
O：みんな日本語が上手なことも驚きました。
K：逆に、韓国語が全然できない自分が恥ずかしいと思いました。
一同：そうだよね…少しでも韓国語を勉強して行けばよかった…
K：韓国に行ったことで、(これまで「遠い」と思っていた)韓国が「近い」と感じました。

【成長した自分】

筆者：韓国を訪問したことで、他に何か自分の中で「変化」したことがありますか？
N：積極性です。飛び込んでいくこと。韓国のみなさんはとにかく積極的でした。
K：基本的なことですけど、あいさつが一番大事だと思いました。あいさつをすれば、交流が広がっていくきっかけになる。
O：そう、すれ違う人みんなあいさつをしてくれた。積極性はすごかった。僕たちが(交流先の高校に)バスで到着すると、授業中なのにみんな外に出てきて大歓迎してくれて、不安が吹き飛びました。
N：どこに行っても生徒が集まってきて、私たちはまるでアイドルでしたよ！(笑)
A：逆に、東高に訪問団のお客さんたちが来たとき、私たちは全校生徒で歓迎できていなかった気がします。どれだけのことをしてあげられたのかなあ、って反省しました。
一同：今度、外国の方が来たときは、みんなで歓迎したい!!
A：それと、相手国の政治とかにこれまで関心がなさ過ぎました。韓国

のパートナーの生徒は、日本の政治にも関心を持っていろいろ質問してきたんです。

O：政治への興味もそうだし、まず、とにかく勉強に対する気持ちがすごい。レベルの違いを実感しました。

N：言葉もそうですが、もっと勉強しなきゃ、って思いました。「日本人は、何のために勉強するのかわからなくなってきている」って聞いたことがあります。そうなっているのかなあ、って思います。

筆者：なるほど。確かに、韓国や中国、シンガポール等、アジアの若者の向学心はものすごいですね。

【一番みんなに伝えたいこと】

筆者：韓国訪問を振り返って、一番、みんなに伝えたいことは何ですか？

A：「近いところ」と知る必要性。私も、欧米ばかりに目が向いていました。でも、もっとアジアの近い国を知らなければならない、って強く感じました。

O：日本と韓国は、歴史的にも昔からずっとつながりを持っていた。そのことを行ってみて、実感しました。

K：それと、心の改革、って言うんでしょうか。やっぱり、日本には在日韓国人とかに対する差別が残っていると思う。交流することで、差別とか偏見はなくなっていく。色々な国、人と関わりを持つことが大切だと感じました。

筆者：そうですね。いろいろな人と出会って、その国を身近に感じ、互いを理解し合おうとすることが、国際交流や平和への第一歩となっていきますね。

　素晴らしい体験をした生徒たちには、時間がいくらあっても足りないくらい「語りたいこと」がある。座談会を実施して、それぞれの生徒が訪韓に意味づけをし、自己の成長につなげていることが確認できた。こうした国際交流によって、少しでも多くの生徒の心の中に「近くて近い国」「遠いけど近い国」が増えていき、友好の芽が育っていくことを願う。

④東南アジア高校生との交流
東アジア青少年大交流計画「ASEAN 混成」訪日団　受け入れ

　学びは、訪問だけではなく、「受け入れ」によってももたらされる。2010年、JENESYSプログラムの一環で日本を訪れた東南アジア諸国連合（ASEAN）10＋1（テンプラスワン）[9]の代表高校生22名を受け入れることになった。宮城県で初めてASEAN諸国を公式に受け入れた公立高校となり、学校の国際交流史に刻まれるべきビッグイベントとなった。各国2名のASEAN代表生徒合計22名（男子11名、女子11名）のホストファミリー22家庭を探すのは、大変だった。校舎内を走り回って生徒一人ひとりに話をしたり、場合によって保護者に電話をしてお願いしたり…。最終的には、自分の学校の家庭がすべて引き受け、22のホストファミリーを提供することができた。現在はホームステイを引き受ける家庭が少なくなり、これはたいへん珍しいことだと主催者側からも評価された。

　東南アジア11か国もの高校生と同時に交流できる機会は、非常に貴重なものだ。学校交流プログラムをどう持つかは、受け入れ校に任されている。単純に6時間、平常授業に参加させても、日本語もわからない外国の生徒たちには苦痛である。しかし、日本の学校の普段の授業風景も見て欲しいと考えるため、無理のない程度に、2、3時間授業に参加してもらうようにしている（表20）。全校をあげての歓迎式、授業や部活動での交流、

ASEAN高校生との合宿は新たな国際交流の取り組みとして実施（2010年）。写真は環境問題についてのグループディスカッションの様子。辞書を使いながら、懸命に話し合う

絆プロジェクトで来日した東ティモール高校生40名を迎えての交流授業（2013年2月）。日本と東ティモールの教育の比較等をグループごとに英語でディスカッション。テーマを与えて議論させることで、質の高いグローバル学習の場として機能する

11. 国際交流・国際理解行事

表20　学校交流プログラム

時　程	交流プログラム		
	〈歓迎式〉体育館		
9：00～9：05	1. 訪日団入場（吹奏楽部）		
9：05～9：15	2. 開会・挨拶［①プログラム説明・訪日団紹介（国際部 石森）②校長挨拶 ③生徒会長挨拶］		
9：15～9：25	3. ASEAN側挨拶［① ASEAN引率教諭 ②生徒代表挨拶］		
9：25～9：35	4. 日本の歌および校歌披露［音楽選択生徒、校歌→吹奏楽部演奏、全校生徒］		
9：35～9：55	5. ①歓迎のパフォーマンス（そうらん節）② ASEAN側パフォーマンス（歌）		
9：55～10：00	6. 記念品贈呈		
10：00～10：05	7. 訪日団退場・閉会（吹奏楽部）		
10：05～10：15	本校生移動・休憩		
2校時目以降短縮45分　5時間授業		場　所	
2校時 10：15～11：00	交流会	会議室	ホスト生徒、生徒会（2名）、国際部、教員自由参加（生徒会学校紹介、ASEAN学生自己紹介等）
3校時 11：10～11：55	郷土料理クッキング （ずんだ餅、おくずかけ）	調理室	参加生徒：ホスト生徒一緒に料理し、そのまま昼食
4校時 12：05～12：50			
12：50～13：35	昼食・休憩	調理室	ホスト生徒と共に
5校時 13：35～14：20	授業参加	各教室	ホスト生徒と共に
6校時 14：30～15：15	授業参加	各教室	ホスト生徒と共に
放課後	部活動見学・体験	各活動場所	前半：部活動体験（女子→茶道部、男子→囲碁・将棋部）
5時半頃	集合→専用車にて移動	会議室	専用車でホスト生徒と共に（教員1名同行）
	青年会館にて交流・合宿	青年会館	交流プログラム

そしてホームステイとは別に1泊2日の宿泊合宿等も企画し、内容は充実した。準備期間は半年にも及んだが、交流した生徒たちには、視野を広げ相互の友情を育み、国際理解を深める素晴らしい機会になったようだ。

　アジアとの連帯、ネットワークはますます重要なものになっている。次代を背負う若者には、ぜひ、近隣諸国との友好関係を築いて欲しい。

⑤アジアの魅力発見！　ティーンエイジ・アンバサダー活動

　2014年の夏、私は同年4月に赴任した新たな勤務校（仙台二華高校）の生徒20名をティーンエイジ・アンバサダーとして、フィリピン8日間の交

流活動に引率した。イオン１％クラブが主催する青少年育成国際交流事業である[10]。

「相互」交流に力を入れており、生徒たちは、自分たちをお世話してくれ、ホームステイさせてくれたフィリピンの高校生を、その２か月後には日本の自分の学校に迎え入れ、自分の家庭でホームステイを受け入れる。

この双方向性のあるプログラムが生み出す力は、非常に大きかった。別れる時、「今度は日本で会える」「お世話になった恩返しができる」「たくさん、日本や仙台を味わって欲しい」という思いだった。そして、２か月後に両国の高校生が抱き合って再会を喜び合う場面は、そばにいてこちらも胸が熱くなった。次頁表21は、引率指導を担当した私が自ら計画・実行した事前事後研修である。

「フィリピン　ティーンエイジ・アンバサダー」プログラムの成果
●国際理解を深めることができた

訪問先が公的機関の他、高校、大学、NGO（孤児院）、民族舞踊伝承館等多岐に渡っており、生徒が国際理解を深めるのに豊かなプログラム内容であった。また、フィリピンという訪問国はアジア発展のパワーを秘めた躍動感が感じられる国であると同時に、貧富の差が著しく、その一端を目の当たりにして様々な社会問題について考えるのにも適したところである。

●問題意識を喚起することができた

立派なホテルのすぐ脇の路上では、ストリートチルドレンやホームレスを目にし、移動中の車窓からも貧民街や路上で働く子どもたちが目に入ってくる。訪問先のNGOでは親に捨てられた障害を背負う子どもたちと直接交流する機会もあった。さらには、ホームステイ先の20家庭は必ずしも裕福な家とは限らず、実際に一般家庭で生活してみてその状況を体験することとなった生徒たちもいる。状況が生み出される背景について深く考える機会となった。

11. 国際交流・国際理解行事

表21 「フィリピン ティーンエイジ・アンバサダー」事前・事後研修計画(2014年)

月／日	研 修 内 容
5／20（火）	合格者集会（資料配付、今後の予定）
5／29（木）	校内研修①（生徒対象　昼休み 12：20～12：40） ○アプリケーションフォーム等の提出・確認　○現地交流パフォーマンスについて
6／26（木）	校内研修②（生徒対象　放課後 16：15～17：30） フィリピン理解講座（講師：フィリピン出身　アイデリン・ロパン先生）
7／2（水）	校内研修③（生徒対象　放課後 16：15～17：30） 国際理解研修（訪問国事情について調べ学習、発表）
7／8（火）	校内研修④（生徒対象　放課後 16：15～17：30） パフォーマンス練習、国際理解研修
	7／9（火）以降、出発まで　毎日　パフォーマンス練習〈昼休み〉
7／13（日）	校内研修⑤　派遣説明（保護者同伴　9：30～11：00） ○主催者からの諸連絡　○研修プログラムについての説明 ○海外渡航に関する情報　○ホテル・旅行情報　○緊急連絡について他
7／14（月）	校内研修⑥（生徒対象　放課後 16：15～17：30） パフォーマンス練習、英語研修（現地で何を質問し、こちらから発信するのか）
	英語スピーチ役割分担＆準備
7／16（水）	校内研修⑦（生徒対象　放課後 16：15～17：30） パフォーマンス練習（仙台雀踊りの外部講師を招いて）
7／23（水）	校内研修⑧（生徒対象　13：30～15：00） パフォーマンス練習、スピーチ仕上げ、英語研修
7／24（木）	校内研修⑨（生徒対象　16：00～18：30） パフォーマンス練習仕上げ、最終確認
	7／28（月）～8／4（月）フィリピン研修・国際交流
8／19（火） 開講式	校内研修⑩〈事後研修〉（生徒対象　放課後） ○現地での学びを振り返る（レポート提出・共有）　○今後の予定
9月初旬	校内研修⑪〈受け入れ準備〉（生徒対象　放課後） パフォーマンス、スピーチ等役割分担、練習計画
9／14（日）	校内研修⑫受け入れ説明（保護者同伴　13：00～14：30） ○受け入れ日程についての説明　○ホームステイ心得　○東京での活動説明
9／24（水）	校内研修⑬練習（生徒対象　放課後） パフォーマンス練習仕上げ、最終確認
9／28（日）	校内研修⑭練習（生徒対象　10：00～12：20） パフォーマンス練習仕上げ、最終確認
9／30（火） ～10／1（水）	東京でフィリピン生徒（20名）出迎え、首相官邸訪問、フィリピン大使館訪問・パーティ、下水道施設（東京）、ゴミ処理場（仙台）見学
10／3（金） ～10／5（日）	学校交流・1日受け入れ（歓迎行事、日本文化紹介、授業体験、部活動体験等） 本校生徒宅（20家庭）にホームステイ（2泊3日）
	国際協力アクションを起こすために、この後、5回以上集まり、打ち合わせ
12／14（日）	事後報告会・ビデオ上映会（保護者同伴　13：30～15：00） ○ビデオ上映会　○学びの発表（全員）　○事後の活動報告　○保護者から

●日本文化、日本社会を客観視する視点を持つことができた

　フィリピンでの１週間の体験により、これまで当たり前だと思っていたことや日本の習慣、あるいは社会システムの価値やすばらしさ、独自性、あるいは見習うべき点等を再発見・再認識することができたようだ。例えば、時間や規律を守ること、衛生的な社会、整備された交通システム等を改めて優れた点として認識していた。それとは反対に、フィリピン人の笑顔、明るさ、優しさ、家族の絆、ホスピタリティ等、フィリピンの豊かな側面も理解し、見習おうとする姿勢が見られた。

●コミュニケーション能力の大切さを実感することができた

　母国語ではないにもかかわらず、高い英語コミュニケーション能力を有し、流暢に話すフィリピン人高校生たちの姿に大いに刺激を受けていた。それと同時に、生徒たちは自分の考えをうまく伝えきれないことに悔しさを感じていた。語彙力や言語運用能力に加え、伝えたい内容や自分の意見を持つこと、それを文脈や状況に応じて適切に表現することを含めた総合的なコミュニケーション能力が必要とされている。英語でコミュニケーションを円滑に図ることができず、ホームステイ等では苦慮した生徒も何名かいたが、どの生徒も徐々にパートナーのフィリピン人高校生と友情を育む様子がうかがえた。

　本プログラムから帰国後、生徒たちには「何かしたい！」「小さなことからでもいいから行動しよう」という機運が高まった。早速10月には、国際NGOネットワークの貧困撲滅への意思を表明する活動、Stand Up, Take Actionに参加した。そして、12月のクリスマスに向けて、訪問したマニラ郊外の孤児院にプレゼントを贈るというアクションをおこなった。海外研修での学びを持続的に発展させることは、重要課題である。この支援を教師が意識的におこなうことで、生徒の学びは継続、強化されていく。

まとめ　高校生の国際交流の意義

　日本の高校生の国際交流体験は、必ずしも十分なものとは言えない。ましてや非欧米地域、非英語圏となると、直接交流の機会は大きく減少する。だからこそ、直接交流がもたらす意味や効果が大きく、交流したことで互いの友情が芽生えれば、相手国へのイメージが好転し、興味関心が高まる。高校生の時期に同時代に生きる外国の同世代の人々と触れあい、意見交換し、交流することがいかに重要かわかる。

　日本の高校生とアジアの高校生の国際交流にみられる独自のインパクトを、図6にまとめた。

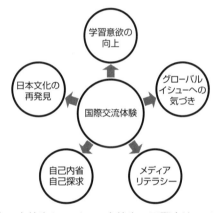

図6　日本の高校生とアジアの高校生の国際交流のインパクト

　英語圏の人々との交流にはあまりみられない視点として、学習意欲の向上、ハングリー精神、積極性、勉学への姿勢、平和への思い、ステレオタイプへの気づき、歴史認識、異文化理解再考（文化的社会的共通項の確認）、メディアリテラシー等の要素が挙げられる。

　学びに一層の深まりと広がりがみられた生徒は、グローバル学習についての持続的な学習機会を得て、継続的な学びが認められる。このことは、国際理解の深化プロセスの点で興味深い示唆を与えている。国際交流の体験を契機に、そこでの喜び、学び、発見を次なるプロセスに移行させる持続的指導や学習機会の確保が重要である。

事前・事後に教師が細やかなサポートやガイダンスをおこなうことによって、交流経験はより教育的意義を高め、生徒の人格を発達させることにつながる。こうした国際交流事業や国際理解活動に少しでも多くの生徒が参加し、自らの可能性と学びの水平線を拡大して欲しいと願っている。

《注・参考文献》

1 多田孝志（1997）『学校における国際理解教育』東洋館出版。
2 2007年1月に開催された第2回東アジア首脳会議（EAS：East Asia Summit）において、安倍総理より、EAS参加国（ASEAN、中国、韓国、インド、豪州、ニュージーランド）を中心に5年間、毎年6000人程度の青少年を日本に招く350億円規模の交流計画を実施する旨が発表された。詳しくは外務省ホームページ〈http://www.mofa.go.jp/mofaj/area/jenesys/index.html〉
3 「東アジアにおける交流に関するワーキング・グループ最終報告書」外務省、国際交流政策懇談会 東アジアにおける交流に関するワーキング・グループ、2010年7月。
4 「平成20年度高等学校等における国際交流等の状況について」文部科学省ホームページ〈http://www.mext.go.jp/b_menu/houdou/22/01/1289270.htm〉（2012年12月8日アクセス）
5 JENESYS（ジェネシス）プログラムの成果検証は、次の論文にまとめている。Ishimori, H., (2010) The Effect of Exchanges Program between Japanese High School Students and Asian Students: A Focus on JENESYS Program. *International Journal of Learner Diversity*, 2(1), 87-101.
6 回答数57人（男性22人、女性35人）。
7 初出は、石森広美（2008）「高校生たちの日中異文化交流体験」『英語教育』、56(3)、大修館書店、pp.24-26.
8 学校発行の『国際部報』からの抜粋。文責は筆者。
9 インドネシア、シンガポール、タイ、フィリピン、マレーシア、ブルネイ、ベトナム、ミャンマー、ラオス、カンボジアの10か国＋東ティモールの合計11か国。
10 イオン1％クラブは、グループ優良企業各社が拠出した税引前利益の1％を使って、様々な活動を展開しており、その一領域として、アジアの各国と日本の高校生をつなぐ活動を継続的に実施している。

その後の人生を形作る原体験となったグローバルな学び

山内 和

　高校2年生の夏に、その後の人生を形作る大きな経験をした。石森先生の引率で参加した、フィリピン・日本ティーンエイジアンバサダー事業（イオンワンパーセントクラブ主催）は、後に自分の生き方の方向性に大きな影響を与えた。この事業では、日本人学生とフィリピン人学生各20名がお互いの国を訪れ、政府機関の訪問や遺跡など文化遺産の見学、また孤児院の訪問やホームステイなどをおこなった。私は、フィリピン国内の視察や同世代のフィリピン人学生との交流等から、社会問題への関心が高まり、自分で考えることが大切だという意識を抱くようになった。

社会問題への関心

　渡航前にもニュース等でフィリピンの現状や世界の社会問題を目にする機会はあったが、特に関心を持つことはなかった。実際にフィリピンに行き自分の目で見ることで、社会で起きていることを自分ごと化することができた。首都マニラ市内であっても高層ビルのすぐ隣にスラム街が広がる様子や、大通りで信号待ちの車と車の間をぬって花を売る子どもたちの姿を目にした。初めて見る光景に衝撃を受けるとともに、日本を含め世界ではどのような問題があり、解決のためにどのような取り組みが行われているのか、自分は何ができるかということを考えるようになった。

　その後Creating Shared Value (CSV) という社会問題を解決するビジネスモデルを知り、社会問題の解決にビジネスは大きな可能性があると考え、大学では経営学を専攻することにした。また、大学では、私がフィリピンで体験したような、視野が広がる原体験をより多くの学生が得られる機会を提供したいと思い、AIESEC（アイセック）という世界最大級の学生団体に所属し、大学生向けの海外インターンシップのプログラムを企画・運営をしている。実際にインターンシップに参加したある学生は、同じように社会問題に関心のある若者を増やしたいと思いAIESECのメンバーとなり、今度は価値の提供者になっている。このように、社会問題に関心を抱き何らかのアクションを起こす人の輪がもっと広がっていってほしいと願う。

自分で考える力の大切さ

　フィリピン人学生との交流を通して、

英語はできて当たり前であり、自分で考えて意見を述べることが何より大切だということを実感として学んだ。フィリピンは公用語の1つが英語であるため、交流した同年代の学生は非常に流暢な英語を話していたが、母国語ではないのにあれだけ英語でのコミュニケーション能力が高いことに刺激され、私ももっと勉強しなければならないと感じた。しかし、それ以上に印象的だったのは、彼らはしっかりと自分の意見を持っていることだった。

プログラム中に政治家と交流する機会があったが、その際にフィリピンの学生は堂々と自分の将来の夢や創りたい未来について語り、質問にも即座に答えていた。それができる要因の1つが、私がフィリピンの学校で経験した、インタラクティブな授業スタイルだと考える。教師が生徒に質問を投げかける場面が多く、ある生徒の発言に対してまた別の生徒が発言するなど常にディスカッションしているような授業だった。教科書に書かれていることを覚えるだけでなく、それに対して自分自身の考えを持つ習慣を身につけているのだと思った。

以前は、大学では英語を学びたいと考えていたが、それだけでは足りないと感じたため、英語「で」学び、かつ自分で考える授業が多い立教大学の経営学部国際経営学科に進むことに決めた。専門的な授業が英語を使っておこなわれているため、英語力は自然と身についてくる。さらに、学生がチームでビジネスプランを作りプレゼンをする機会が豊富に与えられるなど、常に自分で考える特訓ができている。また、価値観の異なる人々の意見を理解する力、各人の能力をうまく活用する力を身につけることもできた。これは、生涯にわたって強みとなる力であると考える。

高校生の時にフィリピンを訪れた経験から社会問題の解決と考える力、という今後一生大切にしたいテーマを見つけることができた。若いうちにこのような経験ができたことはとても幸運だと思う。世界を自分の目で見て、自分の頭で考え、行動する。そんな人が増えればこの世界はもっと良くなる。そのための機会提供が増えることを願う。

山内 和（やまうち のどか）

1997年博多生まれ。宮城県仙台二華高等学校卒業。立教大学経営学部国際経営学科4年。CSVやソーシャルビジネスについて研究している。株式会社メンバーズ主催「第1回大学生ビジネスアイデアコンテスト」で企業賞（資生堂）受賞、またゼミ内のビジネスコンテストで優勝。旅行と芸術鑑賞を通して、新しい世界を見ることが好き。

（2019年7月現在）

12. 留学と留学生受け入れ
―― 多様性を認め、寛容性を高める教育

ことばの習得だけじゃない！ 人間として大きな成長をもたらす

　短期の旅行やスタディツアー等と異なり、留学は一定期間その土地、国に滞在する。短期間の訪問では、時に良いところや表面的な部分しか見えず、局所的な見聞が根拠もなく拡張されてその国を語ったり、あるいはすべてのストーリーを美化してしまうこともあるかもしれない。一定期間、現地の人と生活して初めて見えてくることも多くある。この意味で、多感な10代での留学は大いなる刺激と学びをもたらすであろう。

　留学――日本を起点に考えた時、日本の生徒が外国に留学するケースと、外国人の生徒を留学生として受け入れるケースとがある。どちらにおいても新たな学びの場となる。留学した生徒はもちろん個人の財産になるとともに、きっと留学先のクラスメイトや友人たちになんらかの良い影響を与える。また、外国人留学生を受け入れた場合も、本人の貴重な経験になることは言うまでもなく、受け入れた日本側の生徒にとっても、異文化理解や国際認識を育むチャンスとなる。「国際交流」で前述した通り、同世代同士の国境を越えた学び合いは、若者に新鮮な感動や刺激をもたらし、視野を広げる好機となる。

①留学体験と学び――村上祐子さん（スウェーデン）のケース

　高校時代に10か月以上の留学を体験した、1人の生徒のストーリーを掘り下げてみよう。

　当時私が担任をしていた祐子さんは、介護関係の仕事に就いている両親の影響もあり、福祉や社会制度が発展している北欧への留学を希望していた。英語圏以外に留学するということは、高校生にとっては容易な決断ではない。しかし、彼女は非常に前向きであった。

　留学してすぐに言葉の壁にぶち当たったという。スウェーデン語がまっ

たくわからない。クラスメイトや先生は最初の1、2か月は英語で話しかけてくれたそうだが、それ以降は英語でのサポートはなくなり、自分でなんとかしなければならない状況に追い込まれた。留学先の学校で単位認定されなければ、日本帰国後の進級も認められない。単位を修得するためには、試験も他の生徒と同じようにスウェーデン語で受けなければならなかった。それは苦難の連続だったようだ。しかし、「人生で最も勉強した期間」と本人が証するように、必死に努力を重ねた。そうした営みは、強靱な精神と忍耐、そして感謝の心を彼女の中に大きく育てた。

下記は、祐子さんが帰国後に書いた文章である。

留学体験 ―スウェーデンで出会った人たち―

　約1年間のスウェーデン留学の中で、私が得た一番のものは"出会い"でした。留学生の私のことを「娘」と呼んで大切に育ててくれたホストファミリー。全くと言っていいほど話せなかったスウェーデン語の勉強に毎日つきあってくれたクラスメイト。共に新しい文化に戸惑いながらも励まし合って成長した各国からの留学生。思い出すと私は、いつも誰かと笑っていました。

　そして、私の人生を変える大きな出会いもありました。それはスウェーデンの人口の約4分の1を占める移民の人々との出会いです。彼らはみんな、スウェーデンに"普通の幸せ"を求め、紛争や差別、独裁等から逃げてきた人たちでした。私は学校が終わると、ESFという移民の子どもたちがスウェーデン語を勉強するための学校へ行き、彼らに混ざって学習に取り組んでいました。ESFでの私のクラスメイトは、みんな元ストリートチルドレンや、孤児院から里親に引き取られてスウェーデンで暮らし始めたばかりの人たちで、人種、国籍、年齢ともに様々でした。彼らと絆を深め、お互いの話をするうちに、今までただぼんやりと自分の中で知っていただけの悲惨な現実は、今まさにこの瞬間も繰り広げられている世界の矛盾から逃れ、目の前にいる私のクラスメイトにつながりました。彼らはいつでも優しさに満ちあふれた表情で、「幸せ」だと言うのです。

　私はみんなからたくさんのことを教わりました。私には今、子どもが子どもらしく夢や希望を持って家族と一緒に暮らせる世界をつくる手伝いがしたいという目標があります。この1年間の留学で得た"出会い"は私の一生の宝物として大切にこれからにつなげたいと思います。

彼女の貴重な体験は、授業やホームルームで共有してもらい、クラスメイトも大きな刺激を受けていた。

②留学生の受け入れ〜異文化を持つ人との接触

留学や日常的な国際交流が叶わない日本の生徒にとっては、「留学生がクラスメイトになる」という体験は、普段の高校生活を国際理解の場にする絶好の機会である。これまで、私はアメリカなどの英語圏のほかに、スペインやオランダ、スウェーデン、イタリアなどの英語圏以外の欧州、あるいはシンガポールやインドネシアなどアジア諸国からも積極的に留学生を受け入れ、その担当教員として、共に成長し合う姿を見てきた。最初は日本語が分からなかった留学生も2、3か月すると日常会話ができるようになり、日本の生活にも慣れ、友人も増える。外国人留学生を受け入れた場合、本人の貴重な経験になることは言うまでもないが、受け入れた我々日本側の生徒にとってもメリットは大きい。同世代による国境を越えた関わり合いは、若者に新鮮な感動をもたらし、視野を広げ、多様性や寛容性を高める好機となる（図7参照）。

例えば、留学生が懸命に努力して日本語を覚える姿や留学生が持つチャレンジ精神や積極性に刺激を受けたり、異文化に接することによって日本

図7　外国人生徒（留学生）と日本人生徒との学び合い

文化を再発見したり、日本のことを聞かれて改めて自国について学ぶ必要性を認識したり、また文化を比較・相対化する力や物事を俯瞰する力が養われたりする。もちろん、総合的なコミュニケーション力が向上する効果もある。

また、イスラム教の女子生徒を受け入れたときは、ベール着用やお祈り、ラマダン（断食）をする敬虔な姿に接し、生徒たちの宗教への理解や異文化尊重の姿勢が大きく育った。「どこにいても自分らしくあること、外見が異なっても心は変わらないこと、心の持ち方が一番大事であること」を折に触れて話してくれた彼女から、クラス全体がたくさんのことを学び、成長することができた。こうした場で生徒に涵養された異文化理解や多様性尊重の姿勢は、日常の人間関係にも十分活かされる。

印象的なエピソードを2つ紹介しよう。

●アルゼンチンからスペインへ移住したルシアーノ君

ルシアーノの母語はスペイン語。10歳の時にアルゼンチンからスペインに移住した。そして、高校生の時に1年間、私の勤務する学校に留学生としてやってきた。彼は1年生のクラスに入った。初めは日本語が話せず、英語を媒介にして生徒たちはコミュニケーションを図っていた。お互いにとっての「外国語」である英語を、補助言語として活用している状況である。

ある時クラスのO君が、廊下を歩く私を、ノートを持って追いかけてきた。「先生！」―「どうしたの？」と聞くと、ルシアーノが書いたという英語の文章を見せられた。「ルシアーノは△△のハンバーガーは食べない、って言うんですよ。それで、理由を聞いたんだけど、英語がよくわからなくて。ノートに書いてくれたんですけど、どんな意味ですか？」と。それを読むと、「△△のハンバーガーにするビーフのために、南米の森林が伐採され、熱帯雨林が牧畜場に変わっている」という趣旨のことが書かれていた。確かに、そのような国際ニュースを以前耳にしたことがあった。アルゼンチン出身の彼は、故郷の森が破壊されていくことに心を痛めていたの

だろう。その内容をO君に伝えると、「え！そうなんですか！」と驚いた様子。しかし、O君を驚かせたのは、その内容に加え、同じ高校生であるルシアーノがそんなことを考えていた、という事実であった。「すごいですよね…。こんなことちゃんと考えてるなんて。俺なんて、考えたこともなかった」と。彼は刺激を受けるとともに、ルシアーノを尊敬した。それから、彼らは親友になった。

明るくまじめなルシアーノは日本語を覚え、運動部にも所属して部活や学校行事にも積極的に参加し、学校全体に友人を増やしていった。彼の積極性は周りに良い影響をもたらし、クラス全体に広がっていった。

そしてその5年後、彼は大学生になり東北大学の留学生として仙台に帰ってきた。

●学校初のイスラム教徒、インドネシアのボルネオ島から来たアズラさん

インドネシアから1年間留学生を受け入れたことがある。アズラという女子生徒。敬虔なイスラム教徒であり、日常的にベールを着用している。

イスラム教の生徒を受け入れるのは学校として初めてであり、お祈りのことやラマダンのことなど、様々な打ち合わせが必要であった。私は必死に情報を集め、受け入れを実現させるように準備した。

彼女は礼儀正しく、勤勉で、何事にも誠実で一生懸命な素晴らしい生徒だった。丁寧な挨拶を欠かさず、笑顔を絶やさず、穏やかで、日本人以上に周囲に気を使う。彼女が来るまでは、「イスラム教徒」に対するステレオタイプを抱いたり、受け入れに難色を示したりする教員もいたのだが、実際に彼女が現れると、皆が彼女の魅力に魅了された。教職員の認識は確実に変わっていった。私は担任として、アズラを受け入れたことを誇りに思った。クラスメイトたちにとっても、彼女の存在は貴重だった。

ある日、アズラは毎日頭を覆っていた「ベールを外そうと思っている」と私に打ち明けた。「どうしたの？何か言われたの？」何か不愉快な出来事でも起こったのかと心配したのだが、そうではなかった。彼女は、もっと友達がほしいと望んでいたが、ベールを着用していることによって、も

しかしたら、いろんな人が自分に近づきにくい感情を抱く原因になっているかもしれない、と言うのだ。私は、アズラの考えを理解し支持するけれど、無理しないでよく考えて、自分のしたいようにしていいよ、と話した。

数日後、アズラは突如、ベールを取って教室に現れた。ベールをつけて初めて教室に入ってきた時には全くなかった驚きと動揺を、クラスのみんなにもたらした。

アズラは、自分らしくあること、外見が異なっても心は変わらないこと、心の持ち方が一番大事であることを折に触れて話していた。クラス全体が、宗教について、生き方について、いろいろとアズラから学んだ。

アズラとともに過ごしたクラスの生徒たちは、下記のようなコメントを残している。

- 私はアズラと出会えたことで素直になれた。私自身が何なのか気づけた気がする。ありがとう。(M.A.)
- アズラと過ごしてみて、僕はいろいろなことを学んだ。アズラがベールを脱いだとき、すごくびっくりした。宗教的な問題もあっただろうから、アズラは悩んだと思う。でも、ベールを取ったとき「アズラはアズラだから」って言っていて、すごくかっこよかった。確かにベールを取っても人が変わるわけでもない。でも、勇気が必要だったと思う。こういう勇気を感じることができたのも、アズラが留学してこなかったらなかったかもしれない。このことは、今後の人生にも活かしていけるいい体験だったと思う。本当にアズラが留学してくれてよかった。(T.H.)

留学生と共に過ごす日々から、本物の異文化理解がもたらされる。

③文化的多様性が開く学び

「社会の中に、外国人も含めた多様な構成員がいることによってむしろ社会が活性化されるといった視点が重要になってくる」「外国人も含め、多様性を受け入れる社会とは、日本人にとっても活力ある社会につながっていくという捉え方をすることが重要である」――これは「外国人との共生社会実現に向けて(中間的整理)」による説明である[3]。多様性の重要性は

国政レベルでもすでに認識されており、学校教育においても積極的に推進していくべき領域であることは間違いない。

　時に文化的多様性は学校に混乱や負担をもたらすものと受け取られ、敬遠されることがある。しかし、これまでの経験から、プラスの側面の方が圧倒的に多いと私は実感している。思考が柔軟な青少年期に多様な文化背景を持つ人を仲間に迎え、一緒に活動することによって、自分の中に形成された固定観念や枠組みを問い直したり、新たな考え方や視点を得たりすることができる。こうしたことは、その後の人生に大いに役に立つはずである。

《注・参考文献》

1　法務省〈http://www.moj.go.jp/housei/toukei/toukei_ichiran_touroku.html〉
2　総務省統計局〈http://www.stat.go.jp/data/jinsui/2014np/〉
3　「外国人との共生社会」実現検討会議中間的整理（要旨）〈http://www.cas.go.jp/jp/seisaku/kyousei/dai5/siryou1.pdf〉
　太田春雄(2005)「グローバル時代における多文化共生教育」今津孝次郎・馬越徹・早川操編『新しい教育の原理―変動する時代の人間・社会・文化』名古屋大学出版会、pp.241-259。

新たな自分を開発して

平塚 奏流

僕は2014年の春に高校を卒業し、その年の夏からインド政府による奨学生としてインドに留学しています。

中学生の時から発展途上国の飢餓や貧困地への支援に興味がありました。しかし、高校に入ってすぐに行動を起こしたわけではありません。一歩、前に踏み出した高校2年時から少しずつ自分の行動力は変わっていきました。高校3年生の進路決定段階では、国際協力の現場が近いことを理由に、インドを進学先として決めました。

一歩踏み出した高校2年の夏

そもそも、高校時代に海外に出向くきっかけをもらったのは、校内でおこなわれている様々な国際交流や国際理解の取り組みでした。なんとなく授業を受けて部活をして過ごしていた自分が、学校が呼びかけている国際交流に参加してみようと、申し込みにいったのがきっかけです。KIZUNAプロジェクトに参加し、震災復興について知ってもらう目的で2週間アメリカ東部に行くことができました。その時から、自分に変化が起こり始めたように思います。積極的に世界を知ろうとすること、文化の異なる人と話をしようとすること…。

自分を高めさせた
復興支援サミットへの参加

意欲が高まった僕は、いろいろなものへの興味が増して、自分からチャレンジしていくようになりました。

僕がインドに留学するきっかけは東日本大震災の復興支援サミットに参加したことです。僕自身も3.11の地震で家を失いましたが、そこで出会った人の大半が沿岸部に住み津波被害にあった当事者でした。彼らが目の前で家族が流されていく様子を赤裸々に話してくれた時には、涙が止まりませんでした。

このサミットを通して、僕は本当の意味での現実を突きつけられたように感じました。また世界中には、僕たちと同じかそれ以上に苦しんでいる人たちが大勢いる。日本では知られていないだけで、もっともっと悲惨な体験をしている子どもたちがいるかもしれない。そんな想像ができるようになり、僕は、貧困や飢餓の削減にも貢献したいと強く思うようになりました。

インド留学への決意

そんな時に、海外からの留学生を対象にインド政府による奨学生プログラ

ムを見つけました。この試験に合格すれば大学への入学権利と奨学金をもらえます。渡航後の自分の成長がどれほどのものか想像もできないことが、僕を動かしました。

インド留学への思いを、普段から国際交流でお世話になっていた石森先生に最初に打ち明けました。先生がどんな反応をするかちょっと不安だったのを覚えていますが、「いいと思うよ！インドは今発展している国だし、可能性がある。国際理解の面からもとても面白いし、勉強になると思う。頑張りなさい」と励ましてくれました。

実は、先生方やクラスメイトの反応は肯定的なものばかりではありませんでした。インドに行く僕を好奇な目で見たり、「変わった奴」だと思われたりしました。周りの目は正直、当時の僕にとってとてもきつかったです。担任には「今までに前例がないから」と繰り返され、「くだらない」と言われたことが、一番心に突き刺さりました。

その時から、僕は目標を達成するため動き出しました。そして、5月の中旬に入学許可をもらい、進学を決めました。

この留学でどんな風に自分自身が変われるかワクワクしています。僕は、グローバル教育に出会ったおかげで見聞を大きく広げ、たくさんの人に出会い、文化に触れ、価値観の違いに困惑しながらも、自分自身の個性を確立できたように感じています。

世界の広さを知り、沢山の人々から愛情をもらいました。今度は自分の番です。沢山の愛情をもらった分、僕もたくさんの人に愛情をもって接していきます。

インドでの生活

インドでの生活が始まりました。毎日、その日あったことを振り返ると、違った成長を感じています。それはまるで、雨上がりの雑草のようにどんどんと伸びていく感じです。インドに渡航する直前に石森先生から、「どんな逆境も楽しんだもの勝ちだ、気持ちひとつで見えるものが違ってくるから、positive thinkingにね」とアドバイスをもらいました。先生の助言の通り、今は逆境を楽しんでいます。これからも大変なことが多くあると思いますが、少しずつ、自分の糧にできればいいなと思います。

平塚 奏流　（ひらつか そうる）
1995年生まれ。宮城県亘理町立逢隈中学校出身、仙台東高校普通科卒業。趣味は和太鼓やギター等の音楽、サッカー。インドのマハーラーシュトラ州立大学に進学。インド哲学と社会学を専攻。異文化を楽しみながら、おいしい紅茶を手に入れてはチャイ作りに没頭中。

（2014年8月現在）

13. イベント・コンクールへの参加

　これからグローバル教育の実践を始めようという方は、まず、国際理解に関する行事を生徒に案内し、引率することを勧めたい。イベントに参加することで、引率教師にとっても自身の研修の機会となり、人的ネットワークの構築にもつながる。

(1) 国際教育生徒研修会

　宮城県高等学校国際教育研究会では、毎年夏に県内の高校生を対象に「国際教育生徒研修会」（通称、生徒研修会）を開催している。午前の部を「ワークショップ」、午後の部を「交流会」として毎年テーマを変えながら実施されており、例年県内各地から70名前後の高校生が参加している。各県に同様の組織があり、このようなイベントを開催している。

　生徒研修会では毎年「生徒実行委員会」を組織し、例年、数校からなる生徒実行委員約10名が数回集まって内容を考え、運営する。近年は午前の部（ワークショップ）と午後の部（交流会）の間に、生徒実行委員会によるプレゼンテーションを入れている。2グループに分かれて、地球的課題（貧困、児童労働、食糧問題、平和、水問題、エネルギー問題等）に関係したテーマを設定し、調べたことをパワーポイントで発表するものである。高校生による高校生のための発信は、参加者にとっても大いに刺激になるようだ。

　実行委員にとって、普段なかなか接することのない他校生と交流し、意見交換をし、信頼関係を築きながら研修会を成功に導くプロセス自体も、学びの場である。ま

ネパール出身の講師を囲む会の1コマ

た、一般の参加者にとっても、他校生と出会い、新たな友人を作ることができ、同じ関心を持つ高校生が集う場は貴重である。うまく機能すると、高校生主体の国際協力のアクションが生まれる。指導する側としては、それを期待している。

(2)「国際理解に関する弁論大会」&「高校生英語弁論大会」

　各都道府県「高等学校国際教育研究会(研究協議会)」が主催する高校生のための国際関連行事として、国際理解に関する英語と日本語の弁論大会がある。いずれも「国際理解・協力」に関することがテーマだ。

　弁論大会は、自分のことばで体験や考えを文章に表現してまとめるだけでなく、それを公の前で発表しなければならず、自己表現においてやや高いレベルが要求される。同時に、「自分の思いを伝える」という実感はより強く感じられるものでもある。文章は書けても、それを弁論として伝える技術、例えば適切な音量と音声、スピード、表情、表現力、そして決められた制限時間内に発表するトレーニングが求められるため、一定の準備期間が必要である。

　本書の協力者の一人である青森県の南澤英夫氏も、授業や課外活動での学習の成果を国際協力スピーチコンテスト等のコンテストに積極的に参加させている。自分の意見をまとめ、人に理解・共感してもらえる形でスピーチにすることは大変であるが、スピーチを完成させるまでの過程が生徒の成長を促す。さらに、スピーチに取り組むことにより、人の話に真剣に耳を傾ける態度や論理的にスピーチ内容を分析できる力が養われる。このことは、高校3年生が迎える進学や就職試験でも生かされているそうだ。

　弁論やスピーチへの参加には苦労はあるが、努力した後の達成感も大きい。また、多くの聴衆を前にしたスピーチは精神的な強さをもたらし、入賞した場合には、生徒の大きな自信となり、さらに前進する励みになる。

(3) JICA国際協力中学生・高校生エッセイコンテスト

　JICAエッセイコンテストへの参加は、世界の諸問題や世界と自分との

関わりを考える契機となる。また、自分の体験や生き方を振り返り、これからどう生きるのかを考える良い機会である。2018年度は高校生から約3万5000作品、中学生と合わせると総数7万点を超える応募があったという。応募数が多くレベルの高いコンテストであるが、これを年間行事に位置づけることにより、学校におけるグローバル教育の柱の1つにすることもできるだろう。

　前任校（仙台東高校）では、新入生の入学前課題として定着しており、さらに有志生徒を一般公募し応募していた。その前の勤務校（小牛田農林高校）では、部活動（イングリッシュクラブ）の一環として部員全員での参加、および国語科と連携し、「国語表現」という科目で挑戦する外部コンテストの1つとして生徒に参加させていた。現任校でも、併設の中学校と協力しながら広く呼び掛けている。

　2011年で50周年を迎えたJICAエッセイコンテスト。私はこれまでに赴任した学校すべてで取り組み、入賞者を輩出してきた。実は私自身、過去の入賞者である[1]。学校に掲示されていた1枚のポスターが目に止まり、体験を踏まえ思い浮かんだことを原稿用紙にまとめた。どの先生に提出して良いかもわからず、とりあえず習っていた国語の先生に持って行くと、誤字脱字を少し指摘されただけでそのままコンテストに送られた。その結果、全国で第3席にあたる審査員特別賞を受賞。この副賞でいただいた途上国の研修員と寝食を共にする5日間の宿泊研修（JICA沖縄国際センター）は、当時17歳の私に強烈なインパクトを与えるとともに、その後の生き方に多大な影響をもたらした。

　JICAエッセイコンテストの他にも、国連WFP主催のエッセイコンテストやユネスコの作文コンクールもある。その他にも国際機関が募集する作文コンクールが数多くある。高校時代の私のように、ポスターに反応して自主的に書き始める生徒は稀であろう。背中を押す教師の働きかけがあると良い。実際に、声をかけ、少し会話を交わすと、生徒にもアイディアが生まれたり、挑戦しようとする意思が芽生えたりする。我々の観察力を活かし、優れた体験や意見を有している生徒に声がけをし、チャンスを提供

するのも教師の仕事である。

(4) 高校生国際協力実体験プログラム

　JICAの各センターでは、高校生向けに国際協力実体験プログラムを実施している。開催時期は各地区ブロックによって様々だ。私も、何度かこのプログラムに生徒を参加させた。

　国際協力ワークショップや課題解決に向けたアクションプラン作成、青年海外協力隊経験者による体験談等、内容は少しずつ異なるが、国際理解・協力に関心の高い高校生が一堂に会し、1日ないし2日間にわたってディスカッションを重ねながら問題について考える。そして他校、とりわけ他県の高校生と交流し、意見交換することから得られる刺激や学びは大きいものがある。

　イベントやコンテストへの参加者の感想や入賞作品等には、その人の学びが凝縮されているので積極的に共有していきたい。例えば、広報誌や生徒会誌、ニュースレター、学校ホームページ等、様々な媒体を使って、広く学校全体の国際意識の醸成を図りたい。このことはイベントやコンテストの認知度を高め、生徒の興味関心を喚起し、次年度以降の参加者増加につながるだけでなく、参加生徒の経験を通して多くの人に学びを伝播させる教育的効果がある。

(5) その他、様々な地元の国際イベントへ

　各都道府県には、国際交流や多文化共生の拠点となるセンターや国際交流協会等の組織が存在し、市民・県民向けに様々な国際関連行事を主催している。地元では大規模な「仙台地球フェスタ」では、一般参加だけでなく、毎年のように生徒はボランティアとしても参加している。さらに、学生向けのスタディツアーや各種セミナーや講座も開かれ、高校生も参加している。また、大学で開催される留学生との交流行事やNGO主催の学習会等にも積極的に生徒を連れて行こう。

　学校外の多様な年齢層の人々と出会い、交流することは、高校生にとっ

て地域と関わり、社会性を身につけたり、視野を広げたりする上でプラス効果があるからである。

「グローバル教育に興味はあるけれど何から始めたらよいかわからない」「国際理解ってどんな感じ？」という教師にとって、このような国際関連の行事への参加は、取り組みの第一歩として力強い味方になるはずだ。

《注・参考文献》
1 入賞体験とその後については、全国国際教育協会監修（2012）『「共に生きる」をデザインするグローバル教育—教材と活用ハンドブック』（メディア総合研究所、pp.28-29）に紹介されている。

Tips of Global Education 3
〜民族衣装のぬくもり〜

　民族衣装。学生時代に南米を旅行して以来その美しさに心が奪われ、いつしか世界各国の民族衣装の収集が趣味になった。デザイン、模様、色づかい、肌触りなど独特の風合いが漂っていて興味深い。

　民族衣装は主に、①生活服として日常的に着用されているもの、②お祭りや伝統行事などの特別な日に着用するもの、とに大別できる。①は少数民族などによく見られる。例えば、中国の雲南省、タイやベトナム北部の山岳地帯で出会った少数民族は、自分の帰属集団を示すかのように、デザイン、材料、色合い、刺繍、頭飾りなど細部まで衣装が異なっていた。ペルーやボリビアのアンデス地方の先住民族の衣装やアフリカのザンビアやガーナなどの女性が着用する布などもそれぞれの美しさがあった。とりわけ印象的だったのは、中米グアテマラだ。ローカルバスが停車するごとに乗車してくる人々の色鮮やかな織物の衣装が異なっており、村ごとに色濃く残る文化に感動した。

　②は、いわば伝統の保存という意味合いが強いだろう。韓国のチマチョゴリや日本の着物などもこれに相当する。伝統保存の機能を持たせて学校の制服などに採用している①と②の融合形のような場合もある。ベトナムのアオザイや、ブータンのゴやキラなどがそうだった。

　民族衣装は大半が手作りで、それぞれの思いや歴史、生活文化などが凝縮されており、伝統技術や知恵の結晶ともいえる。しかし今日、生活の変化や実用性、製作にかかる手間暇などから、その継承が難しくなってきている。特に男性の衣装は急速に失われつつあり、奥地まで行ってもなかなか出会えなくなってしまった。

　グローバル化や経済発展によって文化の均質化が進むこの時代、あらためて民族衣装に込められた思いやアイデンティティを感じてみたい。

過去の私からのメッセージ
——自分の殻に閉じこもっていた私が世界を知ってから

高橋 さおり

高校時代の始まり

　私が世界に興味を持ったのは、中学生のときだった。日本だけではなく世界を見てみたいと思ったのだ。だが、当時の私には、なかなか自分自身で破ることのできない殻があった。大きな不安と小さな期待を胸に秘めて、教室のドアを開けた。しかし、私の不安は的中した。周りの人たちは打ち解けていって、「見知らぬ人」から「友達」に変わっていくのに、私の殻は次第に鎧へとかわり、1人でいることが多くなっていった。上手く話せない私は、みんなと違う風に思えて、そして違うことが怖くなって、次第に教室への足が遠のいていった。同時に「世界を見てみたい」という思いも、自分の気持ちから遠のいていくのを感じていた。

　気がつくと、何日も学校を休んでいた。「また同じことの繰り返しだ」。罪悪感が私の心を占領していった。

　高校入学したら環境も変わる。今度はきっとうまくいく。いや、上手くいかなくてはならない…不安でいっぱいな心と体をなだめて、高校の門をくぐったけれど、中学校の時の私も、高校入学した時の私も、なにも変われていなかった。中学生の私は自分の殻を破れずにいて、その殻を破ることを高校生になる私自身に委ねたのだ。それができない情けなさと、失望感がいっぱいで、また学校を休みがちになってしまった。

高校で自分が変わるきっかけを手に入れた

　高校1年の後半。殻を破れないでいる中、チャンスが訪れた。国際協力・国際理解を中心に活動している部活の存在を知ったのである。その時、私は美術部に所属していて、2つ上の先輩がたまたまイングリッシュクラブにも入っていたのだ。先輩から「聞いているだけじゃわかんないから、来てみなよ」と言われた。「自分が変われるチャンスかも知れない」と思ったのと同時に、何とも言えないような不安を感じたのを今でも覚えている。

　顧問の石森先生を紹介してもらうと、先生は「いつでも遊びにおいで」と言ってくださった。私はすぐには行動できず、しばらくそのままにしていた。すると、また校内で先生に会った。「いつクラブに来るの？待っているよ」と声を掛けてくださった。そして、やっと私は部活に顔を出した。すると、不思議と私は自分の意見を語っていたのだ。先生から「どうして国際協力に興味を持ったの？」と聞かれ、私はまだ誰にも話してない夢を伝えた。「世界を見てみたいからです。

その過程で誰かの役に立てればと思って…」と言うと、先生は笑顔で「素敵な夢ね」と言い、私の背中を押してくれたのだ。

その部活に入部したことが、自分の殻を破るキッカケにもなったし、なにより、自分自身を認めていく過程にもなった。

国際理解のイベントに参加することで、いつの間にか、私には沢山の世界中の友達ができていた。ブラジルの友達や、アメリカの友達。クラスにもなかなか馴染めない私だったけれど、気がつけば、クラスにも友達が増えていた。そのうち、人との違いや、自分自身へのコンプレックス、他人が私のことをどう思っているか考えることが馬鹿らしくなって、考えるのを止めた。そうすると自分を伝えたい気持ちが強くなっていって、どうしたら伝えられるかを考えるようになった。一心に「伝えたい」という気持ちが、鎧を殻へと軟化させ、殻は徐々に薄くなっていったのだと思う。

毎日が充実していくのを感じた。家に帰ると、母から「笑顔が多くなったね」と言われるようになった。友だちと一緒に買い物に行ったり、自宅に招いたりするようになった。いつしか、私の周りは友だちの笑顔であふれていた。

夢さえも変わる

人と関わることを恐れていた私が、今、人と関わる「看護師」として働いている。高校3年の時に見つけた夢、それを卒業後5年かけて実現させることができた。

看護師になって、数か月。毎日の仕事は想像以上に辛いことが多くて、時々自分を見失いそうになることがある。しかし、私を支えるのは国際協力・理解で得た「自信と強さ」だ。日々の中にあるやりがいを通じて、高校時代に夢見たこと——いつか自分の技術を世界で本当に困っている人のために役立ててみたい、と思いを馳せている。

国際理解・国際協力を通して感じた様々な文化は、私に「相手を認める強さ」と「相手との違いを認め合う優しさ」を教えてくれた。患者さんとの関わりでも、相手を認めることは大切なことである。人と違うことはおかしなことではない。むしろ普通なことであって、違うことでお互いに認め合うことができ、それが信頼関係につながっていくのだ。このことに気がつくことのできた私は、今、毎日を懸命に生きている。高校時代に得た経験が、私の今を輝かせてくれているのだ。

高橋 さおり （たかはし さおり）

1989年宮城県古川市（現 大崎市）生まれ。宮城県小牛田農林高校農業技術科農業科学コース卒業後、大崎市医師会付属看護学校に入学。働きながら学び、看護師の資格を得る。2013年より看護師として勤務。趣味はスノーボード。モットーは「感謝を忘れない」。一番の思い出は、高校の時に部活の仲間と出場した英語劇（スキット）の練習。

（2014年3月現在）

14. 学校行事・学校全体での取り組み

　学校全体アプローチ (whole-school approach) とは、目標を共有し、学校全体で取り組む方法である。グローバル教育が一部の生徒のものにならないように、学校全体にその意義や学びの機会を浸透させていくにはどうすればよいだろうか。ここでは、全校生徒に地球市民意識が生まれるような啓蒙活動の例をいくつか紹介しよう。

(1) 国際講演会

　総合学習の時間やロングホームルームを活用し、全校生徒を対象にした国際講演会を開催することは、教職員の合意さえ得られればさほど実施困難ではないだろう。発達段階に応じて講師選定は異なってくるが、中高生ともなれば、どこかの「お国紹介」に終始せず、グローバル社会が抱える問題点や実態と自分たちとのつながり、あるいは国際協力活動等、社会における貢献や生き方を考えさせるようなものが望ましい。

　私が企画したもので、最も反響のあった国際講演会を紹介する (表22)[1]。

表22　国際講演会　報告

日時：2013年10月8日（火）13：45～15：45（5、6校時）
講師：株式会社 日建　代表取締役社長　雨宮 清 氏
講師プロフィール：
　　　　カンボジアでの地雷の被害者との出会いをきっかけに、建設機械技術を活かし、1995年から対人地雷除去機の開発を開始、1998年には対人地雷除去機第1号機を完成させ、世界の地雷被害国で地雷除去、農地復興・インフラ整備等にも取り組んでいる。カンボジアを皮切りに、ベトナム、アフガニスタン、モザンビーク、アンゴラ等世界に拡大し、その社会貢献活動は広く国内のメディアにも取り上げられ、注目を浴びる。2012年には、人道的支援を目的とした対人地雷除去機の累計提供台数は、100台を突破し、世界のトップを達成した。
講演演題：モノづくりを通しての国際貢献

―地雷除去に挑む 豊かで平和な大地への復興―

　国際講演会でお迎えしたのは、雨宮清さん。雨宮さんは、これまで「ガイアの夜明け」「夢の扉」等、数々のテレビ番組にも出演、また国連 Universal Design 展優秀賞、「モノづくり日本大賞」経済産業大臣優秀賞等、数々の輝かしい受賞を果たし、その活躍が注目されてきた著名な方です。今年度（2013年度）第1学年で使用しているコミュニケーション英語Ⅰの教科書『PRO-VISION English Communication Ⅰ』（桐原書店）にも Lesson 10 Designed for Peace, Hope and Smiles として、雨宮さんの活動と生き方が掲載されています。1年生の英語の授業では、講演会の前に Lesson 10 を先取りして学び「予習」をし、講演を楽しみにして当日を迎えました。

　2時間近くの講演会は、あっという間に感じられるほど、内容が濃く、全校生徒が吸い込まれるように雨宮さんのお話を聞き、また動画やスライドの写真に視線が釘づけになっていました。地雷源であるにもかかわらず、その地域で暮らし、生活のために農作業をし、地雷が埋まっているあぜ道を通って学校へ通うカンボジアの子どもたち。地雷は、人を即死させるのではなく、重傷を負わせてその人を生かしておく「悪魔の兵器」なのです。地雷は世界約120か国に約1億個も埋没していると言われます。一度埋めた地雷は、戦争や内戦が終結しても残り続けます。地雷の被害に遭った人は、手足が吹き飛ばされ、全身にやけどを負い、残りの人生を生きていかなければならないのです。また、製造は安価で簡単であるにもかかわらず、除去には高額な費用、そして気の遠くなるような時間がかかります。また、地雷被害国では、手作業で地雷を除去する除去員に死傷も、毎年20名を下りません。

　雨宮さんは除去活動に携わる人々の人命が奪われないよう、安全に、しかも効率よく地雷を発見し、除去できる機械の開発に取り組み、成功させました。そして、除去活動と並行して、地雷がいかに危険であるかを知らせる教育活動にも力を入れています。

　1994年に商用でカンボジアを訪れたときに出会った老女から「この国を助けて下さい」と手を握られたことがきっかけだったそうです。日本に帰国すると日常生活に流され、この出来事が徐々に風化し、結局は何も大事を成し遂げない、というのが大方の人々の反応だと思います。しかし、雨宮さんは違いました。帰国後、すぐに社員とその家族の説得に当たり、社内に地雷除去機開発プロジェクトを結成したのです。ここが、彼の実行力の素晴らしさです。

　雨宮さんの言葉、生き方から感動、共感、そしてたくさんの勇気をもらったことと思います。私もそうです。1996年に『地雷ではなく花をください』という絵本が発刊され、地雷被害が世に広く知れ渡りました。私自身もその本を手にし、「地雷」を様々な地球的課題（貧困、戦争、人権問題、環境問題等）の1つとして関心を持ち続け、生徒たちと勉強会に出向いたり、NGOの支援等をおこなったりしてきました。また、カンボジアを訪れたとき、地雷によって手足を失った多くの人を目にし、地雷が残す負の側面を痛感させられました。国際協力という形態ではなくても、どんな形で

もいいのです。一生懸命にやっていることが結果的に誰かを幸せにし、社会のためになるということが大切なのだと思います。(国際部　石森)

【生徒の感想】

- 「今回の講演を通して、自ら進んで行動することの大切さを学びました。ただ働くのはなく、人のために自分には何ができるかを考えながら働くことで、人生はとても豊かになると思います。自分もそんな人生を送りたいです。"自分たちの力で幸せをつかむお手伝いをしている"という雨宮さんの言葉にとても感銘を受けました。そして、強い使命感と目標を持って生きる人間の強さを知りました。その使命感で多くの人の命が救えると学んだので、自分も使命感と目標を持って社会に貢献できる人間になりたいです」(3年女子)
- 「人のことを思いやる気持ちが持つ力は、計り知れないパワーを持っていると感じました。そして人を思いやる気持ちは周りの人間をも変えることができ、同じ志を持つ仲間と協力し合えば、どんなことも成し得るのだと思いました。まずは、自分を考え直すことから始め、自分ができることをじっくり探していきたいです」(3年女子)
- 「私は農業開発に興味があります。今回の講演は自分にとって夢を考えさせるものになりました。雨宮さんの「耕す」という技術、アイディアがとても素晴らしいと思いました。私のこれからの人生の中で、雨宮さんを目標にして夢を叶えていきたいです」(3年男子)

　生徒たちの反響の大きさから、たった1回の外部講師の講演でも、生き方や考え方に強い影響を与えることが可能だと感じた。生徒だけではない。教職員の心にも大きく響いた。それまで必ずしもグローバル教育に協力的ではなかった教師も、この講演会の後、少し認識が変わったようだった。人生をかけて社会のため、人のために努力をしている人がいかに輝いているか。この点に異論はないだろう。私自身、雨宮さんの講演に勇気づけられた。また、いろいろとお話をさせていただいて、雨宮さんは「あなたのやっていること(グローバル教育)は素晴らしい。これからを生きる子どもたちにとって本当に大切なことだから、自信を持ってこれからも続けてください」と励ましてくださった。疲れていた私の心を、そのことばが優しく癒してくれた。その時、今後どんなことがあっても、自分の使命である「教育」、信念であるグローバル教育を実践し続けていくことを再び胸に誓った。

(2) グローバルウィーク

　全校生徒がグローバル意識を高める集中的な週間。「グローバルウィーク」を作りたい。その参考になったのは、シンガポールの高校で実施されていたイベントだった。

　シンガポールの教育調査研究のために、私はシンガポールの高校（Junior College）を訪問していた。シンガポールではRacial Harmony Dayという民族調和の日が設定されている。多民族国家であるシンガポールでは、各民族の相互理解と調和が欠かせない。それぞれの学校では、民族調和に関する行事をおこなうことが義務づけられているという。訪問した高校では、1週間にわたって「国際友情＆民族調和」週間が設定されていた。訪問した日（2008年7月）は午前だけ平常授業がおこなわれ、午後からメインイベントが開催されていた。異文化理解ワークショップや異文化体験、文化紹介等が活発におこなわれる。昼休みは、学生たちの自主企画が催されていた。「これはいい！」その時直感した。

　私は国際部長という立場を活かし、段階を踏んで丁寧に学校で提案していった。幾度かの会議を経て、学校全体で取り組むグローバル教育強化週間「グローバルウィーク」設定に至った。下記は、初年度のその全容である。

グローバルウィーク概要

表23　グローバルウィークイベント（2013）早見表

日程	国際理解に関する授業	校内放送 昼休み	国際協力活動 JICAパネル展
10／7　（月）	↕	↕	↕
10／8　（火）国際講演会（5、6校時）			
10／9　（水）			
10／10（木）フィリピン異文化理解講座（放課後）			
10／11（金）タイ留学生交流会（放課後）			

お昼の放送

　全校生徒にグローバル意識を高めて欲しいと思い、グローバルウィーク期間中お昼休みの時間を利用して、国際的な社会問題と世界の様々な地域の音楽を伝える10分程度の全校放送を1週間にわたっておこなった。英語海外文化部、GCの授業の受講生徒が中心となって、原稿作成から当日

14. 学校行事・学校全体での取り組み

表24　週間放送スケジュール

期日	担当生徒	扱った国際的な問題	取り上げた音楽
7日（月）	シンガポール研修参加生徒3名	多文化社会・シンガポール研修で発見したこと、学んだこと。	シンガポール・伝統とポップスの融合 イギリス・ポップス
8日（火）	GC受講生徒2名	地雷による被害状況、地雷の恐ろしさ。実際に被害にあった子どもたちの話。	アフリカ・コンゴのバンド音楽 ケニア・ストリートチルドレンの歌声
9日（水）	生徒会役員生徒2名	NHKニュースからエクアドルのカカオ農家の話。リオのオリンピックをめぐる光と影。	エクアドル・民族音楽フォルクローレ ブラジル・ボサノヴァ
10日（木）	GC受講生徒・英語海外文化部生徒2名	ストリートチルドレン問題。児童労働、ゴミに関わる環境問題。	フィリピン・ポップス モンゴル・民族音楽ホーミー
11日（金）	GC受講生徒2名	世界ガールズデーにちなみ、マララさんの取り組みについて。性差別（ジェンダー）問題。	インドネシア・バリ島民族音楽ガムラン ニュージーランド・先住民マオリの民族音楽

のアナウンスに至るまで放送作りをおこなった。

　放送を通して生徒たちが様々な国の抱える社会問題に対する意識を高めるとともに、多様な民族音楽に親しむなどして、放送は国際理解や異文化理解に対する意識を向上させるきっかけになった。

　放送内容もグローバルウィーク期間中のイベントとリンクするように配慮した。例えば、グローバルウィーク2日目には、世界で地雷撤去活動を展開している雨宮清氏による国際講演会を予定していたため、その日の放送では世界で起きている地雷による被害の状況や地雷の恐ろしさについて伝えた。また、4日目の放課後にはフィリピン人講師によるフィリピン理解講座を予定していたため、フィリピンのゴミ問題やストリートチルドレンの問題を取り上げた。最終日の11日（金）は国際ガールズデーであったことから、生徒のアイディアで女子教育やジェンダーの問題を取り上げることにした。このように、普段から私の授業や部活動でグローバルイシューを学び、問題意識の高い生徒たちが放送を作り上げたことで、内容の濃いものができた。

　音楽についてもニュース内容に関連づけて選曲した。流れてくるメロディーに、廊下を歩いていた生徒も思わずニッコリし、昼食をとってくつ

グローバルウィーク期間中に実施したGCの授業（2013年）

ミレニアム開発目標に絡めて各自のアクションを発表（2013年）

ろいでいた生徒たちには良いBGMになっていたようだ。また、先生方からも「癒される」「たまにこういうのもいいね」と好評だった。

　放送は全校生徒に手短にメッセージを伝達する手段として、グローバル教育においても利用価値がある。その際、内容を吟味し、ポイントを絞ること（教師がサポートする）、タイムリーな話題も盛り込むこと（リアリティを持たせる）、生徒の視点で語ること（生徒に放送させる）、担当した生徒の率直な感想やコメントを入れるなどすると、他の生徒の共感につながり、効果的である。

　放送、展示、国際協力活動等、グローバルウィークの運営に携わった生徒たちには、自分たちが先頭に立ちリーダーとなって学校全体のグローバルな機運を盛り上げていくのだ、という意識が生まれた。翌年度からは各クラスから2名ずつ選出し「国際交流委員会」を設置することをさらに提案、グローバルウィークの運営を全クラスの生徒がおこなうことで、一部の生徒たちだけでなく、学校全体にその意義を広げることとなった。

(3) 放課後講座

　放課後に、希望者を対象にした異文化理解講座、国際理解講座、国際ゼミ等を開催するのも1つの方法である。

　私はこれまでの学校で、国際理解に関心を持つ生徒たちのために曜日を決めて放課後「国際理解講座」を開いたり、推薦入試等で進路が決定した高校3年生の希望者を対象に、自主企画の「国際ゼミ」を開催したりして

きた。生徒も興味を持って、新鮮な様子で真剣に学ぶ。

　また、外国人講師を招いて自由参加の「異文化理解講座」も実施した。例えば、NGOや海外ボランティアとして活動していた県内出身の方や留学生等の外国人等に来ていただいた。表25は案内チラシの抜粋である。

表25　放課後講座の一例

南アフリカの魅力

期日：2012年11月14日（水）
場所：選択Ⅲ教室
時間：放課後 16：00～17：10
講師：Austin Gardiner（オースティン・ガーディナー）さん　南アフリカ共和国出身

　アフリカ大陸最南端、南アフリカ共和国。みなさんは、何を思い浮かべるでしょうか？　ネルソン・マンデラさん、アパルトヘイト、金やダイヤモンド、喜望峰、野生動物…？！
　今年の異文化理解講座では、南アフリカ共和国出身のオースティン先生を講師にお迎えして、南アフリカの魅力について語っていただきます。
　オースティン先生は明るく優しい先生です。英語はもちろん、現地語のアフリカーンス語も話されます。お話だけではなく、映像を見たり、最後には南アフリカの特産であるルイボス茶を飲んだり、とても楽しい講座になること間違いなしです！

―異文化理解講座「南アフリカの魅力」参加生徒の感想―

　実際に訪れたことがないのに、噂だけで悪いイメージを持ち、恐れたりするのではなく、その国や地域のことを学び、理解していくことは大事だと改めて感じました。例えば、ヨハネスブルグの治安が悪いのには、失業と貧富の差という理由があったことに、なるほどなと思いました。知識がないと理解するのも難しいので、異文化理解にはただの噂やイメージではなく、正しく知って知識を持つことが必要だと感じました。（3年女子）

　知る機会を少しでも多く設ける。きっかけをなるべくたくさん用意し、提供する。シンプルなことであるが、ちょっと教師が労力をかけることが、すべての始まりとなる大切なことである。

(4)「興味関心を持たせ、心を育てる」　　南澤 英夫

　学校（青森県立むつ工業高校）としての取り組みには、授業やクラブ（愛好会）活動で接することのない生徒に対し、世界で起こる様々な問題に興味関心を持ってもらいたいという意図がある。講演会やコンサート（地球のステージ）等の世界の様子を知り共感する内容と、募金や活動支援等実際の国際協力活動の二本立てになっている。

　高校生の多くが、世界的な問題と自分の生活のつながりを考えることなく生活し、また、つながりを考えようともしない。すべては「興味関心」から始まると思う。生徒には、世界のことに興味を持って欲しいし、自分とのつながりを考えて欲しい。そのためには、世界の現状を伝えることが重要だと私は考えた。以下は代表的な学校全体での活動である。

①「地球のステージ」

　地球のステージは現在宮城県在住の精神科医、桑山紀彦氏が作り上げた、世界を知り、世界との関わり、共生と協力、生き方等を考える、コンサートステージである。本校ではこの公演を毎年おこなっている。世界の現状を伝える人、国際協力の現場に立ち活動をおこなっている人、写真や映像技術を持った人、歌でメッセージを送る人、以上4つの分野についてのエキスパートは存在する。しかし、この4つのことを同時におこなっている人は桑山紀彦氏以外に見つけることができない。桑山氏はその意味で稀有な才能と能力、そして何よりも情熱を持ち、真摯に取り組んでいる人である。

　桑山氏の国際協力活動や世界での様々な問題を伝える「地球のステージ」を通じて、世界に興味関心を抱き、自分でできる活動を始めた人も多い。本校では、桑山氏の「地球のステージ」を国際理解または世界と自分たちの生き方を考える上でも重要な授業と考え、8年間連続して公

「地球のステージ」の様子

演を実施してきた。マンネリ化と捉える見方もあるが、毎年の開催により、桑山氏や国際協力活動が身近な存在となり、国際協力への関心が高まっている。桑山氏の海外での活動を通じ、自分の知る身近な人が活躍する活動として、世界と世界で起こる問題とを自分に引き寄せて考えることができている。

　卒業生の多くが、卒業後も日本各地で開催される「地球のステージ」に足を運び、自分のできる小さな実践を積んでいる。

② **JICAとの共催・共同事業**

　青年海外協力隊員の帰国報告会や、JICAネットを利用しての国際会議、JICAをはじめとする国際協力活動の紹介等をおこなっている。現在本校にいる青年海外協力隊OBは私ひとりだが、以前はJICA短期専門家としてサウジアラビアで活動された先生がおられた。また、本校に勤務していた教員が青年海外協力隊としてカンボジアでの活動に参加した際には、任国カンボジアとJICAネットを活用して国際会議を実施した。生徒にとって身近な人が参加した国際協力活動への関心は高く、帰国後は活動報告会と活動の様子を伝える写真展等を開催している。

《注・参考文献》

1　学校発行の『国際部報』に執筆したものより抜粋 (2014年3月1日発行)。

"Think Globally, Act Locally" を胸に

遠藤 桂視子

悲しみを背負い、決意を持って高校に入学

今思うと、私が高校へ入学した当時は「授業がだるくて面倒くさい」「今がよければいいじゃん」「親がウザイ」といったフレーズが飛び交っていた時代だったように思います。そんな中、15歳の私は1つの決意を胸に固く秘めていました。

「将来、自分の好きなことを自分の仕事にしていきたい。生活の不満を政治や世の中のせいにする人生には決してしたくない。自分の人生を生きよう」と。

その決意には私の人生の背景がありました。

高校へ入学する数か月前に父親が仕事で不慮の事故で、重体になったのです。

事故の知らせを聞き、私と母はすぐに病院へ向かいました。

「二度と目が覚めないかもしれない、ということを覚悟しておいてください」

その言葉は私には重すぎるものでした。思春期で父親を敬遠していた私。こんなにも父親が大切な存在だったのかということを、皮肉にも実感しました。

朝になり、待合室にいる私たちのもとへ、先生がやってきました。

「遠藤さん、手術が成功しました」

とても難しい脳の手術だと聞いていて家族全員が絶望していたので、とても奇跡的なニュースでした。

父のために私は何ができるのか…

私は手術の最中にずっと自問自答していました。そして、「父の意思を継ぐ」というところにたどり着いたのです。

戦後間もなく家業を継ぐべく、15歳という年齢から働いていた父。学歴はないけれど、「世の中をよくしたい」「自分の町をよくしたい」という気持ちは人一倍ある人でした。だから、町議会議員になり、「自分の町に住む、自分の子どもたちがどうしたらよりよく暮らせるのか」「町の人たちがどうしたら困らないか」を真剣に考えていました。世の中に不満があれば、地元で、自分の力で変革をおこなっていた彼の背中が、いつも私の目の前にあったのです。

残念ながらあれから10年間、父はベッドから離れることはできていません。父の意思を確認したり、自分の意思を伝えて父と会話をすることはもうできないのです。

英語への興味から世界への興味へ

高校に入学したとき、父との精神的な別れから誓った1つの決意から進学した高校で、私はもっと英語を学びたいという望みを持っていました。

それから私は、徐々に国際的なこと全体に関心を持つようになりました。高校3年間は時間が許す限り、たくさん学ぶために、美術部と掛け持ちでイングリッシュクラブの活動に参加しました。それが、私の人生観や視野を大きく広げ、現在につながる大きな1歩となっていきます。

フェアトレードから
世界の問題を身近に感じた

イングリッシュクラブの活動の中では、「宮城スキット甲子園」が大きな思い出です。3分間の英語の寸劇を3名でおこなうもので、高校球児が甲子園を目指すように、宮城県の学生が英語のパフォーマンスで日本一を目指す事業です。

偏差値40台の高校に通う私たち。かたや有名国立大やMARCH*への進学を考える進学校の生徒たち。ライバルは強敵でした。

テーマ決定に煮詰まっていた私たちに、顧問の石森先生は「フェアトレードをテーマにしたらどうかしら？」と提案してくれました。

「フェアトレード？」…当時、フェアトレードの認識率は日本ではたった5％程度しかないと言われていました。生徒の誰一人それが何なのか知らずにいたのです。

「世の中に伝えなければならないメッセージがある」。調査を進めていくうちに私たちの心にそんな気持ちが芽生えていきました。ストーリーや配役を考え、台本ができていきました。

30校以上の学校が応募し、15校の高校が予選を通過。結果は、1位は特別参加で来ていた福島県の高校の生徒の方が獲得し、結果的に、私たちは2位になりました。初出場にもかかわらず、様々な進学校や英語コースの生徒たちを追い抜き、宮城県内では1位と

いう驚くべき結果をいただきました。

この夏の思い出は、私たち3人にとって一生忘れられないものとなりました。

これからの人生の歩み

高校を卒業し、8年が経過した今、私は得意の英語を活かし、愛知県で車両の開発に携わっています。

海外とのやり取りも頻繁にあり、根本的な目的であった「モノ創りに携わること」もできています。仕事も楽しい。一方で、「もっと人々の生活に付加価値をつけることができる人生を生きたい」という気持ちも芽生えています。

高校で学んだ言葉、"Think globally, act locally"「世界を考え、自分の周りから変えていくこと」

その言葉は、父が目指していた姿だったようにも思います。

追記：この原稿を書き終えて間も無く、2014年4月1日に父が他界いたしました。人を思いやり、懸命に駆け抜けた人生だったからこそ、「死に際が美しい」人生を送ることができたのではないのかなと、また1つ父から大切なことを教わりました。

＊ 明治（M）、青山学院（A）、立教（R）、中央（C）、法政大学（H）の頭文字。

遠藤 桂視子 （えんどう よしこ）
1988年生まれ。宮城県小牛田農林高校総合学科卒業。趣味は、絵画・映画鑑賞・料理。最近は、有機食品やフェアトレード食品を実生活に活かし、心と体に優しい「本当に豊かな暮らし」を少しずつ実践しています。自分の感性を生活に活かす事で「幸せな生活」を送っています。

（2014年4月現在）

15. 東日本大震災を経験して
―― 震災をグローバル教育に活かす視点

(1) 震災をグローバル教育に組み入れるアプローチ

　2011年3月11日に未曽有の大災害 (国内最大級の地震・津波、原発事故) に遭遇し、東北そして日本は大きな混乱と試練を経験した。仙台東部で勤務中に被災した私は[1]、その後様々な心的プロセスを経て[2]、教師としてすべきことを見つめてきた。

　東北地方、とりわけ沿岸部の教師にとって、震災はリアルで生々しい体験である。そのため、震災を授業に取り入れることについては少なからぬ抵抗や躊躇がみられる[3]。これまでグローバル教育や国際理解教育に携わってきた教師は、相互の連動や両者の融合による新たな教育の可能性を自覚しつつも、次のように述べている[4]。

　　"生徒も教師も心の中に大きなショックを抱えていて、震災関連のテーマを扱いにくい"

　　"被災生徒とそうでない生徒の温度差が大きく、授業をどのように展開したらよいか悩む"

　　"身近に悲劇が多すぎて震災の話題を避けてしまう傾向がある"

　　"子どもたちの心の傷を懸念するあまり、あえて触れないようにする雰囲気がある"

　　"いつ、どのような切り口でやったらよいかわからない"

　しかし同時に、震災は、図らずも世界とのつながりを実感させる機会となったことも事実である。震災をグローバル教育に取り入れる試行的実践が全国でなされ、その方法が模索された[5]。その手法としては多様なアプローチがあり、主に以下の7つの方向性があると考える[6]。

　　①「ボランティア・支援・協力」をテーマにしたもの
　　②「原子力問題・エネルギー政策」をテーマにしたもの
　　③「地震・災害・防災」をテーマにしたもの

④「メディア」に関するもの（メディアリテラシー、映像、記事、写真等の活用）
⑤「つながり・絆・家族」をテーマにしたもの
⑥「開発教育的テーマ」を主眼にしたもの（命・水・食料・エネルギー・ライフライン等）
⑦「比較文化的アプローチ」に重点を置いたもの（埋葬法、日本人的気質、海外からの評価等）

　何事にも適時性は重要であり、タイムリーな実践は生徒の興味を引きつける。私は震災後学校が再開するまでの期間を利用し、被災地だからこそ見えてくる視点を大切にし、生徒一人ひとりに震災から感じたことや学んだことをしっかり見つめ、将来に活かして欲しいと考えた。そして、高校現場から震災をグローバル教育に活かす多角的なアプローチを起動させた。授業、総合学習の時間、ホームルーム活動、校外の国際教育生徒研修会および教員研修会に、震災からの視点を取り入れたグローバル教育を企画、実践したのである。ここでは、紙面の都合上、授業における実践事例の一部のみを紹介する[7]。

（2）震災後に企画した授業（学校設定科目「グローバルシティズンシップ（GC）」）における実践（2011年・2013年）

テーマ：東日本大震災から考える国際協力

授業構想の目的：3.11の東日本大震災で経験したことや感じたことを国際理解・国際協力に活かし、実感を持ってその意味を理解し、深めさせる。宮城県あるいは日本が受けた世界からの支援の状況を知ることにより、国際協力の重要性や意義を確認し、国や人のつながりを理解し、協力しようとする姿勢を育む。

ポイント：2011年は震災が発生した年であり、当時の生徒たちは高校1年時に被災している。他方、2013年は震災から2年が経過した時期であり、当時の生徒たちは中学2年時に被災している。表26は、2011年度と2013年度に実施した一連の授業後の生徒のコメントをまとめたものであ

る。学びのポイントには大きな相違はみられないものの、2011年は震災からわずか2か月半後の実践であるため、生徒の反応や感想にもより情意的な面がみられた一方、2013年度はその出来事を整理し客観視して学習に結びつける落ち着きがみられた。いずれにせよ、震災と記憶に鮮明な実体験が学習活動とリンクした時、生徒の学びは活性化し現実味を帯びる。

　日本では、隣国である韓国や欧米諸国の著名人からの義援金、あるいは米軍の救援活動等は大きく報道されたため、生徒たちも知っていた。しかしながら、途上国やユニセフを含む国際機関やNGOも大きな支援を寄せてくれていたことは全く知らず、驚いていた。国際理解・協力の重要性は日頃から様々な形で伝えてきたものの、この時ほど実感を伴って理解されたことはなかったように感じる。震災という各自の個人体験に働きかけることにより当事者意識が芽生え、問題を自分に引き寄せ、真剣に考え、学びが深まる様子が観察された。

表26　「東日本大震災から考える国際協力」生徒のコメント

- 今まで国際協力は貧しい国への援助だと考えていたけれど、今回の震災で日本はたくさんの救援や支援を受けて、本当に幸せだと思うとともに、現在も内戦がある国、ライフラインがなく苦しい思いをしている人たちが日本のことを考え、祈り、動いてくれたことは本当にありがたく、胸がはち切れそうな思いでした。世界とのつながりは素晴らしいものだと感じました。（2011年）
- 授業を受けるまで、日本より貧しい国が支援してくれたことを知りませんでした。これから私たちが国際協力するためにも、どの国からどのような支援を受けたかを知り、感謝の気持ちを持って生活していかなければならないと感じました。（2011年）
- 世界の様々な機関や発展途上国からたくさんの支援がきていたのは知っていたが、まさかスラム街や紛争地の人々まで自分や家族の生活を削って支援してくれていたとは、雷が落ちたような衝撃だった。もし、他の国々で同じような大地震が起こったら、日本はどんな状況だろうと相手がどんな国だろうと、真っ先に支援を送らなければならないと思う。そうしなければ、本当に「豊かな国」とは言えないと私は思う。（2013年）
- あらためてたくさんの国々が日本のサポートをしてくれていることを知り、すごく感動しました。日本より小さく貧しい国も支援物資や義援金を送ってくれたことを、私たちは決して忘れてはならないと思います。私たちは世界

中からたくさんの支援をもらい、生活できていることに感謝しなければならないと思います。世界地図で場所を確認してみると、近い国、遠い国、小さな国、大きな国と様々な国々が助けてくれたと知りました。この学習を通して、もっと世界のことをより深く知りたいと感じました。(2013年)

学習のまとめとして振り返りシートを記入させ、その一部に「国際協力とは何か」それぞれの見解を書かせた。授業を受ける前に記入させたもの（Before）と授業を受けた後に感じたことを（After）対比させ、認識変化への洞察から、国際協力についての理解を深める活動である。下記の表27はある女子生徒が国際協力についてまとめた記述である（2013年度6月）。

ここからは、授業を受ける前にイメージしていた表面的な活動や団体名から、国際協力に関する自らの概念形成や認識の深まりへと理解が進行している状況が読み取れる。

表27　My image of international cooperation（国際協力のイメージ）

Before（授業を受ける前）	After（授業を受けた後）
●実際に現場に行く必要がある ●募金　Donation, fund-raising ●貿易　Trade ●NPO, NGO ●医者　Doctor ●子ども保護　Protection of children ●国連　United Nation ●赤十字　Red-cross ●1人でもできる	●たくさんの人々とつながっている ●必要不可欠なもの ●お金だけではない「気持ち」も国際協力のひとつ ●たくさんの国を理解すること ●自分たちの置かれている立場を明確にし、これからどう生きていくかを話し合う 　→実行すること

(3) 今こそ、グローバルな視点を

東日本大震災の被害や被災状況は人や地域によって様々である。大切なのは、歴史に残る未曽有の大災害を経験した者として、それぞれの役割を果たすことだと思う。私にとっては、グローバル教育を通した生き方教育の中で、震災の体験から気づきを促す仕掛けを作ることであった。震災をグローバル教育に活かす視点としては、次のような点が挙げられる。

- 地域や世界とのつながりの実感・絆
- 感謝の気持ち（恩返し）
- 国際協力の意義（ODA、NGO の意味・具体例）
- 日常のありがたさやライフラインの重要性（停電・断水・ガス供給停止・食糧不足等の体験から。家族や学校の存在、基本的な衣食住の大切さ）
- 環境への意識・エネルギー問題
- 命の大切さ・ひたむきに生きる気持ち
- 思いやり・助け合い・ボランティア
- 自国文化再認識・日本人としての自覚・連帯
- 忘れられた人たち・世界の苦境にある人々への想いや関心喚起、協力の姿勢

こうした一連の取り組みにより、新たな学びや開眼がもたらされた。そして、震災から想起される「命」「つながり」「協力」「メディア」「エネルギー」「コミュニティ」等のテーマは、グローバル教育が包括する諸問題と深い関連がある（図8）。

種々の地球的課題に立ち向かう際、「当事者性」がしばしば鍵になる。自らの体験と結びついたグローバルな問題は、もはや「他人事」ではなくなる。震災で各自が味わった不便な生活は、当たり前と錯覚していた日常の尊さを体験的に理解させた。その経験を途上国の現状と照らすことは共感的理解を喚起し、地球的諸問題を考える際に有効性が認められる。電通総研によるレポート『震災一年半後の意識・

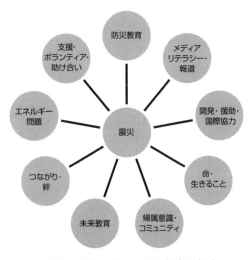

図8　震災とグローバル教育の視点

ライフスタイル』[8]によると、「無駄を見直し、節約我慢できること、買わずに済むことを考えたい」「日常生活の『ささやかな幸せ』を大事にしたい」「非日常的な気持ちになれる時間・場所を作っておきたい」という意識やライフスタイルが定着してきたという。こうした意識やライフスタイルの見直しは、グローバル教育の営みからもみられるものであるが、震災とリンクすることにより相乗的な効果が期待される。

　もちろん、デリケートな問題でもあるため、被災者への配慮や個に応じた慎重な対応も意に留めなければならない。一方、協力、助け合い、つながり、絆、節電、エネルギー問題等、震災は国際理解に重要なテーマを投げかけ、私たちの暮らしや社会のあり方を問うている。

（4）共感し合う気持ち──小さなアクションへ

　2015年4月、ネパールで大地震が発生した。連日、建物の崩壊、土砂災害、雪崩などの被害の様子が伝えられた。その4年前に東日本大震災を経験した私たちは、心を痛めていた。私の担当する部活動（英語部）では、普段から国際理解や国際協力、国際交流を活動の軸としていた。部員の中には自らNGOとつながり、海外とのネットワークを持っている生徒がいた。「何かしたい」という気持ちは、その生徒を中心に全体に自然に芽生えていた。そこで、応援メッセージを記したフラッグを送ろうということになった。部員みんなで、またクラスメイトらの声も拾いながらメッセージを考え、寄せ書き風にして、表28のような内容に決まった。これを東北大学のネパール出身の大学生の協力を得てネパール語に翻訳してもらい、それを生徒たちがすべて手書きをして、絵を描いてフラッグ（写真）が完成した。

　メッセージは次のようなものである。

手作りの応援フラッグ

表28　ネパールに届けたメッセージ（2015年）

ネパールがみんなの笑顔であふれますように。

今は辛いかもしれないけど、明るい未来に向かって、くじけずにがんばってください。

私も震災を経験したので苦しい気持ちがよく分かります。しかし周りを見てください。1人ではありません。どんなに苦しいときでも辛いときでも、それを乗り越えるのはすぐには難しいと思います。しかしそれらを乗り越えた先には、必ず素晴らしい幸せが待っているはずです！

今は辛いこともたくさんあると思います。でも同じ空の下で私たちがネパールの皆さんのことを応援しています！そのことを心の隅に置いてもらえたら嬉しいです。皆さんの復興を信じています。

今はとても辛いと思います。でも皆さんの周りも、僕たちも皆さんの仲間です。皆さんの故郷が復興する日を信じています。

2011年、僕たちも大きな地震で被害に遭いました。辛い現実をみて、不安な思いを抱えることもありました。でも皆さんのあたたかい支援のおかげで、それらを乗り越えることができました。だから今回の地震のニュースを聞いて、ネパールのみんなにも元気になってもらいたいです。
そんな気持ちで日本からのメッセージを届けようと思いました。
諦めずに前を向いて、頑張ってください！！！応援しています！

仙台二華高校（英語部）

　このフラッグを生徒が活動に参加しているNGOを通して現地に届けてもらったところ、なんと私たちの作成したフラッグを笑顔で持っているネパールの子どもたちの写真が送られてきた。これには一同、感動した。小さなことかもしれないが、誰かの笑顔につながったこのアクションは、部員たちにとって励みとなり、喜びとなった。その後の2016年2月の台湾南部地震の際にも、仙台市の国際交流プログラムで台湾を訪問した生徒の

有志が募金活動を実践、学校の昇降口や仙台駅で呼びかけをおこなった(写真)。生徒がアクションへ興味を抱いた時には、教師としてサポート体制を整え、最大限に背中を押したい。

学校で募金を呼びかける生徒たち

こうした小さなアクションの積み重ねが生徒に自信と自己有用感を与え、グローバルシティズンシップを育て、やがて大きな実を結ぶことになっていくのだろう。

(5) 被災地から広がる新しいグローバル教育
～ユネスコスクールの取り組み～

被災地だからこそ、新たな教育のイニシアティブを創造し、提案することができる。特に、持続可能な社会づくりの担い手育成として、ユネスコスクールの果たすべき役割は大きい。

年に1回、ユネスコスクールに加盟している全国の小・中・高、そして大学の教員が一堂に会すユネスコスクール全国大会が開催されるが、そこでは小中高校を対象にESDの実践研究事例を募り、優れた実践を顕彰している。第10回ユネスコスクール全国大会[9]においては、文部科学大臣賞に宮城県気仙沼高等学校、ユネスコスクール最優秀賞に宮城県多賀城高等学校が選ばれ、宮城県の公立高校のダブル受賞となった。両校の共通した特長は、震災からの教訓を踏まえた「防災」「減災」、そして地域との連携を前面に出す取り組みを展開した点である。

気仙沼高校はSGH指定校でもあり、「海を素材とするグローバルリテラシー育成～東日本大震災を乗り越える人材を目指して～」を探究テーマに掲げている。地理的な特色である「海」を全面に打ち出し、地域の課題を世界規模で捉え、学校全体でESDの視点を取り入れた探究型学習、国際理解・防災・志に関する学習を実践している点が評価されている。

他方、多賀城高校は、2016年に東日本大震災の教訓の継承と災害から命を守る人材の育成を目指し、「災害科学科」を新設した。防災や災害をテーマとする科目群の開設、ESDやSDGsの観点を含んだ多様な取り組みがおこなわれており、普通科にもその学びの機会を広げている。

　防災・減災教育は、ユネスコも力を入れており（Disaster Risk Reduction）[10]、気候変動教育（Climate Change Education）とともに、グローバル教育においてもその重要性を帯びてきている。

《注・参考文献》
1　全校生徒の3分の1近い生徒が「罹災証明」等を提出した。
2　電気・水道・ガス・食糧のすべてを失った数日間は、ただ途方に暮れ、鳴りやまぬ救急車や消防車のサイレンの音やヘリコプターの音など、恐怖に怯え、動揺していた。日本に居ながらにして初めて「戦場」にいるような感覚を覚えた。また、寒さ、空腹感を感じながら、水や食料を求めることにすべての神経が注がれていた時期である。数日後に電気と水道が復旧してからは、今度はひたすら涙に暮れ始めた。通電後初めてテレビで画像を見て全体的な状況がわかり、連日映し出される県内の様子、慣れ親しんだ場所の変わり果てた様子、被害などを知るにつけ、押さえきれぬ悲しみやむなしさが込み上げてきた。この時期は、生産的思考や創造的思考、知的意欲は消え失せていた。ただひたすら、生活のために食べ物やガソリンを入手しようと奔走することが最優先であった。1か月後にガスが復旧した。自宅マンションは半壊、沿岸部の親戚は行方不明のままで不安定な心的状況ではあったが、全国・全世界からの支援を知るたびに感慨が込み上げ、徐々に前向きな気持ちが芽生え始めた。1か月半ぶりに学校が再開し、4月末に新年度が始まると、心に虚無感やさみしさが去来しつつも、日常を取り戻しつつあった。支援の広がりを知るにつけ、生徒たちと一緒に考えるべき素材が豊富にあることを実感し、志気を高めた。5月には震災を徐々にグローバル教育・国際理解教育に取り入れ始めた。
3　宮城県高等学校国際教育研究会主催行事（国際教育生徒研修会・教員研修会、国際理解に関する弁論大会等）、JICA東北主催の開発教育関連行事に参加した教師らとのパーソナルコミュニケーションより）。
4　同上、および開発教育協会（2011）『DEAR News』152号より。
5　例えば、開発教育協会（DEAR）は震災をアクティビティ化し、「東日本大震災part1」「東日本大震災part2 世界からの援助」「東日本大震災part3 社会を見つめ直す」を発表している。DEARウェブサイト〈http://www.dear.or.jp/ge/download.html#13〉（2012年7月5日アクセス）
6　①〜④は、開発教育協会（2011）『DEAR News』152号を参照した。
7　指導案の詳細およびその他の実践は、石森広美（2013）「震災からの学びをグローバル学習に活かす視点」『開発教育』60、開発教育協会、pp.146-153を参照のこと。
8　電通総研（2012）『震災一年半後の意識・ライフスタイル』〈http://www.dentsu.co.jp/news/release/2012/pdf/2012104-0921.pdf〉（2013年3月12日アクセス）
9　2018年12月8日（土）横浜市立みなとみらい本町小学校で開催された。ユネスコスクール全国

大会は、文部科学省・日本ユネスコ国内委員会主催で毎年開かれる。
10 UNESCO〈http://www.unesco.org/new/en/natural-sciences/special-themes/disaster-risk-reduction/〉（2019年5月12日アクセス）

Tips of Global Education 4

〜「国際化」と「グローバル化」〜

　以前は「国際化」とよく言ったが、最近は「グローバル化」ということばの方をよく耳にする。

　「国際化」と「グローバル化」の違いは何だろう。諸説あるだろうが、私はおよそ次のように捉えている。「国際化」は「国」という文字が示すように、「国家」「国境」が強く意識され、国と国の関係、というイメージ。internationalという英語（inter-は「中」「間」「相互」の意、nationは「国家」）からも理解できる。国という枠組みで（意図的・戦略的に）おこなうもの、例えば、国際交流によって国同士の良好な関係を築くこと。また、（国際化対応として）英語教育を強化する、留学政策を推進する…などが具体例として思い浮かぶ。それに対して、「グローバル化」は国境を越えて現象として押し寄せてくるイメージである。globalという英語は、globe（地球）という単語が軸になっているように、「地球」全体として世界を捉えたものと理解できる。インターネットがその象徴であり、（グローバル化により）世界の情報が一瞬で手に入る、知識がすぐに共有されること、などが好例だ。他にも、世界の料理が食べられる、グローバル企業の同製品が購入できる、グローバル化によって衣食住・ライフスタイルが変化する…。

　国際化とグローバル化の差異を考察する機会はあまりないだろうが、少し意識してみるといろいろなことが見えてくる。そして、グローバル化がもたらす光（プラス面）と影（マイナス面）について考えてみても、グローバル教育の授業として面白いだろう。

生き方が変わった
――私の進路を決めた授業

今野 万梨花

グローバルシティズンシップ（GC）との出会い

　GCに出会い、グローバルなことを学んでから、私の価値観、世界観は180度変わり、将来の進路も大きく変わりました。今の私があるのは、GCのおかげです。

　GC、それは石森広美先生が高校で教えてくださったGlobal Citizenshipという授業のことです。

　初めての授業で取り上げられた話題が、震災の時日本が世界から受けた支援についてでした。その時初めて、195か国ある国のうち150以上の国や地域が様々な支援をしてくれたことを知りました。授業を通して日本より貧しく1日100円以下で暮らしている人々も日本を支援してくれたことも知りました。この話題をきっかけに国際協力とは何だろう、と毎回の授業で考えるようになりました。

　そして、1つ確実にわかったことがあります。今、自分がいる場所で困っている人を助けることができなければ、国際協力はできないということです。とても深く、考えさせられ、価値観が変わった第一歩でした。

衝撃的な授業の連続

　GCの授業は毎回衝撃を受ける内容ばかりで、今まで何も知らずに過ごしてきた自分が恥ずかしく思えました。まさに、無知でいることの怖さを実感したのです。中でも衝撃を受けたのは、子どもや女性を守るための人権があるにもかかわらず、守られることなく奴隷のように扱われている実態を学んだときでした。憤りを感じる、なんて言葉は今まで使ったことも言ったことすらもなかったのに、「憤り」という言葉は授業の時には毎回と言っていいほど感じるようになりました。それほどに衝撃的でした。自分でも本を買って、さらに勉強していきました。

決まった進路

　私の進路を変えてくれたのも、決めてくれたのもGCでした。高校に入学する前は、英語を高校生のうちから徹底的に学んで、外語系の大学に行くことを考えていました。そして将来は語学を使って仕事をしたいと思っていました。しかし、次第に私の考えは変化していきました。何のために英語をやりたいのか？語学がいくら堪能でも、世界のことを何も知らなければ意味がない。高校で学んだことをここで終わらせたくない、もっと知りたい、貧困や差別で苦しんでいる人たちを少しでも救いたい、何も知らないまま平和に暮らしている人たちに世界の現状を知らせたい…。

大学に入って

そして、私は国際学部国際学科へ入学し、国際学を学んでいます。大学の授業の中でルワンダについても勉強する機会がありました。高校生の時、ルワンダについても学んでいたので、授業がとても面白く、一緒に受けている学生よりも私にとっては何倍も濃い授業になりました。また、レポートライティングという授業で「発展途上国と私」というテーマの時、私はボルネオ島のパームオイルについて書きました。それも高校の時にすでに学んでいたことです。

そして、レポートを書くときに役立っているのがGCファイルです。GCの授業では、一人ひとりのファイル、世界で自分だけの教科書ができあがります。このファイルにはたくさんの資料がつまっており、オリジナルのものです。そして、その時の私の気持ちや学びがしっかりと記されています。GCは私にとって何よりも強みであり、誰にも負けないものと思っています。進路に迷ったり悩んだりした時はいつもファイルを見返して、初心に戻るようにしています。見返すたびに、私は国際協力についてもっと学びたくてここに来たのだ、と再確認しています。

私の目標

大学での学びやカンボジアでのボランティア活動を経て、ますます国際協力とは何か、国際学を学ぶことで将来どのようなことができるのかを考えさせられました。しかし、高校生の時にGCに出会っていなければ、こんな風に考えずに、ただボランティア活動に参加して終わりだったと思います。

学業の上で、国語、数学、理科、社会、英語等の基礎科目は確かに大切だと思います。けれども、グローバル化が進む今、それらの学びだけでは将来の問題の解決には進んでいかないと思います。世界で何が起こっていて、どうしてそれが起こったのか、解決するにはどうしたらいいのか、相互依存社会の中で世界の人と協力するためにできることは何かを考えたとき、必要になるのは様々な知識を使って深く考えるGCのような科目であり、広がりのあるグローバルな学習だと思います。高校生のうちにそれに出会えた私は、とてもラッキーでした。GCで得た知識、視点、考え方、学び方、視野等は、私が現在、大学で学び、経験していることすべてに役立ち、大きな力になっています。

私は、高校の時に得た知識とこれから大学で得ていく知識で、グローバルな人間になりたいと思います。

今野 万梨花 （こんの まりか）
1994年生まれ。宮城県柴田町出身。仙台東高等学校英語科卒業。現在、拓殖大学国際学部国際学科在籍。モットーは、今しかできないことを全力でやる。好きなことは海外旅行。たくさんの国を訪れるのが夢。

（2014年9月現在）

想いは伝わる

藤野 絵理香

　バレーボール部の部長として部活動に明け暮れた高校時代。でも、部活動の顧問の先生の考えや指導のやり方が理解できず、部活が始まると苦しくなり、過呼吸が起きる日々が続き、悩んだ。私には、部活以外にも自分が一生懸命取り組んでいたことがあった。それが国際理解。高校2年当時、クラス担任の石森先生が熱心に取り組んでいたことで、自分自身も興味があり、話を聞くうちにどんどん知りたい、という気持ちが沸き出てきた。

　部活動だけが人生のすべてではない。そう思った。国際理解は私の視野を広げてくれた。興味があるならどっちもやればいいのだ。その1つとして、チャレンジしてみた「国際理解に関する弁論大会」では、宮城県教育長賞という大きな賞をいただくことができた。それが自分の自信になり、好きなことを楽しんで一生懸命やれば、結果がついてくる、ということを感じた。「勝ち負けを追求するだけじゃなく、バレーボールを楽しんでやればいいんだ」。そんな気持ちを持つことができて、高校3年間部活動もやり通すことができた。

2011年3月11日
―失われた実家

　私は仕事で横浜に住んでいる。実家は宮城県。海に近い。

　日本は東日本大震災という大きな震災に見舞われた。私が生まれ育った宮城県も甚大な被害を受け、故郷である石巻市雄勝町も、以前の姿は全くない。

　地震当日、すぐに母に電話をしたが、もう、つながらなかった。

　メールなら、と思い「地震大丈夫？」というメールを送ると、「大変津波がきて全面つ」と母からメールの返信がきた。15：27―今も消せずにとってあるこのメール。後から母に聞くと、避難し津波で流される街をみて「全滅」と文字を打ちたかったのだが、あわてて送信してしまったらしい。

　それ以降、全く連絡が取れなくなった。津波が来た後、無事だったのかどうか、不安だった。仙台市内に住んでいた妹とは、なんとか連絡をとることができたが、停電が続く中、携帯電話の充電がなくなるのをとても不安がっていた。話したい気持ちを抑え、手短

にメールのやり取りをする日が続いた。

電話がつながらないとわかっているのに、父と母に毎日電話し、メールを送り続けた。震災から6日目、私はやっと両親、祖母の安否を確認することができた。

その5日後ちょうど昼頃に妹から電話がかかってきた。震災が起きてから一度も電話で泣いたことがなかった妹が電話口で泣いていた。「えりちゃん…。おじいさんがいなくなっちゃった」。

両親から妹のところに電話があり、今から祖父の遺体確認に遺体安置所に行くという内容だったようだ。妹との電話を切ると、すぐに母からの着信があった。

両親と電話で話せたのは、震災発生の11日後のことだった。

「お母さん…」。私の問いかけに母は泣いていた。隣で父が「絵理香が心配するから泣くな」と母に言っている声が聞こえた。

震災後初めての両親との会話は、非常に辛いものだった。「おじいさんは病室で波にのまれたの。今から遺体安置所に行って確認ができたら、土葬になるの」。

泣きながら話す母の言葉に、私はただただ涙が止まらなかった。

正直、その時は納得がいかない気持ちでいっぱいだった。せめてお葬式をしてちゃんと火葬をして…。

新幹線が動き出し、Jリーグもリーグ戦が再開し、チーム状況も落ち着いてきた頃、休みをもらって帰省した。祖父の合同葬儀に参列し、祖父の眠る土葬された場所へ行った。広大な敷地に番号札が順番に立っていた。衝撃的な光景であったとともに、「この状況はしかたないんだ、今は」と現地に行って初めて納得することができた。

津波後、自宅跡は家の基礎部分しか残っていなかった。すべてのものが流され、避難所生活を余儀なくされていた両親のもとに、1つの「盾」が届いた。

「これ藤野さんちの娘さんのじゃない?」

近所の人が見つけて届けてくれたのだ。それは、国際理解弁論大会で教育長賞をもらったことが評価され、卒業

の時に高校から授与された学校功労賞の盾だった。

　津波の中をぐるぐる波にもまれたのか、傷だらけになった盾。両親はそれを大切にとっていた。震災後、横浜からやっと両親のもとに帰った時、一番に見せてくれた盾。自分だけじゃなく、今は我が家の大切なものになっている。

　震災後は、世界中が被災地を思い、支援をしてくれた。以前同じチームで戦っていたブラジル人選手は、東日本大震災で被害を受けた我が家を心配し、通訳を介して連絡をしてくれたりもした。身近な人が日本にいるから、気になる。身近な人が、あの国で生活しているから気になる。こんな気持ちも、国際理解のきっかけなのかもしれない。

　みんな興味があるけど気を遣ってなかなか聞けない震災のことを、私はあえて自分から選手たちに伝えている。昨年は、東日本大震災復興支援活動の一環として、福島県で公式戦をおこなった。放射能の問題もあり、やはりブラジル人選手は非常にナイーブになっていた。でも、情報をしっかり伝えることで理解してくれ、福島で共に戦い、その選手のゴールでチームは勝利した。地震のほとんどないブラジル出身の選手にとって、今回の震災で目にした映像は、とてつもなく大きな影響を及ぼしている。風評被害もある。神経質になっている外国人選手には、少しずつ理解してもらい、日本は安全だと知ってもらい、それを母国の家族に伝えてもらう。小さなことかもしれないが、それも日本の復興につながっているような気が私はしている。

　1日、1日を大切に色んなことにチャレンジし、常に成長していきたい。

藤野 絵理香　（ふじの えりか）
1981年生まれ、宮城県雄勝町出身。宮城県矢本高校卒業。親元を離れ下宿生活を送りながら高校に通い、その後は仙台大学体育学部健康福祉学科に進学、卒業。現在はJ2リーグ横浜FC運営会社である株式会社横浜フリエスポーツクラブでチーム広報として勤務。最近の至福の時は、のんびり仲間とカフェタイムを楽しむこと。（写真中央）

（2014年3月現在）

16. SDGsを中心軸にした授業実践

(1) SDGsの理念と重要性

　世界が合意して定めたグローバル目標、いわゆるSDGs (Sustainable Development Goals：持続可能な開発目標)が教育界にも話題にのぼるようになってきた。これは国連創設70周年を迎えた2015年の国連サミットにおいて、加盟国193か国によって全会一致で採択された「持続可能な開発のための2030アジェンダ」を構成する、2016年から2030年までに取り組む検討課題・行動計画であり、2015年まで継続的に取り組まれたMDGs (ミレニアム開発目標)を引き継ぐ形で導入されたものである。

　MDGsは極度の貧困をなくすこと、妊産婦の死亡率減少や5歳未満の子どもの死亡率減少、HIVやマラリア等の感染症への対策等、主に途上国をターゲットにしていたが、SDGsは途上国も先進国も共通で取り組むべき17の普遍的な目標を設定している。社会、経済、環境面のバランスに配慮している点も特徴である。一つ一つを読み解くと、日本にも多く存在し、また私たちの身近に潜む諸問題も含まれているのがわかる。そうした切り口で授業を実践すれば、決して、世界の問題を他人事とは思えなくなるだろう。

　新しい学習指導要領[1]においてもESDの視点が盛り込まれており、自然環境や資源の有限性、貧困、地域や地球規模の諸課題について、子どもたち一人ひとりが自らの課題として捉え、深く思考し、方策や取るべき行動を考えることを通して、持続可能な社会の担い手となる力を育んでいくことが求められる。探究的で課題解決型の学習活動を設計する際には、SDGsは一つの有効な枠組みとなる。

(2) 具体的な授業実践例

　SDGsは時代を反映した、いわば、国際的に共有されたタイムリーなグ

ローバルイシューである。ニュース等で耳にすることもあるため、教育現場に様々な形で取り上げることが可能であり、教育は社会形成を担う市民の育成であるという本来の意義に鑑みれば、積極的に取り上げていくべきであると考える。

　下記では、その参考として、これまでの私の実践の中から、5つの事例（授業の枠組み）を簡単に紹介したい（授業設計については、本書p.109「(3) 授業設計のポイント」を参照）。これらは、どれも連続する授業の中から90分程度に"切り取って"実施したものであり、私の勤務する高校および非常勤講師を務める大学での実践である。実際は、実践する場や配当時間によって、取り上げ方や深め方が異なる。それぞれが担当する授業の中で、関連した領域を扱う際に、SDGsと絡めて自然な流れで取り上げるのが現実的であろう。例を挙げれば、英語の教科書にfood lossが出てきた際、まとめの単元でSDGsを取り上げ、どのゴールと関係が深いか、またどのように問題解決が図れるのかを議論させ、まとめ、発表させた。そこでSDGsの認知が学年全体で高まり、現代社会の試験やニュースに登場した際、予備知識が有効に働いたことを、後に知った。

〈実践例1〉

〈貧困とは〉
Goal 1: End poverty in all its forms everywhere
【知識・理解】目標1「貧困をなくそう」に関して、極度の貧困、絶対貧困の定義、またその状態を知り、理解する。
【技能・スキル】（グループワークを通して）ディスカッション力、思考力、想像力、共感を涵養する。
【姿勢・態度】極度の貧困をなくそうという姿勢を持つ。
　－授業の流れ－
　1. 極度の貧困とは、生きていくために必要な食べ物すら手に入れられないほどの貧困であり、1日1.9ドル（約190円）未満で暮らす状態。全人口の10.7%を占め、その半数が子どもであることを説明し、基本的な知識を得る。
　2. その状況をよく理解するために、私たちは日本で最低限の暮らしをするのにいくら必要としているかを話し合わせて考えさせる（グループワーク）。何にどの程度お金がかかっているのかを話し合わせ、グループごとに発表する。
　3. 貧困が招く負の問題を考えさせ、話し合いをもとに発表する。

4. 気づきを共有する。
   （気づきの例：貧困がすべての問題の根っこにあることがわかった。自分たちが人間らしく生活するのにかかるお金を知って、絶対貧困の状況を想像するととてもよく理解できた、日本の貧困の実態にも関心を持った、等。）

〈実践例２〉

〈教育の重要性〉

Goal 4: Ensure inclusive and quality education for all and promote lifelong learning

【知識・理解】目標４の「質の高い教育をみんなに」に関し、学校に行けない子どもの割合・理由、就学率、教育をめぐる諸問題を理解する。また、読み書きができないことによる不利益や負の連鎖を理解する。

【技能・スキル】（グループワークを通して）ディスカッション力、思考力、コミュニケーション力、問題解決力を涵養する。

【姿勢・態度】教育を受けられる状況への感謝（自己理解）、問題解決のためのアクション（責任）

－授業の流れ－

1. 教育をめぐるクイズを通して、教育の問題を把握する（初等教育を受けられない子どもの割合、修了できない子どもの割合、その原因、背景にある問題、識字のない大人の割合、等）。
2. 識字教育が欠落したことにより発生した課題を示す事例（ケースストーリー）を読み、諸問題を挙げる。それらをグループで共有し、発表する。
3. 読み書きができないことによる不利益を想像し、グループで話し合う。発表・共有する。
4. 読み書きは「人間らしく生きること」「人権」に深く関わることを確認する。
5. すべての人が基礎（初等）教育を受けるにはどうすればいいか話し合う。発表・共有する。
   （気づきの例：教育の重要性を痛感した。読み書きができないことがいかに不利益をもたらすか理解できた、等。）

〈実践例３〉

〈水問題〉

Goal 6: Ensure access to water and sanitation for all

【知識・理解】目標６「安全な水とトイレを世界中に」に関して、世界の水不足を理解するとともに、それが自分たちの生活と関係があることを知る。バーチャルウォーターについて理解する。

【技能・スキル】ディスカッション力、情報収集、問題解決力、批判的思考力を涵養する。

【姿勢・態度】ライフスタイルを見直す、市民としての責任ある行動
－授業の流れ－
1. 世界の水不足について基礎知識を得る。安全な水にアクセスできない人の割合を知る。
2. 日本は食料の60％を輸入に頼る世界有数の食料輸入国であることの意味を考えさせる。バーチャルウォーターの存在を理解させ、日本が間接的に大量に水を輸入している点を認識する。
3. 牛丼、チキンカレーライス、ハンバーグという人気の3つのメニューから一つ選び、1人分の食事にどれだけの水（バーチャルウォーターを含む）が使われているか、グループで意見を出しながら計算し、発表する。
4. 提示されたデータを確認した後、世界の水資源の枯渇や水問題が我々とは無関係ではないことを理解するとともに、それぞれのライフスタイルを振り返り、できることを考える。
（気づきの例：バーチャルウォーターについて初めて知った。水の使用量に驚いた、水を大切にしなければならないと感じた、等。）

〈実践例4〉

〈日常の裏側：使う責任＆陸の豊かさを守る（グローバル化・相互依存・環境・生物多様性・人権）〉
Goal 12: Ensure sustainable consumption and production patterns
Goal 15: Sustainably manage forests, combat desertification, halt and reverse land degradation, halt biodiversity loss
【知識・理解】目標12「つくる責任　つかう責任」・目標15「陸の豊かさも守ろう」に関して、日常生活で使う・食べるものの裏側に潜むグローバルイシューを見抜き、理解する。私たちの便利な生活が世界の様々な影響の上に成り立っていることを知る。
【技能・スキル】情報収集力、批判的思考力、ディスカッション力、問題解決力の涵養
【姿勢・態度】市民としての自覚・責任、アクションの促進
－授業の流れ－
1. お菓子や加工食品等のパッケージを配り、共通する原材料は何か考えさせる［→植物油脂］
2. 「パーム油」の需要が増えプランテーションが拡大している現実を知る（情報、写真等提示）。
3. パームプランテーションの拡大によって発生している問題点を考えさせ、グループごとに挙げさせた後（熱帯雨林の急速な減少、生物多様性の喪失、ボルネオ象やオランウータンなど固有種に起こっている問題、先住民の暮らしへの影響等）、発表。
4. 問題解決の糸口、自分にできるアクションについて考える（意見交換、ランキング）。
5. 持続可能な開発について考察を深め、ROSPについても紹介する。

(気づきの例:毎日食べたり使ったりするものの裏側でこんな問題があったとはショックだった。自分たちと関係する問題であると自覚できた。これから何ができるかを考えていきたい、等。)

〈実践例5〉

〈平和と公正〉 Goal 16: Promote just, peaceful and inclusive societies
【知識・理解】目標16「平和と公正をすべての人に」に関して、虐待、暴力、搾取、人身取引、児童労働、子ども兵士、無国籍、出生無登録等、子どもの人権を守るための国際法「子どもの権利条約」を理解する。(結果的に、目標5「ジェンダー平等を実現しよう」、目標8「働きがいも経済成長も」、目標10「人や国の不平等をなくそう」にも深く関わる)
【技能・スキル】思考力、ディスカッション力、情報収集・活用、問題解決能力
【姿勢・態度】市民としての自覚・責任、アクション
ー授業の流れー
1.「子どもの権利条約」の条文を読み、これまで学んだグローバルイシューを統合させる。
2. 特にどの権利が大切だと考えるか、それぞれグループで発表し、意見交換する。
3. 子どもをめぐる3つの事例を読み、子どもの権利のどの条文に違反するか議論する。
4. 子どもたちが安全に健やかに育つようにするには、何が必要であり大切なのか考える。
(気づきの例:自分はいかに守られていたかを思い知った。各国の大人、指導者たちが子どもの権利条約をしっかり守ることが大切、等。)

提示の便宜上、各ゴール一つに対しての実践例としたが、実際は複数のゴールが絡み合っており、問題解決には多様な視点からのアプローチが重要であり、その点に気づかせたい。例えば、「不平等」や「差別」といった一見わかりやすそうなテーマでも、ゴール1「貧困をなくそう」、ゴール2「飢餓をゼロに」、ゴール3「すべての人に健康と福祉を」、ゴール4「質の高い教育をみんなに」、ゴール5「ジェンダー平等を実現しよう」、ゴール6「安全な水とトイレを世界中に」、ゴール8「働きがいも経済成長も」、ゴール10「人や国の不平等をなくそう」、ゴール16「平和と公正をすべての人に」、ゴール17「パートナーシップで目標を達成しよう」といった目標群が絡み合っている。より具体的にいえば、女の子が「勉強したくても学校に通えない」という問題に対して、貧困に起因するかもしれない

し、栄養不足のために遠い通学路を歩いていく体力がないのかもしれないし、女子差別や宗教的な慣習によって女の子の教育への無理解が横行しているかもしれないし、家事労働に従事させられているかもしれない。あるいは安全な水へのアクセスが困難なことから水汲みに駆り出されているかもしれないし、教育を受けないことにより、将来自分の可能性を開花させて働く可能性が閉ざされていくこともある。

　また、気候変動や環境問題は深刻かつ大きな問題であるが、地球環境保護の面からは、ざっと挙げただけでも、ゴール7「エネルギーをみんなにそしてクリーンに」、ゴール9「産業と技術革新の基盤を作ろう」、ゴール11「住み続けられるまちづくりを」、ゴール12「つくる責任　つかう責任」、ゴール13「気候変動に具体的な対策を」、ゴール14「海の豊かさを守ろう」、ゴール15「陸の豊かさも守ろう」、ゴール17「パートナーシップで目標を達成しよう」といった目標が関連し合っている。温室効果ガスを削減するための再生エネルギーの利用や省エネ技術、自然災害を減らすための減災・防災や街づくり、商品開発や生産、流通の過程に伴う廃棄物、二酸化炭素や使用エネルギーの削減、あるいは自然環境破壊や生物多様性の喪失、政府や企業の連携等、切り口は様々である。こうした点は探究的な学習活動の過程で、生徒たち自身が自ら気づき、思考を重ねていくことが望ましいだろう。段階を経るごとに、生徒たちは主体的に学ぶ楽しさや本当の意味を体感していくだろう。このプロセスこそグローバル教育の醍醐味であり、教師は、学びのファシリテーターとして、その気づきを促すようなフィードバックや問いの投げかけをしたい。

（3）SDGsを探究的な学習のテーマに

　学習指導要領の改訂により、高等学校においては「総合的な学習の時間」として実施されてきた科目が「総合的な探究の時間」に変更される。「総合的な学習の時間」においても、教科横断的な主題について児童・生徒が課題の設定、情報の収集、整理・分析、まとめ・表現というプロセスを経ることが示されていたが、実際はかなり自由度が高いものであった。

今回、「探究」となったことで、探究の方向へ内容がより明確に規定されるとともに、各教科・科目で育成する資質・能力を相互に関連させ、実社会・実生活で総合的に活用できるようにする点が強調されている。そして昨今、探究的な学習にSDGsを絡めようとする動きが随所でみられる[2]。

そもそも、時代性を捉えたグローバルイシューであるSDGsは、多様な問題が複雑に絡み合っており、それぞれの目標がすでに「探究的」である。つまり、原因や解決策は多彩で多角的であり、そのアプローチは教科横断的で学際的となる。探究のサイクルにまさに適合しているといえるだろう。目的が不明瞭な、漫然とした調べ学習や体験学習を重ねるのではなく、自ら課題を設定し、リサーチを展開し、分析結果を発表して振り返りをおこなう探究学習は、これからの時代に必要な学習であり、そのテーマとして今後より多くの学校がSDGsに着目することが予想される。グローバル教育の立場からいえば、それは歓迎すべきことであるが、提言するとすれば、単に「分かったこと」を提示して終わりではなく、世界全体の課題であるSDGsのゴールの解決にいかに参画していくかや、次なるアクションに向けたプランを盛り込んだり、実際に行動した結果からの気づきを含めたりすると、地球市民としての姿勢育成まで包有された、グローバル教育としてのより良い実践となる。

（4）SDGs時代のグローバル教育

以前、韓国国際理解教育学会のシンポジウムで上記の授業を含む授業実践事例を発表した際に、韓国の教育従事者らから大きな反響を得た。関係者に聞くと、それぞれのSDGsを理念や政策分析に終わらせず、具体的な教育活動に落とし込み実際に実践したからだという。また、授業設計の観点から、「知識・理解」「技能・スキル」「姿勢・態度・価値観」の3つのドメインを明示した点が評価された。

授業実践の際には、「振り返り」の時間を確保し、その方法についても熟考すべきである。「振り返り」はグローバル教育において重視されているが、新学習指導要領においても「評価」の視点として取り入れられてお

り[3]、高校教育の質の確保・向上に向けた取り組みの一環としての多面的な評価の促進が謳われている。さらには生涯にわたって学び続けるスキルを身につけるうえで、また学びを確かなものにし、次のステップに向かわせるうえで、その重要性が指摘されている。

教育においてもアカウンタビリティが増すなか、生徒にどのような資質・能力を身につけさせたいのか、評価も含めてビジョンを示すことが求められており、今後ますますその重要性が高まると考える。グローバルな課題は、身近なことに引き寄せて考えさせる工夫をし、自分にも関係があること、自分でもできることがある（「ジブンゴト化」する、当事者意識を持たせる）と感じさせることが何より大切である。

SDGs時代のグローバル教育において、持続可能な社会、平和と公正のある社会の実現に向け、変化を起こす行動に向かうためには、あきらめさせないこと、一人ひとりが力を持っていると信じさせること、そして教師自身がそのモデルを示しながら、楽しみながら、不断の努力と継続的な実践をおこなうことが肝要だと考えている。

SDGs Youth Forum に参加して〜当事者意識を持つことの大切さ〜

　正直なところ私は「グローバル」という言葉は聞いたことこそあるものの、高校生になるまで興味がありませんでした。「グローバル」が何を意味するのか、なぜ重要なのかを知らなかったからです。そんな私が変わったきっかけは、高校から入部した英語部での活動です。

　そこではNGOのワークショップや国際関係のイベントに参加したり、顧問の石森先生から世界の諸問題についてレクチャーを受けたりして、世界の現状と高校生の私たちにできることを学んでいきました。

　それらの活動を通して、無知無関心こそが、世界で起きる諸問題の原因なのではないかと思うようになりました。振り返ると、自分には関係のない問題だ、自国のことでないからどうでもよい、という気持ちが、声にこそしないものの、私自身もその周りにも染みついているように思えました。無知無関心でいることは楽ですが、問題の解決は進まず悪化していきます。現に今がその状態だと思いました。世界の問題を自分のこととして真剣に考え解決していく。この「当事者意識」こそが、今私たちに求められている「グローバル」なのです。

　さらに私に刺激を与え、私の考えを発展させ行動を起こさせたのは、2019年3月末に行われた日本ユネスコ協会連盟主催のSDGs Youth Forumへの参加です。

3泊4日の間、日中韓の高校生とSDGs達成のために何が必要なのかを英語で話し合い、フィールドワークを通して考えを発展させました。その夜、私は同じく部活の仲間2人と石森先生とともに、SDGs達成のために私たちは具体的に何をすべきかを、真剣に話し合いました。問題解決方法について、あれほど真剣に考えたのは初めてで、この時やっと、問題を自分のこととして本気でとらえることができました。その上で"Our SDG"を設定し、プレゼンを行い、他の学生と計画を共有しました。
　また、これまでは知識をどんどん蓄えていくだけで、受け身の姿勢でしたが、このフォーラムで「知識」は活用しなければ意味がない、と実感しました。現在はアクションプランを実行すべく、先生の協力を得ながら日々活動を行っています。
　私はこのフォーラムの中で漠然としていたSDGsそして「グローバル」のイメージをはっきりつかむことができたと感じています。SDGsは当事者意識を持った一人ひとりが協力して役割を果たすことで初めて達成されるのだと考えるようになりました。また、実際にアクションを起こすことがいかに重要で、少しの勇気と意識の変化があれば、私たちでもアクションを起こせることを学んだことも大きな収穫でした。
　私は今よりも多くの人にSDGsに掲げられた問題を知ってもらい、解決のために実際に行動できる仲間を増やせたらいいなと考えています。ここまで考えを発展させることができたのは、さまざまな学びの機会を与え、その要所要所で的確なアドバイスをくださった先生のおかげです。地球市民になること、その過程を今、実感しています。

（仙台二華高等学校2年　遠藤　優希）

　高校生になり英語部に入ってからは、本当に視点が変わったと思います。SDGsの存在を知ったことで具体的に自分が目指すゴールを定められたからです。そして様々な国際理解のイベントに参加する中で、SDGsのゴールひとつひとつが密接にかかわりあっていること、「持続可能であること」がどれだけ大切かということを学び、より効果的なアクションを起こせるようになったのではないかと思います。最近意識し始めたことは、ワンシーズンで終わってしまいそうなプチプラの流行ものの服を買わないことです。生産に低賃金で雇われている労働者を助け、廃棄を減らすなど、主に11ものSDGsゴールにかかわっています。
　スクールメイトと一緒に自分たちの行動目標、1年間の行動計画を立てました。その計画の中に企業と協力して行う活動で生徒たちからの関心を集めるというものがあるのですが、正直これをスクールメイトが提案した時、「そんなことできるわけない」と内心思っていました。しかし、先生が「夏休みに企業へ説明に出向いたら」とおっしゃった時に驚き、はっとしました。できないなんて誰が決めたんだろう、と。高校生の活動は、どうせ大人に訴えても聞いてもらえない、そう勝手に思い込んでいた自分が、本当に情けないです。途中であきらめてしまうような意志の弱さでは、世界を少しでも変えることはできないと痛感しました。
　世界の問題に当事者意識を持てば、そんな引け腰な姿勢ではいられない、と気づかされました。

（仙台二華高等学校2年　鈴木　絵麗）

《注・参考文献》

1 文部科学省(2018)『高等学校学習指導要領』(平成30年7月告示)
2 筆者が事務局長を務める宮城県教育委員会所管の組織「宮城県高等学校国際教育研究会」が主催し、2018年12月にSDGsをテーマに教員研修会を実施したところ、例年より多くの学校が参加した。そこで、「総合的な学習の時間」やその時間に設定している「課題研究」において、複数の学校がSDGsをテーマにして進めて（あるいはこれから進めようとして）おり、関心が高いことが分かった。筆者の勤務校においても、「総合的な探究の時間」において、SDGsをベースにした課題研究を実施することになっており、その移行を踏まえて2019年からSDGsを学習テーマの例として導入し始めた。また、他県でも同様の傾向が示されている（2019年度東北地区高等学校国際教育研究大会およびパーソナルコミュニケーションより）。
3 文部科学省・高等学校部会「高等学校における学習評価に関する参考資料」（平成28年6月15日）。

Tips of Global Education 5

〜ネパールの"雪男"とSDGs〜

　未確認生物は世界各地で報告されているが、ネパールにも存在する。ネパール第二の街でヒマラヤトレッキングの拠点ポカラ。そこから首都カトマンドゥに戻るときに利用したのが、ネパールの国内線であるYeti Airlines。Yeti（イエティ）とは、ヒマラヤ山脈に住むといわれている未確認生物、"雪男"のこと。つまり、Yeti Airlinesは「雪男航空」「未確認動物航空」ということになる。全身が毛に覆われ、直立歩行する生物、と聞くと不気味な感じがするが、現地ではかわいいイエティ人形やYeti Caféなどカフェの看板に描かれる姿を目にした。ネパールの人々にとっては、親しみ深い存在のようである。

　そのYeti Airlinesに搭乗するときに搭乗券を見ると、なんとSDGsのロゴが記載されていることに気づいた。さらには、機体にも「SDGsの達成に向けて取り組む」と書いてあるのだ。日本においても各企業で積極的にSDGsへの取り組みがなされているが、まさかこのヒマラヤでSDGsのロゴを見るとは思ってもいなかった。先進国である日本の学校教育は、まだまだ遅れを取っていると感じる出来事であった。

その時のYeti Airlinesの搭乗券

多様な経験と身近にいた「ロールモデル」

西貝 茂辰

課題研究とメコン川フィールドワーク

　僕は宮城県の仙台二華という県立の中高一貫校出身で、高校は当時スーパーグローバルハイスクール（SGH）に指定されていました。メコン川流域の水問題について課題研究で考察を深める傍ら、全国模擬国連や国際理解に関する弁論、国際学会など、興味がある活動に積極的に参加していました。

　高校の課題研究では、メコン川流域の農作地域において不適切な灌漑や干ばつによって発生する塩害問題について研究を行い、解決策を探っていました。実際にメコン川にフィールドワークに行き、現地での実践的なインタビューや水質調査などを通し、文献や論文を読むだけでは決して理解できない実情を理解できたのは、高校生としてはとても貴重な経験でした。特にフィールドワークの重要性を再認識したのは、帰国してからスタンフォード大学の教授によってScience誌*に投稿された、衛星写真から見た夜の光や航空写真から分析した家の外装を用いて、地域の貧困度合いを推測する技術開発に関する論文を読んだ時でした。実はメコン川のフィールドワークにおいて、家の外装によって貧困度合いが推測できることは理解したものの、実際にSDGs達成に向けての貧困度合いの指標が不足している問題があることは認識できていなかったため、問題と解決可能性のある手段を結び付けることは全くできていませんでした。結局、現状を把握し技術も理解したところで、それを実際問題としてクリエイティブに応用していくアイデアがなければ、何も変えることができない、ということを痛感しました。

SDGsをキーワードに広がる国際理解

　フィールドワークでの学びと経験は、その後SDGsをテーマに掲げた国際理解に関する弁論大会でさらに深めることになります。僕はメコン川フィールドワークに参加した際、カンボジアのトンレサップ湖における水質浄化装置を提供する国際機関が、一過性の支援しかしておらず、持続可能な支援や根本的な問題解決に取り組んでいない問題を、震災復興関連の活動をする中で自分が学んだ「ジブンゴト」というキーワードの大切さを通して問題提起しました。国際理解という「国」や「国際機関」、「途上国」などとして主語が大きくなりがちな問題を、「自分」は1人の人間としてどう解決のためのアプローチを取っていきたいか、ということを考え、明確に自分の問題として認識することができたのが、石森先生のご指導

のもとで国際理解に関する弁論大会に参加し学んだ最も大きな点でした。その結果、県大会で優勝し、全国大会では文部科学大臣賞を受賞することができ、ニューヨークの国連本部を訪問する機会を得たことも大きな収穫となりました。

ロールモデルの存在と進路選択

中学3年の頃から石森先生にお世話になり、中・高校生活を通して特に先生に感謝しているのは、先生が自ら国際理解・国際協力のロールモデルとして積極的に行動している姿を見せてくださったことです。理論や問題点をきちんと理解し(研究者の側面)、かつ自ら現地に入って活動し実際に何かを変えているような(NGOなど行動・実践の側面)、両方を兼ね備えたロールモデルとしての先生が、自らの進路選択に悩む高校時代にいたということは、とても幸運であったように思います。

中・高の全ての活動を通しての国際理解への自分の学びを総括すると、SDGsを効率的に達成するための自分の貢献すべきあり方として、技術やアイデアを創造していける「研究者」であると同時に、大きな社会の中でのたった1人の人間として自分はどう貢献していけるかという「アクティビスト」であるべきだ、と認識したことが最も大きいように思います。

SDGs達成に貢献できる研究

今、僕はプリンストン大学で「生態学および進化生物学」という専攻のもと勉強しています。頭でっかちになりやすい数学的生態学理論を学び研究している時でも、SDGsという潮流の中でこの研究はどのポジションにあり、自分は半人前の研究者としてどう実際の問題解決に貢献できるのか、という視点を常に持ち続けることが大事だと、常日頃から意識しています。

大学において、生態学や進化生物学の方面から、SDGsのGoal 2持続可能な食糧生産やGoal 14、15の陸と森の豊かさの保全、といった項目の達成に向け、研究を進めていきます。研究者としてなのか国際機関の職員なのかベンチャーとしてなのか、多様な関わり方はありますが、将来は、自分も微力ながら21世紀らしい取り組み方でSDGsの達成に生態学的な方面から貢献していければと思っています。

* Combining satellite imagery and machine learning to predict poverty BY NEAL JEAN, MARSHALL BURKE, MICHAEL XIE, W. MATTHEW DAVIS, DAVID B. LOBELL, STEFANO ERMON, *SCIENCE* 19 AUG 2016 : 790-794

西貝　茂辰(にしがい　しげたつ)
2000年生まれ。宮城県仙台二華中学校・高等学校卒業(高校時代は生徒会長)。現在、プリンストン大学(アメリカ合衆国)1年。趣味はランニングと泳ぐこと。将来の夢は、持続可能な開発に貢献できる生態学者になること。

(2019年5月現在)

第3章 私がグローバル教育を続ける理由

グローバル教育を継続的に実践するには、
根気と努力が必要である。
常に問題意識を持ち、
多様なコミュニティとつながりながら情報収集し、
教育活動を開発する。
その根底には、信念や情熱、思いがある。
多忙化する学校現場において、
グローバル教育を継続させるものはなにか。

ここで紹介する3名は、
東北を代表する実践者であり、
東北の地から "Think globally, act locally" を
20年以上にわたって実践してきた
私の仲間であり、同志である。
彼らはなぜ、グローバル教育を続けるのだろう。
それぞれを突き動かす「思い」に耳を傾けてみたい。

1. だからやめられない、グローバル教育

仙台白百合学園中学・高等学校　阿部 和彦

　近年は社会のグローバル化が急速に進展し、環境、貧困、紛争、持続可能な開発等、国境を越えた課題が山積しており、国家や文化の枠組みを越えた解決法の必要性や、地球の一員としての自分を自覚した生き方が問われています。

　こうした時代を課題解決に向かって生き抜く若者を育てる鍵が「教育」にあるのは言うまでもありません。しかしながら、教育現場をみれば相変わらず知識偏重で、大学入試に振り回され、知識を生徒に詰め込むだけで終わっているのが現状です。これでは、視野も、判断力も、問題意識も育つはずがありません。良い大学や会社に入り安定した人生を歩めればそれでいいという若者を生み出すだけで、今の教育は、社会を良い方向に変革していこうという若者を育てる原動力にはなっていないのです。

　現状を打破する力になるのが「グローバル教育」です。私が担当している学校設定科目「国際理解」では、「携帯電話」「ハンバーガー」「コンビニ弁当」「割り箸」「チョコレート」「バナナ」等、私たちの身近にあるモノを取り上げ、それらが地球の環境や他国の紛争、人権問題につながっていることを学びます。すると生徒は、自分も、それらの問題と無関係ではないことに気づき、責任意識が生まれ、問題解決への意識が高まります。また、グループディスカッションを多く取り入れているので、他者の意見を聞き、自分の意見を述べる機会が増えます。そこから新たな気づきが生まれ、問題意識が高まります。グループディスカッションでは、問題の構造を確認した後、「高校生として何ができるか」をテーマにすることが多いので、解決への可能性や行動することの重要性にも気づきます。ポスターセッションやパワーポイントでの発表の場も多くあるので、図解力やプレゼンテーション力も向上します。また、この授業では、定期試験だけでな

く、レポート、小論文、発表等について生徒を多角的に「評価」します。そのために生徒に程よい緊張感が生まれ、生徒の頑張りや成長につながります。

　「国際理解」の授業では、毎年、年度初めの４月と、学年末の１月末に、アンケートをとったり、同じテーマで小論文を書かせたりしているのですが、１年間の生徒の変化や成長には驚かされます。視野が広がり、自分と地球の諸問題とのつながりを意識するようになります。問題解決のために自分も何かできるかもしれないという希望と行動への意欲も生まれます。何よりも嬉しいのは、「この授業がきっかけで、なぜ勉強しなければならないのかがわかった」「大学で学びたいことを見つけた」「将来どんな生き方をすればよいかみえてきた」などと書いてくれる生徒が毎年いることです。生徒の生き方にまで影響を与えることを実感すると、もっともっと自分の授業をグレードアップしなければと、自分の向上心も高まります。「グローバル教育」の本質には、生徒と教師を変化させ成長させる力があるのです。だから、この教育をやめられません。それどころか、この教育の持つ力をもっと広めなければという意識に駆られてしまいます。

　「国際理解」のような科目をどの学校でも設定できるわけではありません。しかし工夫すれば、どの教科でも、どのような行事でも、生徒会でもホームルームでも「総合的な学習の時間」でも、視野を広げ問題意識や探究心、表現力を育てることはできます。そのためのヒントが凝縮され満載されている"テキスト"が「グローバル教育」とも言えるでしょう。多くの先生方にこの教育の内容を知って欲しいと願っています。

　最近、文部科学省も、今の教育が、内向きで視野が狭く行動力のない若者を量産していることに気づき、グローバルな人材を育てようと、ようやく重い腰をあげ始めました。また、知識偏重にとらわれない大学入試改革もおこなわれようとしています。この「追い風」に乗って、新しい教育の波が一段と高まることを期待しています。

2. つながりの中で生きる
──豊かな人生を創造するために

八戸聖ウルスラ学院中学・高等学校

冨永 昌子

　勤務する八戸聖ウルスラ学院高等学校（以下、ウルスラ）は私の母校である。「平和な国際社会の構築に尽力する生徒育成」を目指すウルスラでは、国際教育は大切な教育活動の一環であり、生徒たちに世界とのつながりの中で生きていることを伝えようと、様々な工夫をおこなっている。そのような学校で3年間学んだことで、現在の自分がある。

　また、「教師という仕事を通して、より良い社会づくりに貢献する一助となりたい」と考えるようになったのは、私の大学6年間を支えてくれた下羽友衛教授との出会いだ。「生徒たちが社会や世界とのつながりの中で生きていることに気づき、そのつながりの中で、それぞれの生き方を選択していける力をつけたい」。自分なりに使命感をもって教職を選んだ。その思いが現在も私を支え続けている。

世界との出会い──喜びと衝撃

　高校生のとき、フィリピン人のホームステイを2度受け入れた。当時、フィリピンからの不法入国者数の増加や日比混血児の問題等が多くニュースの話題として取り上げられていたため、私自身も家族もメディアを通して、フィリピンに対し勝手なマイナスイメージを持っていたように思う。しかし、「もっと他国の人々と交流したい」という気持ちのほうが強く、あまり乗り気でなかった母を説得した。実際、たった数日間ではあったが、気さくで明るい彼女たちと生活を共にすることで、イメージは一変した。また思わぬ気づきもあった。彼女たちが日本の歌を知っていたのである。一緒に楽しく歌った後に、なぜ日本の歌を知っているのか尋ねると、日本占領下で彼女の祖母が日本軍から日本語を学ぶことを強要されたと言う。その祖母から歌を教えてもらったと聞き、複雑な気持ちになった。日本と

フィリピン。知らなかった歴史があり、私は大きなショックを受けた。

　当たり前のことではあるが、違う言語、文化、歴史背景の人と直接出会い、交流することによる気づきは、多くの学びをもたらしてくれる。交流のおもしろさ、メディアの情報だけでは自分の知識は偏ってしまうこと、日本と他国は現在においてだけではなく、過去からのつながりの中で相互に関連しあっていることに気づくことができた、貴重な体験となった。

下羽ゼミでの6年間——憤りと希望

　高校時代、交流の体験に加え、「宗教」や「外国事情」という授業を通して、世界の中の様々な矛盾を学びながら、「自分はどう生きたいのか」というテーマを与えられた。貧困層の子どもたちへの支援をしたい。なぜ国は戦争をするのか、なぜ富める国と貧しい国の格差は埋まらないのかを学びたい。そう考え、大学に進学した。

　大学では1年次からゼミ制度があり、私が選んだのが下羽友衞教授のゼミ[1]だった。下羽先生のゼミを選んだのは「地球的諸問題から私たちの生き方・ライフスタイルを考える」というテーマに興味を持ったからだ。2年間のアメリカ留学を含め、下羽ゼミでの6年間で、社会の矛盾に何度も憤りながらも、「楽しく豊かに生きる」ための希望を与えられた。自分は何者であるのか、何ができるのか、どんな生き方をしたいのか。絶えず自分と向き合わされる場があった。

　下羽先生は常に地球市民育成に関心をもち、そのためにどう学ぶのかを、私たちと共に模索していらっしゃった。「私たちの生活は生活者の視点からすると本当に『豊か』なのか」と問い続けながら、「私たち市民は決して無力な存在ではなく、社会変革の可能性をもった主体である」という自信を、学生たち自らの体験で獲得させるファシリテーターであった。理論学習と現場体験学習を通して社会問題を分析する。問題のある国内外の現場に赴き、問題に関わるアクターや地域住民へのインタビューを通して生まれる共感。同時に問題の構造を分析し、さらに学生なりの視点で、問題解決のための案を策定・発信する。共感をもった知的武装と、社会変革

のための行動を促すゼミだった。

教員として

　母校に勤務し、20年が経った。下羽ゼミで学んだ「地球市民育成」に、中学校、高校の現場でどう取り組むのか。私はウルスラの強み、特徴である国際教育を担当しており、国際交流や講演会の実施・サポート、「異文化理解」の授業やジャンボ国際交流部の活動等に関わることで、「地球市民育成」を目指してきた。「地球市民育成」は生徒だけの学びではない。私自身も、知らなかった人々や世界と出会い、時に憤り感じ、新たな発見に驚き、生徒の変化・成長に勇気や希望をもらう。自分自身も面白い、成長させられていると感じられる。学びに終わりはない。

　ウルスラでは校長を始め、国際教育に理解のある先生方が多く、自分のやってみたいことを自由にやれる雰囲気があり、環境に恵まれてきた。多くの方々の支えと励ましがあって、現在の自分がいる。心から感謝を申し上げたい。

　最後に、私の原稿を忍耐強く待ってくださった石森広美先生には特段の感謝を申し述べたい。最初に先生にお会いしたときにビビッと来るものがあった。出会うべくして先生に出会えたという必然的なものを感じた。地球市民育成のための先生の絶え間ない研究と実践は、どれだけ多くの生徒たちと私たち教員に、勇気と希望を与えてきたことだろう。先生のように学び続ける姿勢を忘れずに、楽しんで生徒と関わり続けたい。

　私たちは多くの人々とのつながりの中で生きている。その気づきによって、私たちは自分自身と向き合うことができ、また人生をより豊かにできる。その信念と、下羽先生やゼミ仲間との出会い、さらに社会をより良くしたいと活動する人たちの思いや活動から学び得られたことを糧に、皆様への感謝の気持ち、恩返しの意味も込めて、自分にできることを続けていきたい。

《注・参考文献》

1 下羽ゼミに関する記事、書籍は多いが、代表的なものは次のものである。下羽友衛編『学び方・ライフスタイルをみつける本——アクティブな地球市民になるためのゼミ』(太郎次郎社、1998年)、下羽友衛・東京国際大学国際関係学部下羽ゼミ『私たちが変わる、私たちが変える——環境問題と市民の力／学内・国内・海外での現場体験学習から』(リサイクル文化社、1999年)、下羽友衛・東京国際大学国際関係学部下羽ゼミ『地球市民になるための学び方①〜③巻』(日本図書センター、2005年)

3. 地球人として生きること

青森県立田名部高等学校　南澤 英夫

人間の成長こそが世界の変化につながる

　グローバル教育を、教科、国際理解愛好会活動、学校での取り組みの3つの側面からおこなってきた。

　国際理解、平和活動、国際協力、ＣＭ制作、コンテスト等すべての分野で、テーマに対して生徒が主体的、能動的に関わることで、様々な社会問題に対する彼らの興味・関心が高まった。また、1つひとつのプロジェクトを進める中で、仲間とのコミュニケーションや人の話を聞くといった、基本的だが大切な態度やスキルが身についてきている。

　また、積極的に取り組んでいる「発信する・伝える」という行動によって、その活動が、①興味関心→②学習（調べる・聞き取り・体験といった参加型・体験型の学び）→③行動・発表、という過程を経ることで、段階的に進むばかりでなく、自分と周りの変化を感じている。

　さらに、様々なコンテストや研究発表にチャレンジすることで、より知識が深まり、プレゼンテーションをはじめとする表現・伝達技術の向上につながっている。コンテストや研究発表は、入賞することにも大きな意味があるが、それまでの過程こそが生徒にとっての大きな財産となっている。入賞しなくとも、活動や研究が評価されることにより、大きな自信と自己肯定感がもたらされている。生徒一人ひとりが大きな達成感を得るとともに、彼らの人間的な成長を感じることができた。

　世界の変化は、生徒（人間）の成長と共にある。

課題

- グローバルシティズンシップの育成に必要なことは、第一に実際の問題と自分たちの生活や問題意識が乖離しないようにすることである。

Think Globally, Act Locally── 地球規模の大きな視点で考え、行動は身近なところから改善されなければならないと考えている。問題を自分たちに引き寄せて考えること、心のアンテナを広げさせることの重要性を感じた。
- 学習時間の確保。どの実践にも言えることであるが、時間の確保はこれからも大きな課題である。私自身もグローバル教育、教材研究に積極的に取り組むほか、その他の多くの仕事を抱えながらの取り組みである。多忙化の中での展開を考えていきたい。
- グローバル教育展開の場の確保。教科でできなければ、クラブ活動で、それでも難しいなら学校行事で。自分でできるグローバル教育展開の場について、それぞれが考えていく必要がある。

まとめ──「希望」を見出すこと

「地球人として生きること」とはなんだろう。

ここまで情報化が進み世界の出来事を簡単に知り得る環境が整ってきたにもかかわらず、地球人としての意識、この時代に共に生きるものとしての連帯感を感じにくい。

では、必要なことはなにか。それは、「地球人としての学び」だ。

グローバル教育、開発教育、国際理解教育はその可能性を持っている。この教育が1つの教科として成立して欲しい。それも、先進国、途上国すべての国で学ぶ教科として。グローバル教育が一部先進国のものであってはならない。地球規模の問題は、地球全体で取り組むべきものなのだ。そのために、教育の果たす役割は大きい。

グローバル教育実践の中で見つけたもの、それは「希望」「可能性」「夢」そして、「自信」であった。学習成果は一人ひとりにかえり、そして、その行動は国際協力、平和活動、環境問題への提言と広がっていく。生徒自身が結果を出し、そのことを誇りとしていることを嬉しく思う。

人間は「希望」を見出した時に生きる力を得ると思う。知識が単なる知っているという段階のものではなく、何かを変える、何かを動かす力

に、きっかけになって欲しい。そして、その力が自分たちにあることを信じて欲しい。何かを変えて、何かを動かすためには、行動すること、発信することが大切なのだと。

　今、中学校時代の恩師の言葉を思い出す。「知識がすべてではない」
　生徒の取り組みを振り返り、この言葉の重みをかみしめている。

4. 私がグローバル教育を続ける理由
——誰からも奪われないもの

石森 広美

　「広い草原の中、1人で立ってみなさい。頼りになるのは、体と知識である。誰からも奪われないものを身につけなさい」
　JICA教師海外研修（2004年）でモンゴルを訪問していた時、モンゴル日本大使から聞いたことばである。特に東日本大震災後、時折このことばを思い出した。誰からも奪われないもの。知恵、知識、アイディア、信念、心、思い…。『夜と霧』の著者であるヴィクトール・フランクルさんは、「人間に残された最後の自由は、どんな状況にあっても、その中で自分の態度を決めることだ」という名言を残した。ネルソン・マンデラさんも、アウンサン・スーチーさんもそうだった。想像を絶するような苦境にあっても、願いを持ち続け、心の中の灯を消すことはなかった。そして、世界は動いた。マララ・ユスフザイさんも言っていた。「私たちからペンや教科書を取りあげても、考える力を奪うことはできない」と。
　私は、グローバル教育は、まさにこうした誰からも奪われない力をつけてくれるものであると考えている。その人の考え方や生き方、姿勢にプラスの影響を与え、しなやかでたくましく、前向きな、生きる力を育むグローバル教育は、予測できない未来を生きる若者にとって、強力な力になるはずだ。
　高校生向けに次のような文章を書いたことがある。私が「グローバル教育を続ける理由」はここに凝縮されている。

私がグローバル教育を続ける理由

　私が長年にわたりグローバル教育に取り組んできた確固たる理由。それは一言で言えば、自分の人生も、そしてその教育を受けた子どもの将

来も、より意味深く、豊かなものになるからです。自分とは異なる文化や価値観に出会った時、世界観や視野が広がります。自分（自国）を客観的に見る視点が育ち、無意識にできあがっていた枠組みのおかしさに気づくこともできます。逆に、他の文化や風習と出会うことにより、自国文化の素晴らしさをあらためて再認識することもよくあります。国際交流のおもしろさ・醍醐味はまさにここにあります。

　そして、もう1つの理由。それは、人がどこに生まれたか（あるいは育ったか）によって、その人の人生の可能性が閉ざされる不平等に哀しみと不条理を感じ、なんとかしたいと強く思うからです。そこには、誰でも努力すれば幸せになる権利があって欲しい、という根本的な願いがあります。

　日本に生まれ育っていると、この意味がよくわからない人もいるでしょう。しかし、世界の現実は、1％の富裕層が世界の富の半分を保有するまでに独占しようとしている状況です。一例を挙げれば、飽食による肥満で悩む人もいれば、栄養失調で餓死する人も後を絶ちません。また、ほとんどの生徒が大学進学を考えていると思いますが、世界の人口を100人に縮めれば、大学教育を受ける人はたったの1人、という割合です。それどころか貧困や内戦、あるいは女子差別等により初等教育さえ受けられず、文字を読み書きできずに不利益を被っている人々も多くいます。この世界には理不尽なことがたくさんあります。人種等による不当な差別、学校へ行って勉強したり友達と元気に遊んだりする子ども時代が失われ、奴隷や兵士、大人の都合の良い労働力として生きる子どもたち。紛争地帯で夜も眠れず、家族と離別して悲しみに打ちひしがれる人々。また環境面の問題も山積しています。地球温暖化は周知の通りですが、1日に約100種の生物が地球上から絶滅している等、生物多様性も急速に失われているのです。グローバルな課題は、数え挙げたらきりがありません。

エネルギー源となっている衝撃的な体験

　私は平凡な家庭に育ちましたが、国際問題に強い関心があり、大学では中南米の民族音楽（フォルクローレ）のサークルに所属して演奏活動をしていました。そこで出会った意識の高い先輩たちに刺激を受け、南米を中心に途上国を取り巻く社会問題について考えたり、仲間たちと議論したりしていました。そして、自分の目で現地を見たいと思い、家庭教師等のアルバイトをしてお金を貯めて、大学時代に南米ボリビア・ペルーを約1か月旅しました。そこで見た世界、現地の人との出会いや交流を通して魂が揺さぶられ、貧富の差、伝統文化、人間の優しさ、命、生きること等について、真剣に考えたのです。自分のこれまで見てきた世界がいかに限られた空間であったか、当たり前だと思っていたことが実に特別な状況であったことを痛感し、それから日常のすべての行動や判断において、世界の人々のことを考えるようになりました。

　それから私は、グローバル教育や国際理解について勉強を重ねながら、世界の様々な国々を旅行、調査・研究、フィールドワーク、ボランティア等で訪れてきました。そして、どんなに貧しくてもたくましく生きる人々、壮絶な人生体験を持ちながら希望を失わない人々、苦境にあっても笑顔を忘れない人々、困った時に優しさを分けてくれた人々に出会いました。同時に、ストリートチルドレンや物乞いの人々等世界の厳しい現実も見てきました。また、自然の素晴らしさ、自然が創り出す圧倒的な景観の数々も目にしてきました。そうした経験のすべてが、私のエネルギー源となっているのです。そして、微力でも力になりたいと思い、複数のNGOや国際機関に毎月、サポートメンバーとして定期的な寄付を続けています。

高校生に期待すること

　グローバル化する時代に生きるみなさんには、グローバルなものの見方と広い視野を身につけ、1つの事象を多方面から考えられる人になって欲しいと思います。そして、期待したいのは、日常生活のなかで常に

世界とのつながりを考え、自らのとるべき行動に責任を持つという姿勢です。自分のライフスタイルが、もしかしたら世界のどこかで環境問題を引き起こし、児童労働を生み出し、紛争につながっているかもしれない…大げさに聞こえるかもしれませんが、私たちは網の目のように複雑につながりあうグローバル社会の中で生きているのです。あらゆるつながりと関係性の中で生かされていることを考えるとき、自分とは関係ない、自分さえ良ければよい、という姿勢は変えるべきです。相互依存の中で支え合って暮らす私たちの生活。身近なものと世界との目に見えないつながりの仕組みを知り、創造力を働かせ、また探究心をもって、グローバルなものの見方や広い視野を身につければ、身近な出来事や社会問題、そして日本のあるいは世界のどこかで起こっている問題にも無関心ではいられなくなるはずです。そうすると、日常の世界さえも、少しずつ違って見えてくるでしょう。この世界で、つながりのない国なんてないのですから。

　本当の価値、幸福、自分の生き方、あり方を考えていく上でもグローバルな学習は大切です。以上の理由から、私はグローバル教育を続けていく責任があると思っています。

　次世代を創る、未来創造に携わる教師の使命として、私は、グローバル教育は欠かせないものであり、大切な意味を持つものと信じている。私自身、国際理解を深めることによって、自分が開花し、自己開発されるとともに、自分を知り、大切なものを見つけ、幸せを感じながら、自己の成長につなげることができた。

　一度きりの人生。75億の人々が多様な文化を持って生きているこの広い世界。いかに生きるのかはそれぞれの判断に委ねられている。

あとがき

　グローバル教育の実践は、今や私にとってライフワークであり、人生の一部であり、自分のアイデンティティにも関わるほど、大切なものになっている。これまでの二十数年の教員生活の中で、グローバル教育が私に前に進む勇気と力、そしてどんな時でもぶれない教育の指針を与えてくれた。

　グローバル教育によって、これまで見えていなかった世界と自分との複雑なつながりや、その構造が見えるようになってきた時、また当事者意識が芽生えてきた時、生徒の問題意識や課題発見・解決能力が向上し、生徒の生き方が変わる。グローバル教育は、ひとり一人の価値観や行動、ライフスタイルを変容させるとともに、人生をより豊かにする力を有している。このことを私は実感してきた。

　グローバル教育は大きな可能性を秘めた教育である。なぜなら、グローバル教育は多様な切り口やアプローチによって、時代や社会、世界、そして自分自身の視点やあり方、生き方と関わる学習を提供するからである。また、単なる知識ではなく、一生役に立つ多角的なものの見方や様々なスキルを付与するものである。情報や知識が変化し続けても、自分の中に蓄えられたそうした力があれば、自分の人生を輝かせることができ、さらにはより良い社会づくりに貢献することができるだろう。昨今、様々な文脈はあるものの、全体としてグローバル教育に追い風が吹いている。このことを肯定的に受け止めつつ、グローバル教育の正しい理解と深い学びを可能とする実践を普及させるために、さらに努力する必要性も感じている。この意味において、本書が果たす役割もあると信じている。

　また、長年グローバル教育を実践し、生徒に直接影響を与えること自体に大きなやりがいと充実感を覚えてきたのと同時に、私の心の中では、グローバル教育、国際理解教育の担い手を育成したい、後進を育てたいとい

う思いも強くなっている。それが、本書の出版の動機でもある。本書は学術的な性格を付加しつつも、教育現場で広く読まれ、実践に活用して欲しいという願いで執筆、編集された。なるべくわかりやすく書くことを心掛けたつもりである。

　本書の最大の特徴は、グローバル教育の成果としての学習者の「顔」がみえるという点である。これまでの書籍では、教育者が理論や実践を一方的に述べることはあっても、実際に学習者（生徒）たちから自身から学びや気づき、変容が語られることはあまりなかった。私は、グローバル教育の意義や可能性を伝えるには、グローバル教育を受けたことによって、ものの見方や考え方、生き方が変わり、成長した教え子たちから、直接彼らの言葉で語ってもらうのが最良だと考えてきた。本書に登場する高校生また卒業生は、私がこれまでかかわってきた生徒たちのほんの一部であるが、率直に、そして力強さをもって、多くの示唆を提示してくれている。私はつくづく、グローバル教育を実践してきて良かったと実感しているし、こんなにも人に影響を与える教育に出会えたことに心から幸せを感じる。声をかけた生徒・教え子たちは皆、原稿を寄せることに快諾してくれた。本書が生まれたのは、生徒たちのおかげである。

　また、本書に実践を紹介してくださった先生方は、私がこれまでこの仕事で出会ったなかで本物の実践者だと確信した方々である。青森県の南澤英夫先生、そして冨永昌子先生とは15年ほど前に国際関係の行事で出会って以降、情報を共有し合う仲間であり、志を同じくする良き友人である。そして、本書に素晴らしい実践例を提供してくださった阿部和彦先生とは、宮城県高等学校国際教育研究会の役員として、20年以上にわたって共に宮城県のグローバル教育の普及推進に携わってきた。確たる信頼関係の下、現在も同研究会の仕事を一緒にできることを嬉しく思う。紙面の都合上、ほんの一部しか紹介できなかったのが残念だが、実に豊富なアイディアや実践をお持ちの先生である。

　このように、グローバル教育の実践や研究を通して、私は自分の住む地域だけでなく、日本全国、そして世界のたくさんの方々と出会い、つなが

ることができた。このことは、私の人生を豊かで彩りのあるものにしてくれた。教師にとって重要なのは職能成長、すなわち教師になってからも学び続け、教師自身が教育者としてはもちろん、人間としても成長し続けることが、教育にあたる者として大切なことだと考えている。この意味でも、答えが見つからない、あるいは幾通りもの答えがある、探究的なグローバルイシューとの対峙は、自己の開拓や成長にとって不可欠なものだったと改めて感じている。

最後に、このたくさんの思いが詰まった『生徒の生き方が変わるグローバル教育の実践』の改訂版を出すにあたり、出版を快く引き受けてくださった明石書店大江道雅社長、そして緻密で丁寧な編集をしてくださった森富士夫氏には、心よりお礼を申し述べたい。思い起こせば、教師になりたての20代の頃、私はいつも明石書店の国際理解教育やグローバル教育関連の書物に囲まれていた。面白くて夢中になって本を読み勉強しては、試行錯誤しながら現場で実践を繰り返し蓄積してきた。いわば現在の私の基礎を形作ったとも言える明石書店から本書を出版できることに感慨を覚え、光栄に思う。平素から日本国際理解教育学会でもたいへんお世話になっている両氏のお力添えに、改めて感謝申し上げる。

そして、私事になるが、いつも私の健康を気遣い応援してくれる両親、見守ってくれる家族にも謝意を付記しておきたい。

2019年7月
青葉薫る杜の都　仙台にて
著者　石森　広美

付録1　私が影響を受けた教育理論と実践

1. ワールドスタディーズ

　私は教師になってすぐ、自ら国際理解に関する教育の実践を始めた。当時は文化的側面に焦点化し、主に英語の授業の中で異文化理解教育をおこなっていた。しかし、何か自分の実践に物足りなさを感じていた。そんな時、ある全国セミナーでワールドスタディーズ（World Studies）に出会った。20代前半だった。ワールドスタディーズを知った時、私がやりたかった教育はこれだ！と確信した。

　その時、購入したワールドスタディーズのハンドブックは、ぼろぼろになるほど読み、たくさんのアンダーラインが引かれている。20年以上経った今でも、大切にしている私のバイブル的な本である。

　ワールドスタディーズとは、1970年代から1980年代にかけて、英国で研究・実践されていたカリキュラム・授業開発であり、当時の英国のグローバル教育プロジェクトを指す。研究者だけでなく、多くの現職教師も参加し、そのプロジェクトがまとめられた。イングランドとウェールズの30を超す教育委員会で実践が続けられ、その理論や手法は現在でも英国をはじめ、多くの国々のグローバル教育の礎となっている。

　感受性やコミュニケーション能力、行動力等が育ち、自然に知識欲がかり立てられるような仕掛け、自らの力を最大限に発揮できるような話し合いやロールプレイ等の参加型の手法、世界の事象を構造面から意識的に捉え直そうとする学び方、未来について豊かな創造力をもって主体的に考えさせようとする視点。いずれも私の目には新鮮に映った。

　ワールドスタディーズは、「多くの文化が存在し、人々が相互に依存し合う世界で、責任ある生き方をするのに不可欠な知識、姿勢、技能を身につけるための学習であり、教育である」と定義されている[1]。

　教育の鍵は、知識を教え込むことではなく、「問いかけること」であり、子どもたちが自分で疑問点を洗い出し、答えを見つけていけるように支援

すること。学び方を学び、問題を解決する力をつけさせる。そのためには自分の考えを見直し、発展させたり、他者の考えを知り柔軟に思考する話し合いの機会を与えなければならない。そうすることにより、周囲の人との関係を築くための基礎が身につき、相手の考え方に注意を払い、他者を尊重し、自分のものの見方を常に見直す姿勢が涵養される。

　授業案は、地球規模で進行する環境や平和等、複雑で、時に避けて通りたくなるような諸問題を、どのように興味深く、かつ適切な方法で子どもたちに教えることができるかが熟考されている。何よりも、身の回りの世界や自分の日常生活を地球的な視点で外の世界と関係づけながら探っていく学び方は、知的好奇心がそそられ、非常に新鮮かつ面白く感じられた。「学習の成果を判断するには、子どもたちの行動がどう変化したかを見ることが最も重要である」という点にも共感を覚える。

2. パイクとセルビーのグローバル教育理論

　ワールドスタディーズを知ってから数年後に出会ったパイクとセルビーのグローバル教育理論は、私の教育観にさらなるインパクトを与えた。両氏の理論から、世界の相互依存関係の深さとその範囲の広さを学び、グローバル教育の時空を越えた広がりやホリスティックな世界観に大きな感銘を受けた。1990年代後半、私が20代後半の頃である。パイクとセルビーのグローバル教育に出会って以降、自分の実践が広がり、豊かになっていくのを感じた。

　両氏は、世界全体を複雑な多層構造の網のようなシステムとして捉え、その網の目上で起こる諸現象、また網の目上の1点に存在する諸個人は、相互に影響し合うと考えた。私たちの現代の暮らしはありとあらゆるところで目に見えないグローバルなつながりを有している。そうした相互作用と連関を特徴とする、ダイナミックで複雑かつ重層的なグローバルウェブやネットワークの中で、いかに地球市民として責任のある判断と行動をとっていくのか、という視座を私にもたらしてくれた。

　パイクとセルビーは、グローバル教育における重要なねらいを次の5つ

に整理した[2]。

- システムに対する認識を高める（System consciousness）：システムの視点から思考する能力を得ること。自分の可能性と能力を全体的（holistic）なものとして捉えること。
- 視点に対する認識を高める（Perspective consciousness）：自分たちの世界観は必ずしも普遍的ではないということを知ること。他者の視点を受容する能力を養うこと。
- 地球環境についての認識を高める（Health of planet awareness）：グローバルな問題状況や開発・発展の傾向についての認識と理解を獲得すること。地球環境を考慮しながら未来への方向性を定めること。
- 関わることについての認識とレディネスを高める（Involvement consciousness and preparedness）：個人あるいは集団でおこなう選択や行動が地球の現在や未来に影響することを知ること。ローカル（草の根）からグローバルまで多様なレベルの民主主義的決定に効果的に参加できるよう、必要な社会的・政治的行動のスキルを養うこと。
- プロセスを重視する（Process mindedness）：学習や人間の成長は、継続する旅のようなものだと知ること。

また、彼らの理論を特徴づけるものとして、「グローバル性の4つの次元（The four dimensions of globality）」が挙げられる。

①空間の次元（the spatial dimension）
②時間の次元（the temporal dimension）
③問題の次元（the issues dimension）
④人間の可能性の次元（the human potential dimension）／
　内的な次元（the inner dimension）[3]

グローバル教育のアプローチは、相互依存関係から成る空間のグローバルな広がり（ローカルとグローバルを結合する空間）、時間の流れの中でグローバルな問題を捉える視点（過去・現在・未来に連なる時間軸のリンク）、グローバルな問題の持つ包括性（強固に絡み合っているグローバルな問題）の認識、内的な感情や人間の能力の向上（感性や自己認識（self-awareness）の

重視)を念頭に置く必要があることを意味する。

　また、「内なる旅」という自己への探究を重視した点は特筆すべきである。グローバル教育が「外」のみならず、自分を見つめ対象化することによって自己の成長や変革のステップにしようとしている点こそが、グローバル教育や国際理解教育を「人間教育」「生き方教育」と考える所以である。この点は、私の実践の中核にもなっている。

Tips of Global Education 7

～憧れのデイビッド・セルビーに会って～

　いつか、ご本人にお会いし、お話してみたいと思い続けてきた。
　私のものの見方を変え、教育者としての指針のようなものを与えてくれたデイビッド・セルビーとグラハム・パイクのグローバル教育理論。念願が叶い、2010年7月にセルビー氏と、同年9月にはパイク氏との面会が実現した。
　お二人とも本当に素敵な方々だった。穏やかで、優しく、しかし同時に強い信念が感じられた。セルビー氏とお会いした時の日記には、次のように記されている。

....

　本当にあっという間だったが、夢のような1日だった。
　静かな駅、21:16、電車のドアが開き、外に出る。暗くて寒い。急に雨も降ってきた。期待と不安が錯綜する気持ちであたりを見回すと、セルビー氏がニコっとして私を迎えてくれた。"Welcome！"と。柔らかな笑顔、ソフトな声はイメージ通りだった。思ったより大きな人だな、という印象。初対面ながらそのような感じはせず、私は何のためらいもなく会話を始めた。そして、15年間憧れ続けた人に、こうやってやっと会うことができた喜びを伝えた。
　長時間の移動に疲れていたが、機内で少し寝てきたので、その日は1時間ほど話し、夜11時まで起きていた。24時間もまともに(横になって)睡眠していないことになるが、"You look so fresh！"と言われるほど、私は疲れを感じさせなかったようだ。
　素敵なお家、若々しくて明るい奥様、本当に仲の良いご夫婦だ。温かく歓迎されて、幸せだった。セルビー氏の家から徒歩1分のB＆Bもまたかわいらしい伝統的な雰囲気だった。

> 時差ぼけと夏とは思えぬ寒さで熟睡できなかったが、翌日も元気だった。丸1日たっぷりご自宅でお世話になり、のんびりと楽しい時間を過ごした。まるでホームステイにでも来たかのようだ。
>
> インタビューと研究の相談には親身に応じてくださり、その真剣な様子、的確な問いやアドバイスはさすがだった。セルビー氏がご自身のこれまでの著作を並べて見せてくださり、それを目にした時に改めて偉大さを感じた。この人のどこから、あのような奥深い素晴らしい理論、そしてあれだけのワークショップ案やアイディアが出てきたのだろう。グローバル教育の世界的権威が目の前にいると思うと、にわかには信じられなかった。私が何より感銘を受けたのは、彼の生き方そのものがホリスティックでグローバリズムにあふれていたことである。
>
> 極力車に乗らない、不必要な旅行（特に飛行機）はしない、電気をこまめに消す等…。静かな村、ゆったりした庭のある家、家庭菜園や養蜂。そして、自然を慈しむ気持ち。セルビー氏はしょっちゅう外に出て野菜の出来を見たり、風を感じたり、空を眺めたりしていた。夜は"beautiful"と言って月を見上げていた。小さな日々の喜びを大切にするスローな暮らし。地球に優しい暮らしを実践されている。こうした言動の一致した教育者が何人いるだろうか。私は心から敬愛の念を抱いた。
>
> 私にインスピレーションを与えてくれたデイビッド・セルビー氏、そしてグローバル教育に、心から感謝の気持ちでいっぱいになった。
>
> 　　　　　　　　　　　　　　　　　　　2010年7月　イングランドにて

3. グローバルシティズンシップ教育

実践を始めて10数年が経過し、実践が成熟してきた30代後半から40歳頃にかけて私が強く影響を受けた概念が、グローバルシティズンシップ教育である。

グローバルシティズンシップ教育はグローバル教育とほぼ同義語と考えられるものの、参加、アクション、変革という点でより能動的・主体的であることが特徴である。オックスファム[4]は、グローバルシティズンシップ教育を次のような教育であると主張する[5]。

- 質問を投げかけ、批判的（クリティカル）思考スキルを向上させること
- 若者に活動的な市民として参加していくために必要な知識、スキル、価値観を身につけさせること
- グローバルな課題の複雑性を認知すること

- 小さな村か大都市であるかにかかわらず、地域での日常生活の一部としてグローバル性を解き明かしていくこと
- それぞれの人間として、どのように環境やお互いに関わるのかを理解すること

　この定義には、欧米で発達したグローバル教育の理論を踏まえ、世界全体を相互に影響を与えあう1つのシステムとして捉えるグローバルダイナミクスやグローバルシステム、全体論的視点が反映されている。一人ひとりの行動が世界に何らかの影響を及ぼすからこそ、単純化できない複雑に絡み合う問題をひも解いていくことが重要であるとの視点だ。そして、重層的で複雑かつグローバルな問題を解明し、洞察を深めていくためには、批判的思考力が欠かせないとの認識や、「参加」を明記している点も注目される。

　また、オックスファムは育てるべきグローバルシティズン（地球市民）として、次のようなポイントを挙げている。
- 世界市民としての役割意識を自覚
- 多様性の尊重
- 世界の作用（機能）を理解
- 社会の不公正への憤り
- コミュニティへの参加（グローバルからローカルまで）
- 公正で持続可能な社会を目指した行動
- 自らの言動に責任

　これは、教育によってどのような地球市民を育てるべきかを考える上で、興味深い指摘である。イメージされる市民像からは、地球社会を形成する一員であるという自覚と責任を持って主体的に行動しようとする意欲が感じられる。

　オックスファムは、ワールドスタディーズのモデルを基盤とし、責任あるグローバルシティズンシップを発展させるための鍵となる要素（Key elements)を、「知識・理解（Knowledge and understanding）」「技能・スキル（Skills）」「価値観・態度（Values and attitudes）」の3領域に分類し、それぞれの内容を図9のように示している。

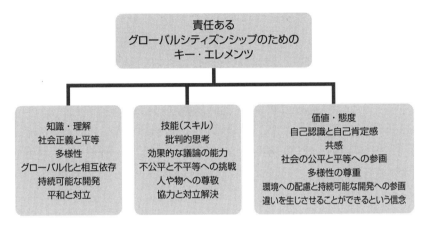

図9　グローバルシティズンシップのためのキー・エレメンツ

ユネスコ（UNESCO）も、教育プログラムの戦略的領域の1つとしてグローバルシティズンシップ（GCED）教育に力を入れており[6]、グローバル時代に必要な資質・能力論や21世紀スキルの養成と連動して、今後もさらに注目を集めるだろう。

〈注・参考文献〉

1 Fisher, S., & Hicks, D. (1985) *World Studies 8-13：A Teacher's Handbook*. Edinburgh：Oliver & Boyd.〔フィッシャー, S.・ヒックス, D.著、国際理解教育・資料情報センター監訳（1991）『ワールド・スタディーズ　学びかた・教えかたハンドブック』国際理解教育・資料情報センター（ERIC）〕
2 Pike, G., & Selby, D. (1988) *Global Teacher, Global Learner*. Sevenoaks: Hodder & Stoighton.〔パイク, G.・セルビー, D.著、中川喜代子監修、阿久澤麻里子訳（1997）『地球市民を育む学習』明石書店〕
3 パイクとセルビーは、後の研究（1995年）で、4つ目の次元「人間の可能性の次元」を「内的な次元（the inner dimension）」に改訂している（Pike, G., & Selby, D. (1995) *Reconnecting: from national to global curriculum*. Guildford: World Wide Fund for Nature.）
4 オックスファム（Oxfam）は、イギリスに本部を置く国際NGOであり、貧困や不公正を是正するために世界規模（世界100か国以上）で活動を展開する国際協力団体である。開発教育の立場からイギリスの教育政策への提言や教材の提供をするなど、40年にわたりグローバル教育の推進

に貢献してきた。

5 Oxfam (2006) *Education for Global Citizenship Guide for Schools*. Oxford: Oxfam GB.
6 UNESCO (2014) *Global Citizenship Education: Preparing learners for the challenges of the 21st century*.

Tips of Global Education 7

〜地域に根差した国際協力ショップ〜

　イギリスの街を歩いていると、オックスファム (Oxfam) やセイブ・ザ・チルドレン (Save the Children) 等のNGOの看板が立つお店をあちこちで見かける。気になって、何軒か入ってみた。そこでは、カードやフェアトレード商品（チョコレートやジャム等の食品やハンディクラフト、アクセサリー等）、紅茶やコーヒー、果物等のオーガニック商品等がところ狭しと並んでいた。中でも私の目を引いたものは、国際協力のアイテムである。

　「子どもの健康診断：6ポンド」「50人分の安全な水：50ポンド」「ヤギ：25ポンド」「鶏：10ポンド」「学校文房具セット10人分」等のように、支援したい内容が書かれたカードが販売されていた。それを選んで、レジに持っていき、カードに表示される支援金をその場で支払う仕組みだ。なるほど、買い物感覚で国際協力を実践できることに新鮮な感じがした。

　街の中の商店街にそうしたお店が溶け込み、市民もたくさん足を運んでいた。国際協力が地域に根差し、市民が身近に感じられるような仕掛けに感銘を受けた。

付録2　国際理解に関する諸教育

　国際理解に関連する主要な諸概念として、グローバル教育や国際理解教育のほかにも、開発教育、環境教育、持続可能な開発のための教育、平和教育、人権教育、未来教育、多文化教育（多文化共生教育）、帰国子女教育・外国人子女教育、異文化コミュニケーション・異文化理解教育、シティズンシップ教育・グローバルシティズンシップ等、様々な概念がある。ここではそれぞれの特徴について簡単に整理しておく。

(1) グローバル教育
　　Global education

　グローバル教育を簡潔に定義すれば、「地球の利益の観点から自覚と責任をもって連帯や協力を求め、問題解決に向かうグローバル・シティズンを育成する教育」である[1]。すなわち、「地球市民」の育成である。

　グローバル教育は、アメリカ、イギリス等の欧米では1960年代から取り組まれていた。1970年以降、英国のワールドスタディーズやユネスコの国際教育等世界で展開する同様の教育運動と影響し合い、また、開発教育や環境教育、平和教育、未来教育等の様々な問題を扱う領域と連携し合い、それらを包括するものとして展開され、普及していった。日本においては「グローバル教育」という用語はなじみが薄かったが、1990年代後半から21世紀にかけて拡大したグローバル化（globalization）」を背景に、「グローバル」ということばが日常に入り込むようになった。さらに近年では「グローバル人材」育成が叫ばれ、「グローバル教育」に対する関心の高まりがみられる。

　2002年にオランダのマーストリヒトで開かれた欧州グローバル教育会議では、グローバル教育が次のように定義されている[2]。

● グローバル教育は、世界の現実に対してすべての人々の眼と心を開かせ、すべての人のためにより大きな正義、平等、人権が必要であること

への気づきを促すこと。
- グローバル教育は、開発教育、人権教育、持続可能性のための教育、平和と紛争防止のための教育、異文化（間）教育等を含む。市民教育のグローバルな側面を表している。

(2) 国際理解教育

International education／Education for international understanding

国際理解教育は、1946年のユネスコ創設と同時に推進されることになった。日本においては、1974年のユネスコの「国際教育勧告」の採択以降、人権や平和を追求するという理念に沿った国際理解教育が展開される。そのため、基本的にはユネスコ憲章にある「平和」を目指すための教育が目標理念の基盤にあると理解されている。

「国際理解教育」という呼称は以前から学校現場で使われていたが、2002年から「生きる力」の育成を目標に「総合的な学習の時間」が導入されたことに伴い、学習指導要領において「国際理解」が学習テーマとして例示されたことから、いっそう普及した。

「人権の尊重を基盤として、現代世界の基本的な特質である文化的多様性および相互依存性への認識を深めるとともに、異なる文化に対する寛容な態度と、地域・国家・地球社会の一員としての自覚をもって、地球的課題の解決に向けて様々なレベルで社会に参加し、他者と協力しようとする意志を有する人間」、同時に「情報化社会の中で的確な判断をし、異なる文化をもつ他者とコミュニケーションをおこなう技能を有する人間」[3]を育成することが目指されている。成立の背景は異なるものの、国際理解教育の概念は拡張しており、地球市民の育成を目指す教育活動という点において、グローバル教育と大きな相違はない。

(3) 開発教育

Development education

開発教育は、一人ひとりが、開発をめぐる様々な問題を理解し、望まし

い開発のあり方を考え、共に生きることのできる公正な地球社会づくりに参加することをねらいとした教育である[4]。1960年代に南の開発途上国でのボランティア活動に出かけていた欧米の青年たちによって始められたことが原点であり、1970年代に西ヨーロッパ諸国を中心に展開された[5]。最初は開発途上国への支援を促すための教育という色彩の強いものだったが、その後、南北問題や貧困、環境破壊等の問題が、先に工業化した国々との関係の中で構造的に起こることを理解し、それらの問題の解決に向けて、一人ひとりが参加し、行動していこうとする教育活動に変化していった。

1970年代に国連の開発戦略の中で生まれた開発教育は、1980年代以降、欧米の開発教育と同様に、日本においては、「南」の国々の開発問題に携わってきた民間団体、特にYMCA等の青少年団体やユニセフ、ユネスコといった国連機関の国内団体、NGO等の関係者によって、実践が試みられてきた。また2000年初頭以降、国際協力機構（JICA）が開発教育支援事業を積極的に展開し、開発教育を推奨する多彩なプログラムを展開するようになった[6]。

開発教育は、開発をめぐる問題に焦点を当てている点が最も特徴的であり、開発教育を通して目指す主たる目標は、共に生きることのできる公正な地球社会の実現である。

(4) 環境教育
Environmental education

環境教育という用語は1960年代に初めて使われた。その契機となったのは1972年スウェーデンのストックホルムで開催された、環境問題についての世界で初めての大規模な会合、国連人間環境会議（United Nations Conference on the Human Environment）である[7]。『環境白書』には、開催の背景の1つとしてこの地球を「宇宙船地球号」と呼ぶ考えが言及されている[8]。人口、天然資源、環境資源等、地球上のあらゆる要素が複雑微妙に相互依存しており、有限かつ一体のものとしてこの地球をひとつの宇宙船にたとえ、みなが協力して守っていかなければならないとの考えに至った

ことは、グローバル教育の観点から注目に値する。

　環境学習のキーワードでもある「持続可能性 (sustainability)」や以下で述べるESDとも連動して、力が注がれている領域の1つである。また、近年はとりわけ気候変動教育 (CCE) にも注目が集まっている。

(5) 持続可能な開発のための教育
Education for sustainable development：ESD

　持続可能な開発という概念は、1992年にブラジルのリオデジャネイロで開催された地球サミット（国連環境開発会議）によって周知されたが、国連が2005年〜2014年を「持続可能な開発のための10年」としたことで、再度関心が高まった。これは、単に人類の発展と環境保護の両輪の実現を意味しているのではなく、人類の未来をより良い状態へと変革するための枠組みの1つとされており、世界各国で生じている貧困、紛争、環境破壊や人権といったあらゆる問題を包括的に解決することを目指している。また、環境教育、国際理解教育、基礎教育、人権教育等の持続可能な発展に関わる諸問題に対応する個別分野の取り組みのみではなく、様々な分野を「持続可能な社会の構築」の観点から多様な方法でつなげ、総合的に取り組むことが重要とされている[9]。この点でESDはグローバル教育の多様な切り口とその統合の可能性を提示するものだといえる。

(6) 平和教育
Peace education

　平和教育は1970年代に起源を有し、英国においては関心のある教育者のグループによって1974年に国際平和研究協会 (International Peace Research Association：IPRA) が設立され、その活動は1980年代初期に知られるようになった[10]。その後、平和学の継続的な発展により、直接的・構造的暴力、否定的・肯定的平和等、平和の概念も整理された。例えば、非直接的・構造的暴力は、差別や貧困、社会経済構造の結果であると理解できる。消極的平和 (negative peace) とは暴力がない状態であることに対して、積極的

平和(positive peace)とは自由や平等、公正があるときのことを示す。この概念はノルウェーの平和学者ヨハン・ガルトゥングが「直接的暴力(direct violence)」と、暴力や不公正が社会の現状に根差している意味での「構造的暴力(structural violence)」を提起したことにより創出され、貧困、抑圧、差別等の構造的暴力がない「積極的平和」の概念が平和の理解に取り込まれた[11]。

平和の文化を構築することがユネスコの国際理解教育の理念の中核として据えられていることに鑑みても、平和教育はグローバル教育においても極めて重要かつ中心的な分野である。

(7) 人権教育
Human rights education

1948年に第3回国際連合総会において世界人権宣言が採択されて以降、1978年にはユネスコは世界最初の国際人権会議を開催し、人権教育重視の方向を示した。日本の国際理解教育の実質的な発端になった「国際教育勧告」をさらに発展させたのが「平和・人権・民主主義のための教育」(1995年)であり、国際人権教育の理念が明確にされた。

人権に関しては、「セルフエスティーム(self-esteem)」も忘れてはならない。セルフエスティームは、一般に「自己肯定感」「自尊感情」と訳される。自分自身をあるがままに受け入れ、それを肯定できる姿勢を持つことが人権教育の第一歩であり、それができて、配慮と思いやりを持って他者を尊重できる態度が育成されると考えられているからである。また、責任感を伴う人権意識やセルフエスティームを核にしたアプローチは、生徒の規律や生活態度、問題行動等の生徒指導上からも好ましく、改善によい影響をもたらすことも指摘されている[12]。

(8) 未来教育
Future education

未来教育という概念は1960年代に登場し、1990年以降グローバル教育

の領域と関連づけられながら活発に研究されている[13]。未来の視点が欠如すれば、短期的な解決策に陥り、問題を長期化させることにもつながる。その意味で、グローバルな問題について考える際、オルタナティヴな未来について批判的、創造的に検討することが重要となる。また、持続可能な社会の実現にとっても「未来」は鍵となる。

　未来学習の目的は、「そうなるかもしれない (possible)、そうなるであろう (probable)、そしてそうなることが望ましい (preferable) 未来を発見し、創出し、調査し、評価し、提案すること」[14]である。そもそも、すべての教育活動は未来につながり、描きたい未来に向かっていくものであり、より良い未来を創造するためにある。未来志向のグローバル学習にこの視点は不可欠である。

(9) 多文化教育
Multicultural education

　人のグローバル化（国境を越えた人の移動）という趨勢は、社会の多文化化をもたらし、各国の人口構成にも変化を及ぼしてきた。日本を含め各国社会が民族的・文化的な多様性を増している状況において、学校教育に求められる対応の1つが多文化教育である。

　多文化教育は、社会の人種的・文化的多様性を反映し、多様な集団出身の子どもたちに教育上の平等を保障し、公正な社会の実現を目指すものである。多文化の文化概念には、人種、宗教に限らず、性別、年齢、身体の状態、経済状況、家庭状況等、個人の様々な違いも含まれ、多文化教育は、それらの違いによる他者への差別や偏見をなくして共に学び、共に育つ集団を作ることを目指すものである。

　ここで、多文化教育に並行して普及した概念として、多文化共生教育を指摘しておきたい。多文化共生社会とは、「様々な背景を持つ人々がお互いの持つ差異を尊重し、対等な構成員として社会参加することができる社会」[15]であり、そうした社会の形成に向けての教育が多文化共生教育である。単に「違い」を認め尊重することに留まらず、特定の人たちが不当に

(10) 帰国子女教育・外国人子女教育
Education for returnee and foreign children

　帰国子女教育や外国人子女教育は、異文化を持つ子どもたちの財産ともいえる豊かな経験や感覚、学習への姿勢[16]を日本の教育観によって打ち消すことなく尊重し、生徒を支援していくものである。しかし、帰国子女教育においてはどちらかといえば適応教育が中心で、特性伸長や相互交流は十分におこなわれてこなかったように[17]、日本社会はしばしば同質性や均質性を追求する風潮がある。そのことにより、異質性が差別やいじめの対象となることが問題視されてきた[18]。

　1990年代初頭からは外国人労働者、特に中南米からの日系人が急増し、日本語教育が必要な外国人児童も増加の一途をたどってきた。日本における外国人子女教育は、前に述べた日本の多文化教育・多文化共生教育にも連動する。また、帰国子女や外国人子女以外にも、日本ではすでに20組に1組と言われる国際結婚によって生まれた子ども等、外国にルーツを持つ子どもたちも増加しており、日本全国に見られる現象となっている。

　異なる背景を持つ人々が関わり共に生きるというダイナミズムを考慮に入れ、異文化間の誤解、ミスコミュニケーション、コンフリクト等の様々な混乱に対処できる教師が求められている。

(11) 異文化コミュニケーション
Intercultural communication
異文化理解教育
Education for intercultural / cross-cultural understanding

　異なる文化背景を持った人々の間でなされるコミュニケーションを異文化コミュニケーションと言う。また、文化相対主義の姿勢で文化間の相互理解と相互尊重を目指したコミュニケーション活動を展開できる人材の育成が、異文化コミュニケーション教育である[19]。

これまで、日本においては、異文化イコール欧米という固定観念の図式がしばしば問題視されてきた[20]。また、英語を母国語とするALTを教室に投入して英語学習をすることを、異文化理解学習や国際理解学習、異文化コミュニケーション、あるいは国際交流と置き換える風潮もしばしばみられた。この意味で、日本の国際理解教育は、他国理解、異文化理解、異文化コミュニケーションを中心に据えた狭義の捉え方が否定できなかった[21]。少数民族も含めて、世界には様々な言語や文化が存在する。それらを等しく価値のあるものだと考え、文化的多様性を尊重し相互理解を深めていく姿勢が大切であり、英語を使ってグローバルに活躍することが本来の異文化コミュニケーション・異文化理解教育の目標とするところではないことに、留意すべきである。

(12) シティズンシップ教育
Citizenship education

　シティズンシップは2000年代後半から、日本の教育界でも頻繁に話題にのぼるようになった。シティズンシップ教育は、単なる知識学習だけではなく、具体的な諸問題に対して調査、議論、判断することを重視し、その結果を学校や地域社会の活動に活かすことを目指したものである。社会変革のためのアクションや活動的な学習、問題解決的な学習方法、学校全体で取り組む横断的・総合的なアプローチ等は、ワールドスタディーズやグローバル教育が目指す方向性にも大きく重なる。

　2002年に英国の中等教育にナショナルカリキュラムに教科「シティズンシップ(Citizenship)」が導入されて以降、シティズンシップ教育は教育関係者の関心の的となってきた。それは、「社会的・倫理的責任(Social and moral responsibility)」、「コミュニティへの関わり・参加(Community involvement)」、「政治的リテラシー・素養(Political literacy)」の3つを大きな柱とし、社会参入のスキルと素養を身につけるための市民性教育である[22]。

　日本では、東京都品川区の小中一貫教育において、2006年から新しい学習「市民科」が導入され、注目を集めた。また近年は、18歳選挙権に伴

い、若者の政治的リテラシーや政治参加意識を育む必要があるとして「主権者教育」が推進されており、学校現場でも「シティズンシップ」ということばを耳にすることが多くなってきている。

(13) グローバルシティズンシップ教育
Global citizenship education/ Education for global citizenship

シティズンシップ教育のグローバルな側面に焦点を当てたグローバルシティズンシップ教育は、より公正な世界を目指した一人ひとりの自覚や行動が重視されている。もともとは、1990年代後半にOxfamなどのNGOがグローバル・シティズン（地球市民）の概念を提唱し、カリキュラムの整備や教材開発をおこなってきたが、英国のシティズンシップ教育が必修となりそれが広く紹介されたことで、グローバル教育に内在していた主体性、能動的な側面がいっそう強調されて出現してきた点が特徴的である。

もう一つの系譜として、2012年に潘基文（パン・ギムン）国連事務総長（当時）によるGlobal Education First Initiative (GEFI) において、グローバルシティズンシップ教育（GCED）を最優先課題の1つと位置づけたことから、それ以降この教育がユネスコの主導で展開されるようになった。学びを「知識（Knowledge）」「社会・情緒的スキル（Social & Emotional）」「行動（Behavioral）」の3領域に設定し、学習目標や成果、学習者の特性等、教育の枠組みを整理し、教育関係者へのその普及を促進している。

また、最近ではSDGsへの関心の高まりとともに、SDGsのGoal 4のターゲット4.7（Education for sustainable development and global citizenship）と関連させた様々な取り組みが活発化している。

(14) SDGs
Sustainable Development Goals：持続可能な開発目標

SDGsは、すべての国連加盟国が2030年までの達成を目指す「持続可能な開発目標」である。2015年までの15年間に取り組まれたMDGs（ミレニアム開発目標）を引き継ぐ形で、国連創設70周年を迎えた2015年の国連サ

ミットで採択された。人権を基盤とし、社会・経済・環境面のバランスに配慮した17の目標・169のターゲットから構成されている。

　MDGsは極度の貧困の撲滅、乳幼児死亡率の削減、感染症への対策等、主に途上国に焦点が当てられていたが、SDGsでは健康と福祉、エネルギーや産業、まちづくり、気候変動、平和と公正等、先進国を含め共に取り組むべき普遍的目標が設定されており、全員参加で解決を目指している点が特徴である。"No one will be left behind"（誰一人取り残さない）という理念に基づき、国、行政、職場、学校、地域、家庭、個人等、様々なレベルで一人ひとりが社会を「変革」し、地球市民として行動していくことを求めている。日本でも、率先して主導してきたユネスコスクールのESDの取り組みとも連動し、教育現場に取り入れられている。

（15）アクティブ・ラーニング（主体的・対話的で深い学び）

　2020年度から小学校、2021年度から中学校、2022年度から高等学校でスタートする新しい学習指導要領における特徴的な指針の1つ。「何を学ぶか」「何ができるようになるか」とともに、「どのように学ぶか」という学び方が示された点が画期的である。文部科学省の用語集によれば、アクティブ・ラーニングとは「教員による一方向的な講義形式の教育とは異なり、学修者の能動的な学修への参加を取り入れた教授・学習法の総称」であり、「発見学習、問題解決学習、体験学習、調査学習等が含まれるが、教室内でのグループ・ディスカッション、ディベート、グループ・ワーク等も有効なアクティブ・ラーニングの方法」である。グローバル化の進展やAI（人工知能）をはじめとする技術革新などに伴い、社会構造が大きく変革している時代において、問題を発見し、様々な分野の人々と解決策を講じ、新たな価値を創造していける力を育成するために、新学習指導要領において学び方について方針が示された。

　グローバル教育が欧米では「グローバルラーニング」とも称されるように、学習者中心で主体的かつ協働的な参加型学習を展開する従来のグローバル教育・国際理解教育における学習方法に通じるものである。

(16) 国際バカロレア (International Baccalaureate: IB)

　国際バカロレア (IB) は、非営利教育財団・国際バカロレア機構 (本部ジュネーブ) が提供する国際的な教育プログラムであり、世界のどの場所や文化圏においても継続して受講可能な教育として考案された。「多様な文化の理解と尊重の精神を通じて、より良い、より平和な世界を築くことに貢献する、探究心、知識、思いやりに富んだ若者の育成」をその目的としている[23]。現在、国内には100校程度 (2016年時点)、世界150以上の国・地域においては約5000校 (2019年3月時点) のIB認定校がある。

　以前から異文化理解や平和などの理念を掲げ定評のあったIBだが、「日本再興戦略-JAPAN is BACK-」(2013年) において、グローバル化に対応する人材力強化の一環としてIB認定校の大幅な増加 (2018年までに200校) を目指す方針が明記されたこと、また一部科目の授業と試験が日本語で実施できるようになったことで再び脚光を浴び、認定校増加の動きが加速している。小学校から高校まで年齢に応じたプログラムがあるが、国際的に通用する大学入学資格「国際バカロレア資格 (IBディプロマ)」を取得できるDP (ディプロマ・プログラム) が特に注目されている。思考や探究、振り返り、コミュニケーション等が重視されるIBの教育は、21世紀型の学力養成やこれからのグローバル教育を展望する上で、参考になる点も多い。

　以上、国際理解に関する諸教育を列挙し、それぞれの概念について骨子を整理した。それぞれの概念はその強調点ごとに異なる名称で括られ分類されるが、実際は明確な境界線が存在するものではない。それぞれが密接に絡み合い、相互に深く関連し影響を与え合うものである。また日本においては、諸外国の様々な概念が日本の社会状況に即して再構成されながら、特有性をもって形成されている側面もある。各関連領域は今後も緩やかに変化しつつ、発展していくと考えられる。

　いずれにせよ、上記の領域設定は、グローバル化、多文化化、相互依存性が増す現代世界において、すべての人が自らの可能性を十分に発揮できる公正で持続可能な世界を創造するのに必要である諸能力を発達させ、グ

ローバルマインドをもった地球市民を育成するという教育的営みの方向性に、変わりはない。

《注・参考文献》

1 日本グローバル教育学会編（2007）『グローバル教育の理論と実践』教育開発研究所、p.36.
2 開発教育協会編（2003）『持続可能な開発のための学び　別冊［開発教育］』開発教育協会、p.90.
3 日本国際理解教育学会編（2012）『現代国際理解教育事典』明石書店、p.14.
4 開発教育協会編（2004）『開発教育ってなあに？』開発教育協会。
5 田中治彦（1985）「日本における開発教育の現状と課題」『教育学研究』51（3）.
6 教師対象の「開発教育指導者セミナー」や開発教育に関心のある教師を開発途上国に10日間程度派遣し、国際協力現場を視察したりする「教師海外研修」、青年海外協力隊OBやJICAスタッフを学校に講師として派遣する「出前講座」などのプログラムを提供している。
7 Hicks, D. (2008, June) Ways of Seeking: The origins of global education in the UK. Background paper for UK ITE network for Education for Sustainable Development/Global CitizenshipInaugural Conference, London.
8 「昭和47年版環境白書」環境省〈http://www.env.go.jp/policy/hakusyo/honbun.php3?kid=203&bflg=1&serial=7855〉
9 文部科学省ホームページ内ユネスコ国内委員会ESD〈http://www.mext.go.jp/unesco/004/004.htm〉[2009年11月27日アクセス]
10 Hicks, op cit.
11 Noddings, N. (2005) Global Citizenship: Promises and Problems. In N. Noddings (Ed.), *Educating citizens for global awareness* (pp.1-21). New York: Teachers College Press.
12 浅野誠・D. セルビー編（2002）『グローバル教育からの提案——生活指導・総合学習の創造』日本評論社；Asano, M. (2000) School Reform, HUman Rights, and Global Education. *Theory into Practice*, 39 (2), 104-110.
13 Hicks, D. (2008) Developing a futures dimension in the school curriculum. In D. Bourn (Ed.,) *Development Education-Debates and dialogues* (pp.110-122). London: Institute of Education.
14 Bell, W., *Foundation of Futures Studies*, 2 vols., New Brunswick (NJ:Transaction Publishers,1997), quoted in David Hicks, "Developing a futures dimension in the school curriculum," *Development Education-Debates and dialogues* in ed. Douglas Bourn (IOE, University of London, London, 2008), 110-122.
15 太田晴雄（2005）「グローバル時代における多文化共生教育」今津孝次郎・馬越徹・早川操（編著）『新しい教育の原理』名古屋大学出版会、pp.241-259.
16 佐藤郡衛（『海外・帰国子女教育の再構築：異文化間教育の視点から』玉川大学出版会、1997年）によれば、海外現地校に滞在し、帰国後3年以内という帰国子女（中高生）と一般生徒を比較しておこなった調査結果によると、帰国子女は学習上の対人関係志向が強く、共に学ぼうとする姿勢があること、また学習を肯定的・意欲的に捉える傾向がみられたという。
17 佐藤郡衛（1997）『海外・帰国子女教育の再構築：異文化間教育の視点から』玉川大学出版会。
18 太田晴雄、前掲書；小林亮（2005）「異文化トレランスの形成に向けたユネスコの国際理解教育」『国際理解教育』11、48-65.

19 村田雅之(2000)「異文化コミュニケーション教育」大津和子・溝上泰編『国際理解重要用語300の基礎知識』明治図書、p.39.
20 米田伸次・大津和子・田渕五十生・藤原孝章・田中義信(1997)『テキスト国際理解』国土社.
21 嶺井明子(2009)「国際理解教育における近年の研究動向――日本国際理解教育学会の研究活動を中心として」『筑波教育学研究』7、53-67.
22 *Crick Report: Education for citizenship and the teaching of democracy in schools*, QCA, London, 1998.
23 IBO (2017)『国際バカロレア (IB) の教育とは？』

Tips of Global Education 8

〜グローバル人材とIBの学習者像〜

　近年、グローバル人材育成の観点から、国際バカロレア (IB) が再び注目を集めている (p327参照)。現状ではIB認定校の大半が私立学校やインターナショナルスクールであるが、今後は教育のグローバル化への対応として、公立の学校にも徐々に普及していくと推察される。すべてのIBプログラムは、異文化の理解と尊重の精神を持ち、人間に共通する人間らしさと地球をともに守る責任を認識し、より良い、より平和な世界を築くことに貢献する人間の育成を目的としている。IBの教育目標や10の学習者像、プログラムの特徴などを見ると、グローバル教育やグローバルシティズンシップの目標・理念とも符合する点が多いことに気づく。IBプログラムの中心軸は「国際的な視野」であり、それは、他者との関わり合いを通じながら異なる文化や学問領域を横断的に捉えつつ、世界を理解し、ローカル・グローバルな諸課題を持続的に探究するとともに、自分自身のものの見方、文化やアイデンティティを振り返ることを通して育まれる。

　政府による産業競争力についての議論のなかで、グローバル人材育成の面からIBが戦略的に取り上げられているが、本来、「心を開く人」「思いやりのある人」「コミュニケーションができる人」「振り返りができる人」等に表現されるIBが目指す学習者像は、政府や経済界が言うグローバル経済社会や国際競争に「勝ち抜く」「生き抜く」人材とは異なる。IBでは異文化尊重や協調・共生の精神、思いやり、平和の希求などが随所に示されており、そこに通底するのは、グローバル教育や国際理解教育が育てたい"グローバルな"市民の姿なのである。

付録3 課題研究&ESDカレンダー
──ホールアースアプローチを目指して

高校1学年　平成29（2017）年　宮城県仙台二華高等学校

	国語	世界史A	現代社会	数学	物理基礎	生物基礎
4月						
5月	「水の東西」[相]	「東南アジア世界」[本]	青年期・「現代に生きる倫理　伝統／自然観・人間観」[世]			
6月						
7月	「知る」ことと「わかる」こと[共]	「15〜17世紀の東南アジア」[本]				免疫のしくみ[FW]
8月			地球環境問題　資源・エネルギー問題[本]	「データの分析」	pHと水質[FW]	pHと水質　恒常性[FW]
9月		「大航海時代」		「熱とエネルギー」[FW]		八幡平の植生　植生と遷移[FW]
10月	「自然と人間の関係をとおして考える」[世]	「東南アジアの変容」[本]	「発展途上国の経済と南北問題」[本]			
11月	「枕草子」[世]					
12月	言葉についての新しい認識	「アジア・アフリカの民族運動」[本]				
1月	[相]	「アジア・アフリカ諸国の独立と混乱」[本]	グローバル化の中の危機			
2月		「現代の世界　東南アジアの動き」[本]	「国家主権と国際法」、「今日の国際社会」[本]		「エネルギーとその利用」[本]	
3月		「21世紀に生きる」[本]				

330

付録3　課題研究＆ESDカレンダー──ホールアースアプローチを目指して

関連する取り組み
- FW　フィールドワーク
- 言　言語活動

身につけさせたい5つの資質・能力
- 世　現代社会を生きる地球市民としての適切な世界観
- 本　問題の原因や構造の本質を見抜く力
- 共　そこに生きる人びとの気持ちを受け入れることのできる共感する力
- 構　人間や社会の理想的なあるべき姿を具現化する構想力
- 相　多様な人びととの意見を聞き、自分の考えや立場を相対化する力

	保健体育	芸術	コミュニケーション英語Ⅰ	英語表現Ⅰ	家庭基礎
4月	「健康のとらえ方」 世				
5月		「世界の歌、日本の歌」／「水をテーマにした平面構成」	「We Can All Make a difference」 本		
6月	「現代の感染症」「感染症の予防」 FW	世			
7月		「人や社会を幸せにするデザイン」 本	「A Piece of Cloth」 世		
8月					
9月	「感染症とその予防」 FW		「Malala Continues to Speak Out」 世		「食事と栄養・食品」「食生活の安全と衛生」 FW
10月					
11月			「One Team, One Country」 世		食生活の安全と衛生 FW
12月	「応急手当の意義とその基本」 FW		「To Protect or To Develop」 相	社会問題について意見を述べたり主張をすることができる 言	「国民経済・国際経済と家庭の経済生活」 本
1月					
2月			「Life in a Jar」 世	あることについて助言や提案することができる 言	
3月					

月	課題研究Ⅰ		ユネスコスクール活動 (ESD: 持続可能な社会の実現)			キャリア教育	保健指導 (養護教諭)
4月	世界の水問題　導入	Book Review & Recommend 好きな新書を一冊読んで紹介	「世界一大きい授業」(NGO)		エコキャップ回収運動(通年)／災害(地震等)発生時・緊急支援等が必要な場合における募金活動(随時)・	大学セミナー(大学から講師来校、大学の様々な研究領域を知る) 世	
5月		模擬国連 特定の国の立場になって、国際問題を考えてみる 国連弁当、核問題、水問題	長中期 留学生受入	TOMODACHI プロジェクト受入	生徒会・JRC・英語部(通年)		
6月			東北大学留学生フィールドワーク受入・交流授業			留学説明会 世	
7月		北上川／東北地方の水問題 「利水」「治水」「水争いの歴史」「松尾鉱山と公害対策」「植樹活動」	宮城県高等学校国際教育研究会生徒研修会(希望者)			文理選択、学部・学科選択、科目選択	「感染症の予防」FW
8月			JICA国際協力エッセイコンテスト(希望者)・グローバルリーダー養成講座(希望者)	国際理解弁論大会(希望者)			感染症、食糧自給率、栄養、食品ロス、自己肯定感等についての情報提供、関心喚起・啓蒙活動(「保健だより」)等を通じて、通年
9月		北上川FW	文化祭における募金活動、チャリティー活動(生徒会・各部活動)	仙台国際センターボランティア(有志)		世	
10月	メコン川／東南アジアの水問題	上水、下水、利水、治水、文化の10のゼミに分かれて個人研究発表と論文作成	国連主催高校生の主張コンクール(希望者)				
11月		歴史、経済、健康、水質、生活、生態系、紛争、農業、治水、水不足の各ゼミに分かれて個人研究		ミャンマー生徒、タイ教育視察団受入		FW報告会 FW	
12月			アメリカ・デラウェア州姉妹校交流事業における事前学習・プレゼンテーション準備(希望者)・異文化理解・日本の伝統文化・年中行事等を英語で発信	高校模擬国連参加(有志)		志フォーラム参加(希望者)	
1月				書き損じはがき回収(ユネスコ寺子屋運動)英語部・JRC			
2月		発表と論文作成				FW報告会 FW	
3月							

付録4　グローバル意識を高める1～2時間でできる授業例

　生徒のグローバル意識（Global Awareness）を高める概論的な授業例（対象：中学生～大学生）を5つ紹介する（順不同）。授業の隙間時間などにも実践できるよう、1～2時間で実施可能で、かつ応用しやすいようにシンプルなものにしてある。これを土台に、それぞれの目的に合わせてアレンジを加え、多様に拡大・発展させていっていただきたい。

〈授業例1〉　SDGsとは（SDGsの概要理解とジブンゴト化）

配分	主眼・テーマ	活動内容	準備物・留意事項
1コマ～2コマ	"SDGsとは何か、世界ではどのようなグローバルな課題の解決が目指されているのかを知り、理解する" 　2030年までに世界が協力して取り組むべきグローバル目標SDGsは、職場や家庭、個人の生活等様々なレベルで、一人ひとりにその責任を果たす役割と行動の変革を求めている。 　SDGsの目標を達成する市民の一人としての自覚と責任を持ち、ライフスタイルを見直す契機とする。	・2030年までに達成したいグローバル目標（持続可能な開発目標：SDGs）とは何か予想させグループで話し合い、発表する。 ・SDGsの資料（ゴール一覧）を見ながら、どの視点が欠如していたかなど振り返る。また、どの目標に関心があるか互いに話し合う。 ・自分或いは日本はどの点に課題があり、どの点を改善できるかグループで話し合い、発表する。 ・気づきを共有する。振り返り。 （オプション1：各自が取り組んでいきたい具体的な目標をSDGs宣言として記し、発表しても良い）	グループワーク（ディスカッション、発表） SDGs資料用意 ・ゴールの意味するところを必要に応じて解説する。あるいは資料を提供する。 ・SDGsはMDGsを引き継いでいる点、先進国も含め一人ひとりが様々なレベルで関与する点が特徴であり、一人ひとりの意識やアクションが大切であることを理解させる。

〈授業例２〉　グローバルイシューとは？（つながりの理解と問題の複雑性を把握）

配分	主眼・テーマ	活動内容	準備物・留意事項
１コマ〜２コマ	"グローバルイシュー（地球的課題）とは何か" グローバルイシューの解決に向けた資質や行動力を育成することは、グローバル教育の目的でもある。 ではグローバルイシューとは何か。共通する特徴（定義）について考えさせ、さらに具体的なグローバルイシューを挙げさせ、その数の多さと関係性、また各問題が複雑に絡み合っていることを理解させる。 また、自分たちのライフスタイルとも無関係ではないことなどを実感させる。	・グローバルイシューとはどのような問題（課題）を言うのか、定義（共通項）について各自考える。グループで話し合い、意見をまとめ、発表する。 ・思いつくグローバルイシューをどんどん挙げていく（地球温暖化、紛争、難民、水不足、資源の枯渇、人口増加等…）。そしてそのつながりをウェビング（マッピング）という手法を用いて線で結んでいき、関連性を「見える化」する。 ・グループ代表者がポイントを発表する。 ・私たちの日々の生活が深く関わっていることを知る（振り返り）。 （オプション１：時間があれば、その解決策について考えさせ、付箋に解決カードを作成、配置していく） （オプション２：出てきたグローバルイシューとSDGsのゴールをSDGsの目標カードなどを用いて関連づけても面白い）	ブレーンストーミング グループワーク（ディスカッション、発表）・付箋用意 グループを作って、話し合いをさせる。意見を積極的に出し合うよう支援する。 国内や地域で起こっている変化などにも目を向けさせる。また、ある程度挙がったら、自分たちの生活との関連についても意見交換させる。 随時フィードバック（コメント）をおこなう。

付録4　グローバル意識を高める1～2時間でできる授業例

〈授業例3〉　グローバル化の功罪（多角的なものの見方を涵養）

配分	主眼・テーマ	活動内容	準備物・留意事項
1コマ ～ 2コマ	"グローバル化のプラス面とマイナス面" グローバル化が急速に進展しているが、それを意識し改めて考えることはあまりない。グローバル化という現象の影響は日常生活に入り込んでいるが、身近な経験からそれを感じ取る。 そしてグローバル化の意味を改めて問い直し、プラス面、マイナス面（危惧される面）について考える。物事を多角的な視点から考察するスキルを養う。 また、グローバル化によって国内の多文化化も進んでいることを理解する。その上で、社会がどうあるべきか考えを深める。	・グローバル化が進んでいると感じること・経験を箇条書きにする（または付箋に書き出す）。（「コンビニの店員が外国人だった」「洋楽やアメリカの映画に親しんでいる」「海外のニュースがすぐわかる」「外国のお菓子をよく買う」…） ・これをグループで共有する（付箋を使った場合カテゴリーごとに分ける）。気づいたことを口に出し合う。 ・全体で発表する。 ・次に、グローバル化によってもたらされる良い面（＋）、悪い面や危惧される面（－）についてグループで話し合う（いろいろな友達ができる、情報が手に入る、視野が広がる、エスニック料理が楽しめる、外国の文化を知れて面白い、医療や技術など高め合える、経済が活性化する、労働力が確保できる（＋）、英語ばかり重視される、格差が広がる、伝統料理や伝統文化が消えていく、少数言語が消滅する、環境破壊が進む、世界が均一化されて面白みが減る（－）…）。 ・これを全体で発表する。（振り返り・気づきを促す）	グループワーク（ディスカッション、発表）・付箋用意 グループを作って、話し合いをさせる。意見を積極的に出し合うよう支援する。 グローバル化・多文化が日常に入り込んでいることを実感させる。 グローバル化には正の側面と負の側面がある。どちらも自覚し、考えていく必要がある。 グローバル化という現象は確実に日常生活に入り込み、多文化化をもたらす。皆が住みやすい社会にするためには何が必要だろうか、問いかける。

〈授業例４〉 フェア・アンフェア（公正な社会の実現に向けて）

配分	主眼・テーマ	活動内容	準備物・留意事項
１コマ〜２コマ	"公正について（Fair/Unfair）考える" 社会的公正・正義（social justice）について多面的に考える。 多くの人が不平等だと感じた経験を持っているだろう。しかし、それは個人の能力や信頼性等とまったく関係のないところでおこなわれたのかどうか考える必要がある。 世界には、民族、出自、宗教、性別（ジェンダー）、慣習等によって不当な扱いを受けたり、基本的人権が侵害されている人々が多く存在する。そのことで学校に通えなかったり、正当な賃金を得られないなど、差別や不利益を被る場合もある。	・不平等だ、不公正だ、理不尽だ、と感じた経験を出し合い、共有する。 ・それは正当な理由がなくそうした扱いを受けたのか（配慮によるものか、差別だったのか、実力や信頼の不足によるものだったのか、思い当たる理由があるのか等）を考える。 ・世界には民族、出自、宗教、性別（ジェンダー）等によって不当に差別や不利益を被っている人々がいることを理解する（いくつかの事例提供）。 ・フェア（公正）な世界にするにはどうしたらいいか、話し合いながら考えを深める。 ・振り返りと気づきの共有。 （オプション１：フェアな取引（貿易）としてフェアトレードという仕組みがあることを教える） （オプション２：子どもの権利を守るための国際条約「子どもの権利条約」を紹介し、関連する項目を確認する）	グループワーク（ディスカッション、発表）・付箋用意 グループを作って、話し合いをさせる。意見を積極的に出し合うよう支援する。 ・自分の経験を語ることで問題を身近に捉えさせる ・自分ではどうしようもない理由で理不尽な扱いを受けていたり、可能性が閉ざされている状況が存在することに気づかせる ・子どもをテーマに進める場合は、「子どもの権利条約」を用いるのも良い ・SDGsのゴールと関連づけるとSDGsへの理解も深まる

付録4　グローバル意識を高める1〜2時間でできる授業例

〈授業例5〉 「世界一大きな授業」と識字（教育の大切さを理解する）

配分	主眼・テーマ	活動内容	準備物・留意事項
1コマ 〜 2コマ	教育をめぐるイシューについて 教育はすべてのグローバルイシューに関係することを理解する。 読み書き（識字）の重要性に気づく。 また具体的な事例（ケース）に基づき考えることで、現実感を持たせ、思考力、問題解決力を養成する。	・「世界一大きな授業」の教育クイズから教育の諸問題を知る（学校に通えない子どもの数、男女の格差、地域による偏り、大人の非識字率と男女差、学校に通えない要因、それに絡むグローバルイシュー）。 ・ケース・メソッド*による意見交換、課題解決力の育成。識字について学ぶ。 字が読めないことによるデメリット、不利益について話し合う。 （例：情報が手に入らない、買い物が不便、仕事が限られる、看板が読めない、危険に遭う確率が高まる、契約書などが読めないから騙されやすい、文化的生活が送れない、コミュニケーションの方法が限られる、自分に自信が持てない、将来の夢が描きにくい…） ・振り返りと気づきの共有。 （オプション1：SDGs目標4「質の高い教育をみんなに」を取り上げながら、その中のターゲットに初等教育の普及があることを確認する） （オプション2：「学校に行けない」ことを中央に置き、そこからどのような諸課題が派生し、どうつながっていくのかをウェビング（図式化）していき、教育の欠如が様々な問題の引き金となることを理解する）	・クイズシート（「世界一大きな授業」©JNNE国際協力NGOネットワーク） ・パワポスライド（同上） ・クイズに答えながら、なぜそう思うのか話し合わせる ・答え合わせをしながらポイントを解説、グローバルイシューの知識を深める ・学校に通えることは「当たり前」ではないことに気づかせる ・ケースとワークシート 識字とは、生きることに直結することに気づかせる

＊ケース

　あなたのお母さんが高熱を出して、もがき苦しんでいます。でもこの村にお医者さんはいません。医者のいる町には、山道を1日歩いた上にバスに7時間も乗らなければたどりつけません。村では学校の先生の家に薬が少し置いてあり、困ったときには先生から薬を分けてもらっています。

　急いで先生の家を訪ねてみると、先生は町まで出かけていて留守でした。戸棚には薬のビンがいくつかありますが、先生以外はビンの文字を読めません。いつも熱の出たときに使う薬と同じようなビンが3つありましたが、区別がつきません。

さあ、どうしたらいいでしょう…。

設問1）このストーリーに隠される課題（問題点）とはなんだろうか。自分の日常生活と比較しながら考えてみよう。
設問2）なぜ設問1）のような問題が起こるのだろうか。背景にはどのような問題点が存在しているのだろうか。
設問3）この場面であなたならどうしますか？
設問4）このような問題を解決するには今後どのような政策が必要だろうか。

ケースのストーリーは、「世界一大きな授業」（©JNNE教育協力NGOネットワーク）より。設問は筆者作成。
ケース・メソッドについては、本書pp.130-132を参照のこと。

本書は 2015 年メディア総合研究所から刊行された『生徒の生き方が変わる
グローバル教育の実践』を大幅に改訂・加筆したものです

著者紹介

石森　広美（いしもり　ひろみ）

1970年仙台市生まれ。筑波大学第一学群人文学類卒業。東北大学大学院教育学研究科博士課程修了。博士（教育学）。宮城県公立高校教諭。宮城県小牛田農林高等学校、仙台東高等学校（国際部長）などを経て、現在は宮城県仙台二華高等学校に勤務。グローバル教育、国際交流、ユネスコスクール、国際バカロレア（IB）等を担当。東北学院大学、宮城教育大学非常勤講師。日本国際理解教育学会および日本グローバル教育学会理事。宮城県高等学校国際教育研究会事務局長、全国国際教育研究協議会理事。

ルワンダにて

宮城県高等学校国際教育研究会の役員として、20年以上にわたりグローバル教育・国際理解教育の企画・運営に従事、中心的役割を果たす。その間、赴任したすべての勤務校で多様なグローバル教育を開発・実践。豊富な実践と研究成果は全国の各研究大会や学会等で発表するとともに、講演会やワークショップの講師としても各地を飛び回る。

主な受賞は、文部科学大臣優秀教員表彰、宮城県教育委員会優秀教員表彰、全国国際教育研究協議会功労者表彰、日本国際理解教育学会賞、東北大学総長賞、東北大学教育学研究科長賞、外務省主催第二回「開発教育／国際理解教育コンクール」授業実践部門入選、第一回教育実践・宮城教育大学賞、弘済会第41回「現下教育に関する論文の公募」個人研究の部特選、等。

主著は、『グローバル教育の授業設計とアセスメント』（学事出版、2013年）、『グローバル時代の国際理解教育——実践と理論をつなぐ』（日本国際理解教育学会編、共著、明石書店、2010年）、『現代国際理解教育事典』（日本国際理解教育学会編、共著、明石書店、2012年）、『国際理解教育ハンドブック』（日本国際理解教育学会編、共著、明石書店、2015年）、『シンガポール都市論』（共著、勉誠出版、2009年）、『旅、ちょっとセンチメンタル』（東洋出版、2002年）、『ラテンアメリカをご一緒に』（東洋出版、1999年）などがある。

趣味は、旅行、フォルクローレ（南米民族音楽）演奏と歌、美味しいものを食べ歩くこと、映画鑑賞、世界の民族衣装・民芸品やフェアトレード商品を集めること。時間を見つけてはフィールドワークに出かけ、様々な人々や異文化との出会いを楽しみ、教育に活かしている。

執筆協力者

阿部　和彦（あべ　かずひこ）

1954年仙台市生まれ。仙台白百合学園中学・高等学校教頭。地歴・公民科担当。横浜市立大学文理学部国際関係学科卒業、早稲田大学大学院文学研究科前期課程（西洋史）修了。

長年、宮城県のグローバル教育の運営・普及に尽力する。2004年には、国際教育部長として「フィリピン・ボランティア・スタディーツアー」立ち上げの中心となり、スラム街や山岳少数民族の村を訪れる高校生対象の研修旅行を続けるなど、豊富なアイディアと実践を持つ。2018年度より宮城県高等学校国際教育研究会副会長。

趣味は、訪れた国の民族楽器を集めること。お気に入りはムビラなどアフリカの"親指ピアノ"類。また、釣りや山登りなどアウトドアを好み、天気が良い日は自然に親しんでいる。

「生きる力」を育むグローバル教育の実践
—— 生徒の心に響く主体的・対話的で深い学び

2019年8月23日　初版第1刷発行

　　　　　　　著　者　　　石　森　広　美
　　　　　　　発行者　　　大　江　道　雅
　　　　　　　発行所　　　株式会社　明石書店
　　　　　　　〒101-0021　東京都千代田区外神田 6-9-5
　　　　　　　　　　電　話　03 (5818) 1171
　　　　　　　　　　F A X　03 (5818) 1174
　　　　　　　　　　振　替　00100-7-24505
　　　　　　　　　　http://www.akashi.co.jp

　　　　　　　装丁　　　明石書店デザイン室
　　　　　　　印刷・製本　モリモト印刷株式会社

(定価はカバーに表示してあります)　　　　　ISBN978-4-7503-4886-5

[JCOPY]　〈出版者著作権管理機構　委託出版物〉
本書の無断複写は著作権法上での例外を除き禁じられています。複写される場合は、そのつど事前に、出版者著作権管理機構（電話 03-5244-5088、FAX 03-5244-5089、e-mail: info@jcopy.or.jp）の許諾を得てください。

国際理解教育ハンドブック
グローバル・シティズンシップを育む

日本国際理解教育学会編著

B5判／並製／264頁 ●2600円

国際理解教育の歴史、カリキュラム開発、教育実践などを系統的に解説した格好の入門書。ESD、学力と評価、コンピテンシーなどとの関連性、ユネスコ、欧米、東アジアにおける動向など、幅広い視野から国際理解教育をとらえ、今後の研究と実践の指針を示す。

内容構成

- 第Ⅰ部　国際理解教育のパースペクティブ
- 第Ⅱ部　国際理解教育の歩み
- 第Ⅲ部　国際理解教育のカリキュラム
- 第Ⅳ部　国際理解教育の実践
  1. 実践の展望
  2. 小学校の実践
  3. 中学校の実践
  4. 高等学校の実践
  5. 大学・地域／NGOの実践
- 第Ⅴ部　国際理解教育の国際動向
- 付録
  - ［資料1］国際理解教育をさらに学びたい人のために──関連文献目録
  - 年表：日本国際理解教育学会の研究活動の歩み
  - ［資料2］学会誌『国際理解教育』の主要目次

社会科アクティブ・ラーニングへの挑戦　社会参画をめざす参加型学習
風巻浩　●2800円

スタディツアーの理論と実践　オーストラリア先住民との対話から学ぶフォーラム型ツアー
友永雄吾　●2200円

入門 グアム・チャモロの歴史と文化　もうひとつのグアムガイド
中山京子、ロナルド・T・ラグァニャ　●1000円

国際協力と開発教育　「援助」の近未来を探る
田中治彦　●2800円

参加型ワークショップ入門
ロバート・チェンバース著　野田直人監訳　●2000円

18歳成人社会ハンドブック　制度改革と教育の課題
田中治彦編著　●2500円

OECD成人スキル白書　第1回国際成人力調査（PIAAC）報告書〈OECDスキル・アウトルック2013年版〉
経済協力開発機構（OECD）編著　矢倉美登里、稲田智子、来田誠一郎訳　●8600円

若者のキャリア形成　スキルの獲得から就業力の向上、アントレプレナーシップの育成へ〈OECDスキル・アウトルック2015年版〉
経済協力開発機構（OECD）編著　菅原良、福田哲哉、松下慶太監訳　●3700円

〈価格は本体価格です〉

現代国際理解教育事典

日本国際理解教育学会 編著
大津和子、多田孝志、中山京子、藤原孝章、森茂岳雄

A5判/上製/336頁 ●4700円

歴史・理論から多文化社会・グローバル社会・地球的課題等の学習領域、さらには学習論・方法論から代表的実践まで、11分野、270以上の項目を網羅。深遠な内容を包含する国際理解教育の実践と理論を最新の学問的成果を踏まえ編纂・収録した本邦初の本格的な事典。

■内容構成■
1 歴史と理論
2 学習領域論
・多文化社会
・グローバル社会
・地球的課題
 〈開発問題〉
 〈環境問題〉
 〈平和問題〉
 〈人権問題〉
3 未来への選択
 カリキュラム論
4 学習論／方法論
5 代表的実践
6 新しい課題
7 関連諸科学
8 関連諸教育
9 諸外国・諸地域の国際理解教育
10 国際協力機関
11 国際協力NGO
付録 国際理解教育関連文献目録

寺島メソッド 英語アクティブ・ラーニング
寺島隆吉監修 山田昇司編著
●2600円

社会科における多文化教育 多様性・社会正義・公正を学ぶ
森茂岳雄、川﨑誠司、桐谷正信、青木香代子編著
●2700円

小学校の英語教育 多元言語文化の確立のために
河原俊昭、中村秩祥子編著
●3800円

日韓中でつくる国際理解教育
日本国際理解教育学会・ACCU共同企画
大津和子編
●2500円

国際理解教育
佐藤郡衛
●2300円

新 多文化共生の学校づくり 横浜市の挑戦
山脇啓造、服部信雄編著
●2400円

外国人児童生徒受入れの手引【改訂版】
文部科学省総合教育政策局男女共同参画共生社会学習・安全課編著
●800円

ワークショップで学ぶ紛争解決と平和構築
上杉勇司、小林綾子、仲本千津編著
●1800円

〈価格は本体価格です〉

21世紀型スキルとは何か
コンピテンシーに基づく教育改革の国際比較
松尾知明
●2800円

21世紀型スキルと諸外国の教育実践
求められる新しい能力形成
田中義隆
●3800円

キー・コンピテンシー
国際標準の学力をめざして
ドミニク・S・ライチェン、ローラ・H・サルガニク編著
立田慶裕監訳
●3800円

キー・コンピテンシーの実践
学び続ける教師のために
立田慶裕
●3000円

ESDコンピテンシー
学校の質的向上と形成能力の育成のための指導方針
トランスファー21編著　由井義通、卜部匡司監訳
●1800円

未来をつくる教育ESD
持続可能な多文化社会をめざして
五島敦子、関口知子編著
●2000円

新たな時代のESD サスティナブルな学校を創ろう
世界のホールスクールから学ぶ
永田佳之編著・監訳　曽我幸代編著・訳
●2500円

ユネスコスクール
地球市民教育の理念と実践
小林亮
●2400円

まんが クラスメイトは外国人
多文化共生20の物語
「外国につながる子どもたちの物語」編集委員会編
みなみななみ まんが
●1200円

まんがで学ぶ開発教育 世界と地球の困った現実
飢餓・貧困・環境破壊
日本国際飢餓対策機構編　みなみななみ まんが
●1200円

シミュレーション教材「ひょうたん島問題」
多文化共生社会ニッポンの学習課題
藤原孝章
●1800円

身近なことから世界と私を考える授業
100円ショップ・コンビニ・牛肉・野宿問題
開発教育研究会編
●1500円

身近なことから世界と私を考える授業Ⅱ
オキナワ・多みんぞくニホン・核と温暖化
開発教育研究会編著
●1600円

外国人児童生徒のための社会科教育
文化と文化の間を能動的に生きる子どもを授業で育てるために
南浦涼介
●4800円

多文化共生のためのテキストブック
松尾知明
●2400円

国際バカロレアの挑戦
グローバル時代の世界標準プログラム
岩崎久美子編著
●3600円

〈価格は本体価格です〉